Dierk Ludwig Schaaf

Jean Moulin, Begründer der Résistance

In Frankreich wurde Jean Moulin zum Mythos. In der deutschen Literatur aber gibt es nichts über dieses Opfer der Nazi-Gewalt. Hier ist eine Lücke im Gedächtnis der deutsch-französischen Vergangenheit zu schließen. Schaaf rekonstruiert auf ebenso spannende wie beeindruckende Weise die Formierung des französischen Widerstands gegen die Nazi-Besatzung.

Moulin starb im Zug von Metz nach Frankfurt an den Folgen der Nazi-Folter. Am Hauptbahnhof holte der zuständige Polizist die Leiche aus dem Waggon, brachte sie aufs Revier und veranlasste eine Autopsie der Leiche durch die Frankfurter Gerichtsmedizin. Aber die Gestapo meldete sich aus Berlin und verbot jede Amtshandlung, jedes Aufsehen, jedes Protokoll. Keine Spur sollte bleiben. In Frankreich gilt Moulin bis heute als Nationalheld. Im Auftrag de Gaulles einte er 1942/43 im Untergrund und gegen große Widerstände die zerstrittenen Fraktionen der Résistance im französischen Mutterland. Er wurde verraten und bezahlte mit seinem Leben.

1964 ließ de Gaulle, inzwischen Staatspräsident, die Urne Moulins mit großem Pomp im Panthéon in Paris beisetzen – mit einer flammenden Rede von Kulturminister André Malraux zur unsterblichen Erinnerung an die Werte Freiheit, Gleichheit und Brüderlichkeit, für die der Résistance-Führer gestorben war.

Dierk Ludwig Schaaf, geb. 1940, ist Buch- und Filmautor. Er war ARD-TV-Korrespondent in Bonn, Paris und Warschau. Später betreute er redaktionell Dokumentationen aus dem Ausland für die ARD und den WDR. Als Filmautor wurde er 1999 mit dem Adolf-Grimme-Preis ausgezeichnet. Schaaf lebt heute in Düsseldorf.

Dierk Ludwig Schaaf

Jean Moulin, Begründer der Résistance

Der französische Widerstand gegen Gestapo und Nazi-Herrschaft

Brandes & Apsel

Auf Wunsch informieren wir Sie regelmäßig mit unseren Katalogen »Frische Bücher« und »Psychoanalyse-Katalog«. Wir verwenden Ihre Daten ausschließlich für die Zusendung unserer beiden Kataloge laut der EU-Datenschutzrichtlinie und dem BDS-Gesetz. Bitte senden Sie uns dafür eine E-Mail an info@brandes-apsel.de mit Ihrer Postadresse. Außerdem finden Sie unser Gesamtverzeichnis mit aktuellen Informationen im Internet unter: www.brandes-apsel.de sowie www.kjp-zeitschrift.de

1. Auflage 2022

Lektorat und Korrektorat Kristina Wiechmann, Frankfurt a. M.
Cover und DTP: Brandes & Apsel Verlag
Druck: WIRmachenDRUCK, Printed in Germany
Gedruckt auf einem nach den Richtlinien des Forest Stewardship Council (FSC) zertifizierten, säurefreien, alterungsbeständigen und chlorfrei gebleichten Papier.

Bibliografische Information der Deutschen Nationalbibliothek:
Die Deutsche Nationalbibliothek verzeichnet diese Publikation in der Deutschen Nationalbibliografie; detaillierte bibliografische Daten sind im Internet über www. ddb.de abrufbar.

ISBN 978-3-95558-324-8

Inhalt

Vorwort 7

Kapitel I:
Der Patriot 11

Der Präfekt von Chartres 11
Herkunft und Karriere 20
Der Krieg kommt nach Chartres 29
Präfekt der Vichy-Regierung 37
Der Weg in den Untergrund 47
Transit Lissabon 64
Der Auftrag de Gaulles 67
Die »Mission Rex« 77
Colette Pons 88

Kapitel II:
Der Gründer der Résistance 93

Schachzüge 93
Agent Nr. 110 107
Casablanca 112
Zweite Reise nach London 128
Die »Affaire Suisse« 135
Zerreißproben vor dem Ziel 138
Roosevelt und seine »Braut« 149

Kapitel III:
Caluire – die Katastrophe 157

Konferenz beim Zahnarzt 157
Der Zeuge Harry Stengritt 165
René Hardy, der Verräter 168
Klaus Barbie, der Folterer 172
»Villa Bömelburg« in Neuilly 180
Endstation Frankfurt Hauptbahnhof 183
Laure 186
René Hardy II 191
Der Barbie-Prozess 207

Nachwort:
Jean Moulin – Mythos der Résistance 211

Literatur 221

Quellen 221
Zeitungsartikel, Aufsätze, Film-Transkript und Vorträge 223
Darstellungen 225

Vorwort

Widerstand regte sich in den meisten Ländern, die Nazi-Deutschland im Zweiten Weltkrieg besetzt hielt, Widerstand aus verschiedenen Motiven, mit unterschiedlichen Optionen, in unterschiedlichen Formen – Spionage, Sabotage, Untergrundpresse, Flugblätter, Partisanen-Kämpfe, Résistance… – gemeinsam war ihnen der Wunsch, sich vom Joch der Naziherrschaft zu befreien. Die Widerstandsgruppen konnten auch in politischer Konkurrenz auftreten wie z. B. in Polen. Besonders breit war das Spektrum der Résistance-Gruppen, die in Frankreich entstanden, von Kommunisten und Republikanern bis hin zu Royalisten. Sie waren sich weder in der Taktik noch in der Strategie einig.

Der Blick des historisch interessierten Lesers richtet sich dabei nicht nur auf den Kampf der Unterdrückten gegen die Besatzungsmacht. Nein, in fast allen europäischen Ländern mischten sich die Alliierten in die nationalen Entscheidungen ein, je länger der Krieg dauerte, je weiter der Befreiungsprozess fortschritt, desto mehr. Polen und Griechenland sind hier tragische Beispiele, aber auch Frankreich hatte um seine Souveränität zu kämpfen, musste sich gegen Bevormundung, vor allem aus den Vereinigten Staaten, zur Wehr setzen. Als die Deutschen begannen, ihre Feldzüge zu verlieren, wurde Stalin für Polen zur gefährlichsten Bedrohung, und im Westen versuchte Roosevelt, die Neuordnung in Frankreich ohne de Gaulle zu bestimmen, den er nicht verstehen wollte, den er für einen Abenteurer hielt. Die Befreier hatten ihre eigene Vorstellung von Befreiung.

Die Dritte Republik in Frankreich war untergegangen, nachdem der nationale Konsens in Grundfragen der Politik nicht mehr bestand, der moralische Führungsanspruch auf dem Kontinent aufgegeben war und die militärische Dominanz durch Sturheit verspielt. Die politischen Parteien hatten ihre Bedeutung eingebüßt, ähnlich wie das Militär, das bis in die 1930er Jahre das stärkste auf dem europäischen Kontinent gewesen war.

Trotz der Niederlage gegen Nazi-Deutschland, trotz der Zersplitterung der nationalen Kräfte, regte sich nach und nach vielfältiger Widerstand gegen die Besatzungsmacht und gegen das kollaborierende Vichy-Regime. Dieser Widerstand hatte also zwei Aufgaben, die sich überlagerten und die sowohl die Risiken als auch die Opfer potenzierten. Aufgabe eins: Die auseinanderstrebenden Gruppen zu bündeln, zu koordinieren, sodass sie auf nationaler Ebene gegen die Besatzungsmacht aktionsfähig wurden. Aufgabe zwei: Die Souveränität Frankreichs gegen die Bevormundung von außen, vor allem durch den US-Präsidenten, zu verteidigen, auf dessen Hilfe man andererseits vollkommen angewiesen blieb. Für beide Aufgaben stehen heute im Geschichtsbild der Franzosen ganz vorrangig Charles de Gaulle und sein Delegierter im besetzten Frankreich, Jean Moulin.

Roosevelt hat seine Verdienste als Begründer der Atlantik Charta, der Vereinten Nationen und des Weltsicherheitsrates, als einer der Staatsmänner und Feldherren, die Europa von Hitler und der Naziherrschaft befreiten. Man darf ihm diese Anerkennung nicht versagen, darf aber aus französischer Perspektive daran erinnern, dass Roosevelt die Souveränität Frankreichs nicht respektierte. Am 8. Mai 1943 schrieb er in einem Memorandum, das er seinem in Washington erwarteten Gast Churchill übergeben wollte und übergab: »I am inclined to think that when we get into France itself we will have to regard it as a military occupation run by British and American Generals. [...] The national administration must be kept in the hands of the British or American Commander-in-Chief. I think that this may be necessary for six months or even a year after we get into France, thus giving time to build up for an election and a new form of government. [...] I do not know what to do with de Gaulle.

Possibly you would like to make him Governor of Madagaskar! F. D. R.« (FRUS, Foreign Relations of the United States, Diplomatic Papers, 1943, Bd. II, S. 111f.) Eine Militärregierung also für das stolze Frankreich, dem die Vereinigten Staaten so viel verdanken! Und de Gaulle nach Madagaskar!

Churchill zögerte, sich dieser Strategie anzuschließen, war aber genauso wie Frankreich auf den mächtigsten Alliierten im Westen angewiesen. Roosevelt bestritt, dass de Gaulle die Mehrheit der französischen Résistance auf seiner Seite hatte, und tat viel, um genau das zu verhindern. Jean Moulin aber versammelte unter wachsender Lebensgefahr, quasi unter den Augen der Vichy-Polizei und der Gestapo, die Résistance hinter de Gaulle. Diese Heldentat machte ihn in Frankreich zur Legende. Er wurde verraten – wegen einer eher banalen Liebesgeschichte. Oder war es ein politisches Komplott?

Der Mann starb nach deutscher Folter – auf dem Weg nach Berlin – in Deutschland. Das Reichssicherheitshauptamt ordnete an, all seine Spuren zu verwischen, verhinderte eine Obduktion, schickte seinen Leichnam zurück nach Metz und ließ ihn in Paris einäschern. Die Gestapo wollte und erreichte, dass Jean Moulin in Deutschland weitgehend unbekannt blieb und dass jeder Anschein einer deutschen Verantwortung für seinen Tod vermieden wurde.

Seit nunmehr 100 Jahren gehört das Grab des unbekannten Soldaten unter dem Triumphbogen in Paris zur französischen Gedächtniskultur, die sich von der deutschen unterscheidet. Täglich wird die Flamme neu entzündet, mehrfach im Jahr legt man (meist der Staatspräsident) Kränze nieder, ehrt die Gefallenen.

Viele bekannte Soldaten (Generäle und Marschälle) haben ihre eigenen Grabstätten und Erinnerungsplätze. Der am häufigsten genannte aus der jüngeren Geschichte ist Jean Moulin. Das Grab im Panthéon, einem Tempel der höchsten nationalen Ehre, ist eher nicht für Soldaten reserviert, sondern für die Genies der Aufklärung, die geistigen Wegweiser der Revolution und auch der Wissenschaften.

Aber der Wegweiser Moulin war im besten Sinne des Wortes auch »Soldat«, einer, der sein Leben für Frankreich geopfert hat.

Hier soll nun keine nationale Heldengeschichte erzählt werden – im postheroischen Zeitalter. Die Erzählung »Jean Moulin« gehört zur Geschichte der Résistance, ist ein Stück deutscher Gewaltpolitik im Zweiten Weltkrieg, sie ist eher eine Opfergeschichte. Sie geht uns Deutsche etwas an, kommt aber in deutschen Geschichtsbüchern bis jetzt nicht vor. Diese Lücke soll geschlossen werden.

Die Erinnerung ist nach Richard von Weizsäcker (Rede vom 8. Mai 1985) Bedingung der Befreiung und Voraussetzung der Versöhnung. Das muss auch für die Erinnerung an den Gründer der Résistance gelten. Außerdem gehört diese Erzählung in das Narrativ Europa, weil wir ja unsere Nachbarn verstehen, weil wir ein europäisches Geschichtsbewusstsein entwickeln wollen. Alfred Grosser nennt »das Verständnis für das Leiden der Anderen als Grundwert Europas« (Alfred Grosser: Auf dem Weg zu einer europäischen Leitkultur, S. 6). Im Fall von Jean Moulin, dem prominentesten Vorkämpfer der Résistance, sind Kenntnis und Verständnis noch nachzuholen.

Kapitel I:
Der Patriot

Der Präfekt von Chartres

Kein Tag hatte je so furchtbar begonnen, kein Tag hatte in solcher Verzweiflung geendet. Jean Moulin wusste, dass am 17. Juni 1940 deutsche Truppen das Departement Eure-et-Loir, dessen Verwaltungschef er war, besetzen würden, auch seine kleine Hauptstadt Chartres, wo die Präfektur nur wenige hundert Meter entfernt von der weltberühmten Kathedrale in einer stillen Straße liegt. Flüchtlinge hatten seit vier Wochen zumeist kopflos und hastig die Stadt durchquert auf dem Weg nach Süden und Westen unter Beschuss von Maschinengewehren aus tief fliegenden feindlichen Sturzkampf-Fliegern (»Stukas«) und in der Hoffnung, dass der deutsche Vormarsch noch gestoppt werden könne. Vergebliche Hoffnung! Am 14. Juni nahmen Hitlers Soldaten Paris ein. Am 16. Juni war jedem im kaum hundert Kilometer entfernten Chartres klar: Morgen werden sie hier sein.

Am 17. Juni verkündet der neue Regierungschef, Marschall Pétain, in Bordeaux seinen Landsleuten über das Radio: »C'est le cœur serré que je vous dis aujourd'hui qu'il faut cesser le combat.« (Mit bedrücktem Herzen sage ich Ihnen heute, dass der Kampf beendet werden muss.)

Am gleichen Tag – nur schon wenige Stunden früher – erwartet Jean Moulin in seiner Amtsuniform im Hof der Präfektur hinter dem weit geöffneten eisernen Tor die Vorhut des Feindes: die achte Division der deutschen Infanterie unter dem Kommando des Generals Koch-Epach. Der General – eilig seiner Kolonne voraus – ruft ihn, er solle auf die Straße kommen. Aber der Präfekt steht wie angewurzelt auf dem Gelände seiner Residenz. Er antwortet, er wolle in seinem Amtsgebäude gefangen genommen werden. Für solche Feinheiten hat der General keine Zeit oder kein Verständnis. Er fährt weiter. Moulin ist der erste Präfekt, den der General bei seinem Vormarsch zu sehen bekommt. Alle anderen waren vorher abgereist, so wie Innenminister Mandel es auch für Jean Moulin angeordnet hatte.

Die alte Präfektur in Chartres. © D. L. S.

Der standfeste Moulin zeigt damit zweierlei: Er wünscht korrekten Umgang zwischen Siegern und Besiegten und er will seine Aufgabe als Chef des Departements weiterführen. Sucht er eine Art Heldenrolle? Leidet er vielleicht darunter, so wurde später gefragt, dass er als Neunzehnjähriger am Ende des Ersten Weltkriegs 1918 erst zu spät zur Armee gekommen war, als der Sieg über das Deutsche Reich schon errungen war?

General Koch-Epach hat den Befehl, bis zu einem möglichen Waffenstillstand ein möglichst großes Stück Frankreich in Richtung Tours unter seine Kontrolle zu bringen. Seine Truppen werden von französischen Einheiten beschossen. Die Nervosität auf beiden Seiten ist groß. Dann kommt der General zurück nach Chartres, wohl um den Kontakt zum Hauptteil seiner Division nicht zu verlieren. Er steigt zusammen mit einigen Offizieren aus seiner großen Limousine. Diesmal betritt er den Hof der Präfektur. Jean Moulin hat den Grand Vicaire von Chartres, Monsignore Léon Lejards, der den bereits abgereisten Bischof Monsignore Harscouet vertritt, und den einzigen noch erreichbaren Abgeordneten der Stadt, Monsieur Pierre Besnard, gebeten, als moralische und politische Autoritäten bei der Übergabe des Departements an die Feinde dabei zu sein. Sie stellen sich links und rechts von ihm auf, als der General erscheint. Im deutschen Protokoll heißt es: Um 8.45 Uhr übergibt der Präfekt die Stadt in die Hand von General Koch. Jean Moulin notiert später, mit welchen Worten er sich gegenüber dem Feind äußert: »Das Glück der Waffen führt Sie als Sieger in unsere Stadt. Wir beugen uns vor dem Gesetz des Krieges und ich kann Ihnen versichern, dass die Ordnung nicht gestört wird, wenn Sie Ihrerseits uns die Versicherung geben, dass Ihre Truppen die Zivilbevölkerung respektieren, besonders die Frauen und Kinder.«[1] Die Antwort der Deutschen: Für jede Störung, jeden »Terrorakt«, wollen sie den Präfekten persönlich

1 Zitiert nach Jean Pierre Azéma: Jean Moulin. Éditions-Perrin 2006, S. 121.

verantwortlich machen, so berichtet die geschiedenene Ehefrau von Moulin Marguerite Cerruty später dem Historiker Jacques Baynac.[2]

Der General eilt weiter, aber einige Soldaten richten sich für länger in Chartres ein – in Häusern, deren zivile Bewohner die Flucht ergriffen haben. Geheimdienst-Offiziere übernehmen vorübergehend das Kommando in der Stadt wie im Departement.

Am Nachmittag wird Moulin von zwei jungen Wehrmachtsoffizieren abgeholt und in die Ortskommandantur gebracht, die sich in dem luxuriösen Hôtel de France eingerichtet hat, das sie beschlagnahmte. Ein Offizier erklärt ihm unmissverständlich in französischer Sprache, französische Staatsbürger seien in dem kleinen Ort la Taye umgebracht worden. Die Schuldigen seien schwarze Söldner der französischen Armee. Die Deutschen halten ihm ein Papier hin, das sie Protokoll nennen. Er soll es unterschreiben und so den Vorgang bestätigen.

Jean Moulin weigert sich. Zumindest solle man ihm Beweise vorlegen. Und Söldner habe die französische Armee gar nicht, sondern reguläre Soldaten aus dem Senegal. Der Präfekt ist erregt über die Anmaßung der Deutschen.

Keine Antwort, aber Faustschläge, Fußtritte, Stöße mit dem Gewehr. Er fällt zu Boden… wird aufgehoben… die Prozedur beginnt von Neuem. Schließlich begreifen die Deutschen, dass sie ihr Ziel so nicht erreichen werden.

Der Herr wünscht Beweise? Gut, die soll er haben!

Er wird gezwungen, in ein Auto zu steigen. Sie fahren gemeinsam einige Kilometer. Bei dem Ort St.-Georges-sur-Eure, vor dem Bauernhof La Taye, hält der Wagen. Die Tür eines Schuppens ist weit geöffnet. Moulin weicht zurück – entsetzt. Leichen liegen da, vielleicht ein Dutzend, Männer, Frauen und Kinder durcheinander, barbarisch zugerichtet. Aber bei genauem Hinschauen sieht er, dass

2 Jacques Baynac: Présumé Jean Moulin. Grasset 2007.

die Körper von Gewehrkugeln zerfetzt sind. Nicht Senegalesen haben diese Menschen umgebracht, sondern Maschinengewehrsalven aus den Tieffliegern der deutschen Luftwaffe.

Die Deutschen lassen Moulin schließlich aus dem Schuppen zurücktreten, bringen ihn aber in ein anderes Haus, führen ihn in einen engen Raum, in dem die Leiche einer Frau auf einem Tisch liegt. Der tote Körper hat keine Arme, keine Beine mehr, der Kopf ist ein blutiger Brei. Jean Moulin wird darauf zu gestoßen und anschließend in dem gleichen Raum eingeschlossen, allein mit der verwesenden Leiche.

Der Präfekt kämpft, um nicht den Verstand zu verlieren. Als der Raum wieder aufgeschlossen wird, versucht er zu fliehen. Drei Schüsse fallen, er bleibt stehen. Obwohl nicht getroffen, wirft er sich zu Boden, rollt sich zusammen.

»Unterschreiben!«, brüllt der Folterer. Moulin hat noch die Kraft für eine klare Antwort: »Ich habe die Opfer gesehen, aber das sagt mir nichts über die Täter.« Der Offizier lenkt ein. »Morgen werden Sie unterschreiben«, sagt er mit einem satanischen Lächeln.

Sie fahren zurück nach Chartres zum Krankenhaus, wo die Deutschen eine Gefängniszelle eingerichtet haben, im Raum des Concierge. Dort wird Moulin hineingestoßen und der Offizier höhnt unflätig: »Weil Sie die Neger so lieben, werden Sie zufrieden sein.«[3]

Auf einem Strohsack liegt ein anderer Gefangener, seiner Uniform nach ein französischer Soldat senegalesischer Herkunft. Der einfache Mann hat gelernt, Befehlen zu folgen. Wie ein Mörder wirkt er nicht. Er bietet seinem neuen Zellengenossen sofort den Platz auf der einzigen Matratze an. Moulin winkt ab. Er trägt noch immer seine Uniform eines Präfekten und der Senegalese hält ihn für einen Chef, dem man zu gehorchen hat.

3 Archives Departementales (1939–1945: L'eure-et-Loir dans la guerre) Chartres und Baynac.

Moulin versucht, Ruhe zu finden. Er denkt an den nächsten Tag. Was werden die Deutschen morgen mit ihm machen? Wird er noch die Kraft haben, die Unterschrift unter das gefälschte Protokoll zu verweigern?

Er will unter gar keinen Umständen nachgeben und dadurch die Ehre der französischen Armee beschmutzen. Er will wach bleiben, dann sucht er im Dunkeln den Boden der Zelle ab und findet einen Glassplitter, der von einer Schießerei liegen geblieben sein muss. Das ist die Lösung, denkt er. Schnell, bevor er es sich noch einmal überlegen kann, so hat er es später seiner damals schon geschiedenen Frau erzählt, schneidet er sich die Kehle durch. Er will nicht seine Ehre verlieren, lieber will er sterben.

Der Senegalese begreift, was geschieht. Er macht einen furchtbaren Lärm, trommelt mit den Fäusten gegen die Tür und schreit, während Moulin in seiner Blutlache liegt. Schließlich wird die Tür geöffnet.

Nun ist es ein Glück, dass man sich in einem Krankenhaus befindet. Ein deutscher Militärarzt und anschließend der französische Militärzahnarzt Foubert versorgen den Präfekten. Die Oberschwester, Sœur Aimée, die ihn kennt, pflegt ihn ausdauernd und liebevoll. Nach wenigen Tagen kann der Präfekt das Bett verlassen. Seine Narbe am Hals verdeckt er – bis an sein Lebensende – durch einen Schal.

Die Motive der beiden deutschen Offiziere bleiben etwas rätselhaft, wenn man nicht die Information besitzt, die der britische Journalist und Schriftsteller Patrick Marnham recherchiert hat. Er berichtet, dass zwei unbewaffnete senegalesische Soldaten in französischer Uniform erschossen aufgefunden worden sind. Unbewaffnete Soldaten zu erschießen, ist ein Kriegsverbrechen, es sei denn, sie werden bei einem Kapitalverbrechen gestellt, etwa bei einer Vergewaltigung oder einer Bluttat. Man hatte also zwei getötete französische Soldaten ohne Waffen, es musste daher eine Bluttat erfunden werden, um den Mord zu verdecken.[4] Marnham nennt die Darstellung des Vorgangs durch Moulin widersprüchlich und nicht immer überzeugend. Er bezweifelt auch, dass Jean Moulin sich wirklich habe umbringen wollen. Ihm sei es nur darum gegangen, einen Ausweg aus seiner bedrückenden Lage zu finden, was schließlich gelungen sei.[5]

Moulin will jetzt nicht mehr fliehen, er nimmt seine Funktion als Präfekt wieder auf. Eine seiner ersten Anordnungen: Das Bürgermeisteramt von Chartres soll die neun Leichen von La Taye beerdigen lassen. Von dem Protokoll, das er nicht unterschrieben hat, ist keine Rede mehr, von zwei getöteten senegalesischen Soldaten noch weniger.

Allerdings hört Moulin auch nichts davon, dass die beiden Wehrmachtsoffiziere (nicht SS oder Gestapo!), die ihn niedergeschlagen, eingesperrt, erpresst, rassistisch beleidigt und als homosexuell verhöhnt und in ihrem Siegesrausch so brutal wie unnötig gequält hatten, zur Rechenschaft gezogen wurden. Sie blieben namentlich unbekannt und haben nicht nur ihr eigenes Ansehen befleckt – ihr Verbrechen blieb ungesühnt.

Als Jean Moulin im Keller des Krankenhauses mit dem Tode rang, fiel in Bordeaux unter ebenfalls dramatischen Umständen eine Entscheidung über die Zukunft Frankreichs. Die Regierung Paul Reynaud konnte sich nicht dazu entschließen, den Kampf gegen die deutschen Eroberer von Großbritannien oder von Afrika aus fortzusetzen. Reynaud trat zurück und empfahl dem Staatspräsidenten, den »Sieger von Verdun« (1918), Philippe Pétain, zum Regierungschef zu machen. So geschah es. Damit setzte sich die Fraktion der Defaitisten durch. Pétain fragte die Deutschen auf dem diplomatischen Weg über Madrid nach ihren Bedingungen für einen

4 Patrick Marnham: The Death of Jean Moulin. Random House 2001, S. 94.
5 Ebenda, S. 97f.

Waffenstillstand. Der Staatsekretär im Verteidigungsministerium, General Charles de Gaulle, floh am frühen Morgen des 17. Juni unter konspirativen Umständen nach London, »in seinem Gepäck die Ehre Frankreichs«, wie Churchill in seinen Memoiren notierte.[6] Churchill war von den französischen Verbündeten tief enttäuscht. Er bot de Gaulle die Chance, regelmäßig über Radio BBC zu seinen Landsleuten zu sprechen, was diese in der Folge immer öfter nutzten. Am Abend des 18. Juni appellierte de Gaulle, den Kampf gegen die deutsche Besatzungsmacht fortzusetzen, eine Botschaft, die zunächst allerdings fast nur die 120.000 von Dünkirchen nach Großbritannien gelangten französischen Soldaten empfangen konnten.[7]

Pierre Cot, der ehemalige Luftfahrtminister, fand die Niederlage und den Waffenstillstand mit den Deutschen mindestens genauso unerträglich wie Jean Moulin und General de Gaulle. Er flüchtete aus Frankreich zunächst nach London und dann weiter nach New York.

Die Deutschen nannten den Franzosen ihre Waffenstillstandsbedingungen, wollten darüber aber nicht wirklich verhandeln. Am 21. Juni stellten sie der französischen Regierung ein Ultimatum und einen Tag später unterschrieb General Charles Huntziger in dem Eisenbahnwaggon bei Compiegne, der nach dem Ersten Weltkrieg die Niederlage Deutschlands gesehen hatte, den Waffenstillstandsvertrag, nun eine Demütigung Frankreichs. Die Regierung Pétain stimmte dem Waffenstillstand zu, weil sie meinte, er würde nur wenige Wochen gelten bis zur Niederlage Großbritanniens, die man – leichtfertig – in der nahen Zukunft erwartete. Deutschland ließ Frankreich seine bedeutende Kriegsflotte und sein Kolonialreich sowie einen eng begrenzten politischen Handlungsspielraum.

6 Winston Churchill: Der Zweite Weltkrieg. Bern 1954, S. 364.

7 Etwa 120.000 französische Soldaten waren von Dünkirchen aus nach Großbritannien gerettet worden. Charles de Gaulle: Mémoires de Guerre, Bd. I, L'Appel 1940–1942, S. 89.

Das Land wurde durch eine streng kontrollierte Demarkationslinie in eine besetzte und eine unbesetzte Zone geteilt. In Berlin beabsichtigte man, die französischen Ressourcen bei der weiteren Kriegführung auszunutzen.

Die Regierung Pétain ließ sich provisorisch in der unbesetzten Zone im Süden nieder, in dem Badeort Vichy, weil es dort genügend Hotelzimmer und Villen für die Politiker, Beamten und das diplomatische Corps zu geben schien, auch das ein Irrtum.

Unter der neuen, nicht demokratisch legitimierten Regierung arbeitete ein großer Teil der Beamten weiter. Die meisten Franzosen waren froh, dass der Krieg vorbei war, aber darin täuschte man sich. Das Großbürgertum konnte die Herrschaft der Nazis leichter hinnehmen als eine Regierung der Linken, so zerstritten war die Gesellschaft.

Auch in Chartres versuchte man, sich provisorisch einzurichten. Die Deutschen machten noch im Juni Oberstleutnant F. K. Freiherr von Gütlingen, einen schwäbischen Adligen, zum Feldkommandanten im Departement Eure-et-Loir. Er besetzte nun auch die Präfektur, nahm sich das Büro des Präfekten und wies diesen in den Raum des Concierge (Hausmeister), eine unnötige Demütigung. Gegenüber der Bevölkerung und der Zivilverwaltung verhielt von Gütlingen sich weitgehend korrekt, zumindest war er ein kompetenter Gesprächspartner für den Präfekten, der die Interessen der ihm anvertrauten Bürger zu schützen trachtete.

Das Verhältnis des Feldkommandanten und des Präfekten war so, dass der General nach einigen Wochen ein Erinnerungsfoto im Hof der Präfektur zu machen wünschte, das die beiden zusammen zeigen sollte. Moulin verweigerte das Foto nicht, gab aber durch seine Körperhaltung klar seine Ablehnung zu erkennen.

Der Vorgesetzte von Moulin war nun der Innenminister in Vichy. Die Regierung Pétain folgte den Anweisungen der deutschen Besatzer. Ihre Politik der »nationalen Revolution« war nationalistisch, reaktionär, sogar antisemitisch. Faschistoide Anschauungen, die schon in der Dritten Republik formuliert worden waren, konnten sich nun entfalten. An die Stelle des republikanischen Dreiklangs »Freiheit, Gleichheit, Brüderlichkeit« setzte die Vichy-Regierung die Begriffe »Arbeit, Familie, Vaterland«, Werte, die zunächst einleuchten, weil kein moderner Staat auf sie verzichten kann. Der Staatssekretär im Jugendministerium Jean Ybarnegaray hatte den neuen Slogan schon Anfang der 1930er Jahre erfunden.[8]

In Chartres und im Departement Eure-et-Loir war ein Präfekt jetzt so nötig wie nie. Aber für Moulin bedeutete die anstehende Arbeit eine schwierige Gradwanderung. Der autoritäre Stil Pétains war nicht seiner, das rassistische Weltbild der deutschen Machthaber vertrug sich noch weniger mit den Überzeugungen des Präfekten.

Herkunft und Karriere

Geboren wurde Jean Moulin am 20. Juni 1899 in Béziers, sein Vater war Geschichtslehrer und Kommunalpolitiker, überzeugter Demokrat und (damals wichtig) Verfechter des laizistischen Staates. So gehörte er zu der angesehenen Schicht, die man damals »petits notables« (Honoratioren) nannte, aber nicht zu der Elite, die bis heute an speziellen Hochschulen ausgebildet wird, um unter sich über die Politik, die Wirtschaft und die Kultur Frankreichs zu entscheiden.

Die Eltern, Antoine-Émile Moulin und seine Frau Blanche Élisabeth (geb. Pègue), hatten drei Kinder, von denen Jean das jüngste war. Als Jean sieben Jahre alt war, starb sein Bruder Joseph an einer Bauchfellentzündung; ein lange wirkender Schock für die ganze Familie.

8 Henry Rousso: Vichy, Frankreich unter deutscher Besatzung 1940–1944. München 2009, S. 32ff.

Das Einkommen des Vaters war gering. Der halbwüchsige Sohn Jean hatte kein eigenes Zimmer, er schlief auf dem Flur der Etagenwohnung in Béziers. Dennoch brachten die Eltern das Geld zusammen, das für das Lycée damals zu zahlen war, ebenso wie für das Hochschulstudium der beiden Kinder Jean und seiner Schwester Laure, das war vor dem Ersten Weltkrieg auch in Frankreich durchaus ein Privileg. Dabei halfen kleine Einkünfte aus zwei geerbten Grundstücken in Saint-Andiol, in der lieblichen Landschaft zwischen dem Flüsschen Durance und dem Gebirge Les Alpilles gelegen, wo die beiden Kinder ihre Ferien zu verbringen pflegten. Jean war begabt, aber – zum Verdruss seiner Eltern – nicht eben fleißig. Nichts an seiner Jugend ist auffällig, außer dass er gern malte und zeichnete: Aquarelle und Karikaturen. Davon wird noch zu berichten sein. An der Universität Montpellier studierte er von 1917 an Jura. Ein Stipendium bekam er nicht, aber durch eine Nebentätigkeit für das Amt des Präfekten von Montpellier verdiente er gerade genug für seinen Lebensunterhalt.

Jean Moulin übernahm viel von den Überzeugungen seines Vaters: die republikanische (linksliberale) Orientierung, die laizistische, die Verteidigung des Rechtsstaats und der Bürgerrechte. »Je porte en moi un atavisme républicain que m'ont transmis [...] ceux des miens, qui modestement mais avec la plus grande dignité m'ont précédé dans la vie politique«,[9] so ehrte Jean Moulin in einer Rede 1932 seine Eltern und seine Herkunft. (Ich trage in mir ein republikanisches Erbe, das mir diejenigen vermittelt haben, die mir bescheiden, aber in größter Würde im politischen Leben vorangegangen sind.) Das bedeutet nicht, dass Vater und Sohn in allem übereinstimmten, aber bei gelegentlichen Auseinandersetzungen blieben beide respektvoll.

9 Jean-Pierre Azéma: Jean Moulin, S. 34 (Übersetzung des Verfassers sowie auch alle weiteren Zitate).

Der gute Ruf des Vaters, gute Zeugnisse Moulins in den ersten Berufsjahren, sein eloquentes und sicheres Auftreten halfen ihm, sehr jung einige Stufen der Karriereleiter zu nehmen. Im Alter von 26 Jahren wurde er Sous-Préfet von Albertville in Haute-Savoie (Hoch-Savoyen), im Alter von 30 Jahren Unterpräfekt von Châteaulin in der Bretagne und schließlich mit 34 Jahren Generalsekretär im Departement Somme, bis ihn der Luftfahrtminister Pierre Cot 1933 in sein Ministerium holte und damit in die nationale Politik. Moulin leitete das Ministerbüro. Das bedeutete, ihm wurden besonders heikle Aufgaben anvertraut.[10] Das dauerte zunächst nur wenige Monate, weil Cot sein Amt verlor, sollte sich aber 1936 fortsetzen. In der Zwischenzeit kehrte Moulin auf seinen Posten als Sous-Préfet zurück.

Der Sozialist Cot gehörte ab 1936 der Regierung des »rassemblement populaire« Leon Blums an (im Deutschen Volksfront-Regierung genannt), die im Spanischen Bürgerkrieg mit den Republikanern sympathisierte. Cot schickte Moulin wiederholt nach Spanien, um Hilfe für Flüchtlinge zu organisieren, die den Truppen und der Polizei des Putschisten-Generals Franco zu entkommen suchten. Während sich die französische Regierung offiziell zu einer Politik der Nichteinmischung verpflichtet hatte, lieferte das Luftfahrtministerium unter Leitung von Pierre Cot jedoch eine beträchtliche Anzahl kleiner Kampfflugzeuge an die legale spanische (linksgerichtete) Regierung, in stillschweigendem Einverständnis mit Regierungschef Léon Blum. Moulin war im Ministerium für diese Lieferungen zuständig. So kam er auch in Kontakt mit spanischen Kommunisten, was ihm später schwere Vorwürfe einbringen sollte. Die Maschinen wurden zum Schein an Mexiko und Litauen ver-

10 Das Luftfahrtministerium verstaatlichte in der Regierungszeit von Léon Blum die Flugzeugindustrie und reagierte damit auf die spürbare Gefahr eines Zweiten Weltkriegs.

kauft, die mit der spanischen Regierung kooperierten.[11] Das war eine Täuschung der französischen Öffentlichkeit und der Partner der Regierung Frankreichs. Man mag diese Täuschung aus übergeordneten Gründen für gerechtfertigt halten oder nicht, aber es wäre falsch, sie Jean Moulin persönlich anzulasten. Eher rechtsgerichtete französische Medien bekamen Wind von diesen Lieferungen und griffen Cot scharf an.

Anders als sein älterer Freund und Förderer Cot lebte Moulin aber nie in der Versuchung, ideologisch die Nähe der Kommunisten oder Stalins zu suchen.[12] Selbst die SFIO (Section Française de l'Internationale Ouvrière) erschien ihm zu doktrinär, zu weit links. Eine Annäherung an die Sozialisten hätte allerdings auch die angestrebte Karriere als Präfekt gestört. Sein Weltbild war und blieb demokratisch. Insofern ist Pierre Cot zu widersprechen, als er am 18. April 1967 an Laure Moulin schrieb: »Nos idées politiques concordaient absolument.«[13] (Unsere politischen Ideen stimmten vollkommen überein.) Der Historiker Jean-Pierre Azéma fand heraus, dass Moulin, anders als sein Vater, auch keiner Freimaurerloge angehörte, wie fälschlicherweise gelegentlich zu lesen war.

Moulin gehörte zum intellektuellen Freundeskreis von Pierre und Nina Cot und genoss wie diese in den 1930er Jahren sein Leben in Paris. Auch gemeinsame Skiurlaube mit den Cots in den Alpen gehörten dazu. Seine eigene Ehe war nach kurzer Blüte gescheitert. Es folgten Freundschaften, Liebschaften und dauerhafte Beziehungen.

Heimlich und vollkommen abgeschirmt hingegen betrieb er weiter sein Hobby, das Malen und Zeichnen. Seine Karikaturen wurden in zahlreichen Zeitungen und Zeitschriften veröffentlicht,

11 Gerhard Bökel: Der Geisterzug, die Nazis und die Résistance. Brandes & Apsel, Frankfurt a. M. 2017, S. 59.

12 Jean-Pierre Azéma: Jean Moulin, S. 66.

13 Ebd., S. 56

jedoch nicht unter seinem Namen, auch das hätte die Karriere als Präfekt nicht erlaubt. Die Karikaturen erschienen unter dem Namen Pierre Romanin, seinem Pseudonym. Einige von ihnen sind erhalten, ebenso Aquarelle von seiner Hand. Mehrere Museen zeigen diese Stücke, etwa das Jean-Moulin-Haus in Saint-Andiol. Moulin hatte nie Kunst studiert, konnte aber malen und zeichnen. Er hatte eine gewisse Begabung.

Aber Vorsicht! Diese Jahre waren in Frankreich innenpolitisch gekennzeichnet von der Unfähigkeit kurzatmiger Regierungen, stabile Mehrheiten zu organisieren, Konzepte zu entwickeln und durchzusetzen. Zugleich drohte der immer frechere Expansionskurs Deutschlands und Italiens, die Welt in einen neuen Krieg zu stürzen. Jean Moulin hielt nichts von dem radikalen Pazifismus, der in linken Kreisen verbreitet war, und noch weniger von dem Nationalismus der Rechten. Er war überzeugt davon, dass Verträge einzuhalten sind, auch der Versailler Vertrag und der Vertrag von Saint-Germain, der 1919 die Tschechoslowakei begründet hatte. Moulin war sich absolut sicher, dass Hitler nicht das Recht hatte, der Tschechoslowakei das Sudetenland wegzunehmen.

Der britische Premierminister Chamberlain traf Hitler in der »Sudetenkrise« am 15. September 1938 in Berchtesgaden und am 22. September in Bad Godesberg. In Godesberg zeigte Hitler sich aggressiver als bei dem ersten Treffen. Er war offenbar zum Krieg entschlossen. Chamberlain registrierte das und sagte es ihm. Nach seinem (Chamberlains) Bericht rief die französische Regierung am 24. September 753.000 Reservisten zu den Waffen. Eine Welle der Kriegsfurcht ging durch Frankreich.

Auch Mussolini wollte den Krieg (noch) nicht. Er appellierte an Paris und London, in letzter Minute eine friedliche Lösung zu vermitteln. So kamen die Konferenz und das Abkommen von München zustande, das dem britischen Premierminister so viel Spott und Schande einbringen sollte: Die Tschechoslowakei musste das

Sudetenland an das Deutsche Reich abtreten, im Übrigen wurde ihr aber ihr Bestand garantiert.

Aber was war mit Frankreich? Öffentlicher Streit zwischen Pazifisten (die eine »Realpolitik« gegenüber Deutschland forderten) und Bellizisten (die Krieg gegen Hitler befürworteten) zerriss die Gesellschaft. Die Mehrheit der Franzosen begrüßte das Münchner Abkommen, weil es den Frieden zu erhalten versprach, wie auch Regierungschef Édouard Daladier glauben wollte. Die Christdemokraten, die Sozialisten des Léon Blum und die Radikalen (Linksliberalen) hinter Pierre Cot wandten sich heftig gegen den Verrat an der Tschechoslowakei. Alle drei waren aber kleine Parteien, die Minderheit. Moulin – zu diesem Zeitpunkt wieder Präfekt – äußerte sich vorsichtig. Ein Präfekt soll sich nicht unnötig weit von der Linie der Regierung in Paris entfernen, er ist schließlich ein leitender Beamter. Aber er empfand offensichtlich, was an München problematisch war, und kritisierte die »Realpolitik« Daladiers. »Dans un temps où […] les valeurs spirituelles, les principes de libéralisme, la dignité même de la personne humaine sont constamment bafoués au nom de je ne sais quel réalisme politique ce n'est pas sans émotion qu'on peut évoquer l'image pure de cet adolescent« – des Generals Marceau nämlich. So äußerte sich Moulin in einer Rede in Chartres Anfang März 1939.[14] (In einer Zeit, […] in der die geistigen Werte, die Prinzipien der Freiheit, sogar die Würde der menschlichen Person immer wieder im Namen, ich weiß nicht welches politischen Realismus, verhöhnt werden, kann man nicht ohne Emotion über das reine Bild des Generals Marceau sprechen.) Seine Schwester Laure, die dies berichtet, bemerkt dazu, ihr Bruder Jean habe bei der Rede in Patriotismus vibriert. Am Ehrentag dieses Generals legte

14 François Séverain Marceau war General der Revolutionstruppen, er ist in Chartres geboren und – nur 27 Jahre alt – im Westerwald im Kampf gegen die Front der Reaktion gefallen. Rechte und Linke stritten sich um diesen »Helden« der Revolution. In Chartres steht sein Denkmal, an dem Moulin ihn ehrte.

Moulin ein persönliches Bekenntnis ab: »Je suis de ceux qui pensent que la République ne doit pas renier ses origines.«[15] (Ich gehöre zu denen, die meinen, dass die Republik ihre Herkunft nicht verleugnen darf.) Wenige Tage danach, am 16. März 1939, vereinnahmten die Deutschen auch die restliche Tschechoslowakei.

Moulin war im April 1937 auf Vorschlag seines Freundes Cot zunächst Präfekt in Aveyron geworden, im Midi, dem Süden Frankreichs (der jüngste Präfekt im Lande) und danach im Februar 1939 in Chartres. Die Aufgaben eines Präfekten waren im Wesentlichen zwei: Er vertrat die Regierung in Paris, speziell den Innenminister, in seinem Departement und war dadurch verantwortlich für die öffentliche Ordnung. Das erforderte Entschlossenheit genauso wie Fingerspitzengefühl. Außerdem hatte er die wirtschaftlichen und kulturellen Interessen des Departements gegenüber der Regierung zu vertreten, wozu monatlich ausführliche Berichte nach Paris zu schicken waren.

Als dritte Aufgabe des Präfekten ist das Repräsentieren zu nennen: Eine Fülle von Empfängen, Reden, Ehrungen mit anschließendem Buffet in seiner Hauptstadt und den anderen Orten des Departements wollte wahrgenommen werden, schon um niemanden zu kränken, aber auch um die Stimmung zu prüfen, die Bedürfnisse zu kennen. Moulin fehlte für diese häufigen Anlässe eine Frau an seiner Seite, wie er selbst bedauernd an seine Schwester Laure schrieb.

Ein Höhepunkt in dieser Serie dürfte der Empfang gewesen sein, den der Chef der französischen Marine, Admiral Darlan, seinem britischen Kollegen, dem Ersten Lord der Admiralität Winston Churchill (noch nicht Premierminister), am 3. November 1939 in dem Ort Maintenon im Departement Eure-et-Loir gab. Der Präfekt war selbstverständlich dabei und schrieb anschließend seiner Schwester,

15 Zitiert nach Jean-Pierre Azéma: Jean Moulin, S. 95.

Churchill sei sehr sympathisch, er spreche fließend Französisch und die Atmosphäre sei herzlich gewesen.[16]

Der neue Krieg, als er im September mit Hitlers Überfall auf Polen begann, brachte auch für die Präfekten Frankreichs zahlreiche Prüfungen, auch wenn es zunächst ein »drôle de guerre« blieb, wie die Franzosen ihn nannten (ein komischer Krieg). Jean Moulin meldete sich bei der allgemeinen Mobilisierung zum aktiven Dienst in der Luftwaffe, wurde aber zurückgestellt, um seine Arbeit als Präfekt fortzusetzen. Seine massive Beschwerde beim Personalchef des Innenministeriums führte zu nichts. Seine Freundin Antoinette Sachs, die Innenminister Sarraut persönlich gut kannte, setzte sich vergeblich für den Wunsch Moulins ein. Seine Schwester Laure zählte mindestens sechs Briefe auf, die er an das Innenministerium richtete, bis Minister Sarraut Ende Dezember definitiv und endgültig entschied: Er muss in Chartres bleiben.[17] Jean Moulin war verstimmt.

Der Feind kam nicht, noch nicht. Aber Frankreich hatte Polen ebenso wie Großbritannien Beistand versprochen für den Fall eines deutschen Angriffs. Diese Verpflichtung musste jetzt eingehalten werden. Besonders peinlich wurde das sofort für die französischen Kommunisten, die bis jetzt der politischen Linie Stalins gefolgt waren. Hitler und Stalin hatten sich plötzlich am 24. August zur Überraschung der Westmächte auf einen Nichtangriffspakt geeinigt, der in einem geheimen Zusatzprotokoll vorsah, wie Deutschland und die Sowjetunion Ostmitteleuropa unter sich aufteilen wollten. Als dann nach den Deutschen auch die Sowjets von Osten her in Polen einmarschierten, war die Kommunistische Partei Frankreichs (PCF) in größter Verlegenheit. Die rechtsgerichtete Regierung Daladier verbot die PCF. Die Nationalversammlung und der Senat

16 Laure Moulin: Jean Moulin, Biographie. Les Éditions de Paris 1999, S. 145.

17 Pierre Péan und Laurent Ducastel: Jean Moulin, L'ultime mystère, Éditions Albin Michel 2015, S. 57f., siehe auch: Laure Moulin, S. 142ff.

entschieden, dass alle kommunistischen Abgeordneten und Senatoren bis zum 26. Oktober 1939 ihr Mandat niederlegen und bestraft werden sollen, wenn sie sich weigern. Alle 35 kommunistischen Abgeordneten des Parlaments wurden verhaftet. Innenminister Albert Sarraut ordnete am 14. Dezember an, dass die Präfekten in ihrem Amtsbereich die Durchsetzung dieser Maßnahme garantieren sollten.

Jean Moulin folgte dieser Anweisung peinlich genau, er hatte keine andere Wahl. Er bekämpfte die sich nunmehr im Untergrund bildenden Strukturen der Kommunisten mit Hilfe von Polizeispezialisten. Er ließ Kommunisten festnehmen und schickte sie in Internierungslager. Einen Monsieur Pierre M. ließ er verhaften, der im Departement Eure-et-Loir als Organisator und Anführer wirkte. Pierre M. wurde im März 1940 zu drei Jahren Haft verurteilt. Die große Eisenbahnreparaturwerkstatt in Dreux, der zweitgrößten Stadt im Departement, war ein Schwerpunkt der Kommunisten. Ihnen war aus Moskau befohlen worden, wie allen Kommunisten, die Kriegsvorbereitungen in Frankreich zu sabotieren. Das Verbot der Partei, die Kontrolle ihrer Tätigkeiten und die Bestrafung von Sabotageakten waren also nicht reine Willkürmaßnahmen. Auch der Präfekt Moulin ließ Saboteure in das besonders schreckliche Internierungslager Le Vernet bringen, das für Flüchtlinge aus Spanien, besonders für Kämpfer der Internationalen Brigaden, gebaut worden war.

Der Posten des Präfekten hatte in Friedenszeiten nichts Spektakuläres, weil er jede direkte Parteinahme vermeiden musste; radikale oder extreme Äußerungen verboten sich für den Amtsträger in seiner Provinz von selbst. Andererseits ist diese Verwaltungsebene in einem Zentralstaat wie Frankreich doch nicht unwichtig, weil sie zwar kaum entscheidet, aber vieles koordiniert. Der Krieg jedoch machte aus der Rolle des Präfekten eine hochpolitische Funktion mit großer Verantwortung.

Der Krieg kommt nach Chartres

Der »seltsame« Krieg, drôle de guerre, geschah acht Monate lang fast nur außerhalb Frankreichs (wenn auch französische Soldaten an den Kämpfen in Norwegen beteiligt waren), aber das Land bereitete sich auf Kämpfe vor. Aus der Marien-Kathedrale in Chartres wurden schon seit August 1938, als der bevorstehende Krieg unabwendbar schien, Kunstschätze aller Art – vor allem die unersetzbaren Glasfenster aus dem Mittelalter – in der Krypta eingelagert. Man hatte damit Erfahrung, denn schon im Ersten Weltkrieg hatte Pfarrer Canon Delaporte das kostbare Glas abmontiert und sicher versteckt. Auch damals war Chartres bombardiert worden.

Im Juni 1940 näherte sich der Feind plötzlich überraschend schnell. Die Lagerung im Untergewölbe der Kathedrale erschien nicht mehr ausreichend sicher. Tausend Kisten wurden weggeschafft in die Region Dordogne und dort versteckt. Aber das war nur die erste Hälfte, die zweite lag noch in der Krypta, als Flüchtlinge dort Zuflucht suchten und als die Deutschen ankamen.

In den schweren Steinboden der einst größten gotischen Kirche der Welt ist ein Labyrinth[18] eingebaut, das sich nicht entfernen lässt. Es knüpft an die christliche Ostergeschichte an und erzählt zugleich den antiken Mythos vom Kampf des Theseus (dem Ariadne beigestanden haben soll) gegen den Minotaurus. Gläubige und Pilger laufen hier noch heute an jedem Freitag barfuß den magischen Weg auf der Suche nach sich selbst, wobei sie gegen Tod und Teufel antreten, wenn nicht gegen den Minotaurus. Jean Moulin muss das vertraut gewesen sein. Was er davon hielt, wissen wir nicht, sehr religiös war er nicht. Er war in gewissem Sinne auch für die Kathedrale zuständig, denn Kirchenbauten gehören in Frankreich dem Staat.

---

18 Das ist kein Irrgarten. Das Labyrinth von Chartres ist ein rundes übersichtliches Muster von eng verschlungenen und kreisförmig angeordneten Pfaden. Es erinnert an ein Mandala.

Ab Ende Mai 1940 bricht die Katastrophe der deutschen Invasion über das Departement Eure-et-Loir genauso herein wie über das ganze Land. Ein Strom von acht oder zehn Millionen Flüchtlingen sucht Schutz und Hilfe im Süden und Westen. Per Zug werden Verwundete nach Süden in Krankenhäuser gebracht, in Waggons, die selbst Ziel von Maschinengewehrenattacken sind. Hunderttausende durchqueren Chartres, müssen untergebracht, ernährt, gesteuert werden. Aus Flugzeugen in nur 30 bis 50 Metern Höhe werden Pferdekarren und Autokarawanen ebenso wie Radfahrer und Fußgänger beschossen. Vor den anrückenden Soldaten zerstört eine Welle von Bombenflugzeugen Bahnhöfe, Industrie und ganze Stadtquartiere. Die Beamten der Präfektur, auch der Präfekt selbst, geraten an die Grenzen ihrer Möglichkeiten.

Es ist ein Glück, dass am 25. Mai ein Freund von Moulin, Dr. Mans, aus dem bereits besetzten Amiens mit einem kleinen Trupp von Ärzten, Apothekern und Krankenschwestern, ausgestattet mit Medikamenten, Geräten und Hilfsmitteln, in Chartres Halt macht und sich entschließt, der Stadt und dem Präfekten zu helfen.[19] Es ist praktisch die mobile Gesundheitsbehörde des Departements Somme. Der Präfekt, die Ärzte Mans und Viette sowie Oberschwester Jane Boullen richten in einer Schule ein Krankenlager ein. Tage und Nächte verbringen Schwestern und Ärzte aus dem Norden auf dem Bahnhof sowie in der Krankenstation. Züge voller Flüchtlinge in Richtung Atlantik müssen mit Wasser und Lebensmitteln beladen werden, bevor der Bahnhof wegen der Tieffliegerangriffe komplett geschlossen wird. Flüchtlinge suchen Schutz unter den Waggons. Sieben Züge voller Verwundeter bleiben im Departement auf freier Strecke stehen, weil der Gleiskörper durch die Luftangriffe zerstört ist. Der Präfekt hält die Hand eines Sterbenden, gibt ihm zu

19 François Berriot: Écrits et documents. Bd. I, S. 389. Die Oberschwester Jane Boullen schrieb darüber einen bewegenden Bericht, den Laure Moulin in ihr Buch aufnahm.

trinken und versucht, Trost zu spenden, erzählt die Oberschwester Jane. »Mein armes Departement ist verwundet und blutet überall«, schreibt Moulin an seine Schwester Laure. »Nichts blieb der Zivilbevölkerung erspart.«[20] Von den Flüchtlingen erfahren die Bürger und auch Jean Moulin den jeweils letzten Stand der Dinge. Seit der Bombardierung funktioniert die Elektrizität nicht mehr, also auch kein Radio, kein Telefon, kein Funkverkehr. Die Trinkwasserzufuhr ist unterbrochen, die Abwasserleitungen sind verstopft. Aus dem Fluss Eure, der die Stadt durchquert, müssen mehrfach Leichen geborgen werden.

Dass ihre Regierung nach Bordeaux geflüchtet ist, erfahren die Einwohner von Chartres von Flüchtlingen wie auch die Tatsache, dass der Feind am 14. Juni Paris besetzt hat, dass der greise Marschall Pétain die Regierung übernommen hat und die Deutschen sofort nach ihren Waffenstillstandsbedingungen fragt. Eine Adresse seines Vorgesetzten, des Innenministers, oder eine andere Kontaktmöglichkeit hat der Präfekt nicht, weil auch seine Telefonverbindung zur Außenwelt gekappt ist.

Die Luftangriffe verlagern sich nun weiter nach Süden und die Bodentruppen nähern sich. Chartres wird zur »offenen Stadt« erklärt, das heißt, die Stadt wird nicht mehr verteidigt und darf nicht mehr beschossen werden.

Je näher die Deutschen kommen, desto mächtiger werden schreckliche Erinnerungen an den Ersten Weltkrieg, der kaum 21 Jahre her ist. Man erinnert sich daran, dass die Deutschen im Ersten Weltkrieg die Kathedrale von Reims in Brand geschossen haben, also die Seele Frankreichs, den Ort, wo jahrhundertelang die französischen Könige gekrönt worden waren. Damit bestätigten die Feinde das Bild, das die Vorkriegs- und Kriegspropaganda von ihnen gemacht hatten. (Wenn auch beide Seiten sich die Schuld wohl teilen müssen.)

20 François Berriot: Écrits et documents. Bd. I, S. 391.

Das Bild vom grausamen, unmenschlichen »boche« (ein Schimpfwort für die Deutschen) schürt auch 1940 wieder die Panik. Die Deutschen stehen in begründetem Verdacht, auf dem Weg der Kulturnationen zu Demokratie und Menschenrechten zurückgeblieben zu sein. Die Nachrichten, die man aus Nazi-Deutschland gehört und gelesen hat, entfalten jetzt noch größere Wirkung. Zeitungen, die lange die Wahrheit über den Frontverlauf zurückhielten, schmücken jetzt das Feindbild weiter aus.

Am 11. Juni lässt der Präfekt Plakate kleben, klebt selbst, auf denen zu lesen ist, dass niemand die Evakuierung der Stadt angeordnet hat und dass es dazu keinen Grund gebe. »N'écoutez pas les paniquards. [...] Il faut que chacun soit à son poste. J'ai confiance. Nous vaincrons.«[21] (Hören Sie nicht auf die Panikmacher. [...] Jeder muss auf seinem Posten bleiben. Ich habe Vertrauen. Wir werden siegen.) Im Archiv des Departements Eure-et-Loir findet sich ein Bericht, den der Präfekt am 12. Juli 1940 an das Innenministerium in Vichy geschrieben hat, als die Postverbindung wiederhergestellt war. Es sei noch nie vorher passiert, dass die Bauern Hof und Land verlassen haben. Drei Gründe nennt Moulin dafür: Den Terror, der von Tieffliegern ausging, die etwa 600 Zivilisten getötet haben, Soldaten beider Seiten nicht mitgerechnet. Dann die Panik, die der noch nie erlebte Flüchtlingsstrom bei den Einheimischen ausgelöst hat. Und schließlich der dritte Grund: dass meist kurz nach einer Bombenattacke die Versorgung mit Telefon, Radio, Wasser, Strom und Gas unterbrochen war.

21 Ebd., S. 532ff.

Jean Moulin im Stadtbild von Chartres heute. © D. L. S.

Der Präfekt beklagt auch, dass sich Behörden, die nicht seiner Weisung unterstehen, unkoordiniert zurückgezogen haben. Das Polizeirevier in Chartres stellt am Freitag, den 14. Juni, seinen Dienst ein, die Beamten suchen das Weite. Erst am Montag, den 17., kommen die Deutschen. Die leerstehenden Wohnungen und Bauernhöfe im Umland laden Vagabunden zum Plündern ein. Auch Soldaten, die ihre Waffen weggeworfen haben, ziehen einzeln oder in Gruppen marodierend durch die Stadt. Der Gelegenheit zum Plündern können viele nicht widerstehen. Gewiss haben sie einfach Hunger und Durst. Der Präfekt weiß, was in seinem Departement geschieht. Auch von Vagabunden und Agitatoren aus Paris berichtet er. Einige Häuser der Stadt brennen seit den Bombenangriffen. Die Feuer können nicht gelöscht werden, denn die Feuerwehr hat sich mit ihrem Gerät nach Süden zurückgezogen.

Ein Dragonerregiment unter dem Kommando von General de Torquat macht auf dem Rückzug für einige Tage in Chartres Halt. Das Regiment hatte im Mai wenige Tage lang erfolgreich unter dem Befehl des Generals de Gaulle die Deutschen bekämpft und sogar Geländegewinne gemacht. Mit Hilfe dieser regulären Militäreinheit versucht Moulin, die Ordnung zu erhalten, kann aber Plünderungen nicht vollständig verhindern. Vier Soldaten brechen das Tor der Präfektur auf, stehlen den Citroën des Präfekten und fahren davon.[22] Moulin benutzt nun das Fahrrad, das geht auch, aber der General de Torquat wundert sich.

Die Beamten der Präfektur (bis auf zwei) verschwinden entgegen seiner Anordnung, während der Präfekt den Nachbarort Dreux inspiziert. Von ursprünglich 23.000 Einwohnern sind jetzt noch sechshundert Einwohner in Chartres anwesend sowie zusätzlich 5.000 Flüchtlinge. Sie haben Hunger. Es gibt Mehl, aber keine Bäckerei arbeitet mehr. Der französische General de Torquat ist voller Bewunderung für den pflichtbewussten und mutigen Präfekten.[23] Er übergibt ihm zwei seiner Soldaten, die im Zivilberuf Bäcker sind. Für ein paar Tage gibt es nun wieder Brot in der Stadt.

Moulin lässt einen herumirrenden Ochsen schlachten und beauftragt die Schwestern der ehrwürdigen Ordensgemeinschaft von Saint Paul, ein riesiges Pot-au-feu (Eintopf-Gericht) zu kochen, das frei verteilt wird. Er lässt aus den Fleischerläden die verderbenden Reste beseitigen, zurückgelassene Katzen und Hunde töten. Räuber und Vagabunden übergibt er der Militärjustiz.

Am Sonntag, den 16. Juni, versammeln sich Gläubige und Ungläubige in der Kathedrale von Chartres zum Gottesdienst. Draußen fallen Schüsse, drinnen übertönt die Orgel den Kriegslärm. Ein

22 Ebd., S. 109.

23 Laure Moulin: Jean Moulin, S. 158f.

schwerer Gewittersturm löscht jetzt die noch immer brennenden Feuer in den zerbombten Häusern.

Das Dragonerregiment beschützt die Stadt bis Sonntagabend. Zu einer letzten Mahlzeit in Freiheit lädt der General Jean Moulin an seinen Tisch. Man versteht sich, der Ton ist herzlich. Moulin erklärt dankbar: »Ici du moins les élites n'ont pas failli.«[24] (Hier zumindest haben die Eliten nicht versagt.) Es ist ein Abschied für immer, ein Abschied auch von dem alten Frankreich. Der General der Dragoner ernennt den Präfekten zum »Ehrendragoner«. Moulin ist nicht wenig stolz, als er die Geschichte später erzählt. Vor Mitternacht müssen die letzten Soldaten abziehen, so lautet ihr Befehl. Sie lassen die letzten Einwohner, meist Kranke und Alte, in Angst und Panik zurück, jedoch keine Ärzte, keine Kaufleute, keine Bäcker, keinen Feuerwehrmann, niemanden aus der Kommunalverwaltung – außer dem Präfekten –, niemanden, der die Trinkwasserversorgung beherrscht. Man findet schließlich eine geeignete Quelle in der Krypta der Kathedrale. In der Nacht geht ein weiterer Gewittersturm über Chartres hinweg.

Jean Moulin hatte Anfang Juni seine Freundin Antoinette Sachs gebeten, aus Paris nach Chartres zu kommen, weil er sie jetzt brauche. Sie kommt mit ihrem kleinen Peugeot inmitten all der Flüchtenden an und entdeckt, dass ihr Freund das heitere Lächeln des jungen Charmeurs verloren hat. Auch seine Stimme hat sich verändert. Sie hat einen Ton angenommen, der keinen Zweifel zulässt. Sein leichter südfranzösischer Akzent ist ernster Strenge gewichen. Das kennt Antoinette noch nicht an ihm.

Er bittet sie, noch einmal mit ihm nach Paris zu fahren, als die Deutschen sich schon der Stadt nähern. Sie räumen gemeinsam seine kleine Wohnung in der Rue des Plantes aus, weil die Besatzer nicht seine Wertsachen, seine Papiere und vor allem nicht ein Regal voller Akten aus dem Luftfahrtministerium von Pierre Cot finden sollen,

24 Jean-Pierre Azéma: Jean Moulin, S. 126.

die er bei sich verwahrt. Geheimnisse des Spanienkrieges sind zu bewahren. Sie packen den Peugeot voll. Sein Ausweis als Angehöriger des Ministeriums, den er aufbewahrt hat, hilft an allen Kontrollpunkten, macht diese Extratour überhaupt erst möglich. Kurz bevor die Deutschen in Chartres ankommen, verlässt Antoinette ihren Freund in Richtung Bordeaux, um sich selbst und das kleine Auto voller Akten in Sicherheit zu bringen.[25] Sie hat einen Ausweis als Krankenschwester in der Tasche, den ihr Freund ihr ausgestellt hat.

Moulin war also ein erfolgreicher leitender Beamter, der mehr Wert auf Effektivität legte als auf den großen Auftritt. Im Luftfahrtministerium hatte er in der großen Politik agiert, national wie international, er hatte sich auch geschickt engagiert für Flüchtlinge, für die Menschenrechte, für die legale Regierung Spaniens. Die Lieferung von Flugzeugen durch das Luftfahrtministerium (eine Entscheidung von Pierre Cot) widersprach allerdings der nach außen verkündeten Linie der Regierung Blum. Er hatte großes Talent beim Verhandeln entwickelt, konnte leicht andere überzeugen, ihm zu geben, was er wollte, ohne seinerseits einen Preis zu zahlen.[26] Die Beförderung zum Präfekten belohnte ihn dafür.

Es fällt auf, dass Jean Moulin schon vor seiner Zeit in der Résistance Tarnnamen gebrauchte, dass er viele Adressen hatte und Wohnungen in Häusern bevorzugte, die mehr als nur einen Ein- und Ausgang auf mehrere Straßen haben, so wie seine Pariser Wohnung in der Rue des Plantes. Er suchte solche Umstände und verstand, sie zu nutzen.

Als Held war er jedoch nicht geboren, er handelte niemals außerhalb des Normalen, des Erwartbaren. Es bedurfte eines Anstoßes durch das Schicksal, um heroische Züge in ihm zu wecken. Dieser Anstoß kam am 17. Juni 1940, als die Deutschen vor seiner Tür standen.

25 Patrick Marnham: The Death, S. 90.

26 Jean-Pierre Azéma: Jean Moulin, S. 96f.

Präfekt der Vichy-Regierung

Der Waffenstillstand trat am 25. Juni in Kraft, ein Text aus 24 Artikeln ohne territoriale Forderungen des Siegers (diese wurden außerhalb des Vertrages erzwungen). Ein schwerer und sofort spürbarer Einschnitt im Leben der Franzosen war die Demarkationslinie, die die Deutschen durch das Land zogen: 1.200 Kilometer lang, ungefähr von Genf aus in einem Bogen parallel zur Küste bis an die spanische Pyrenäen-Grenze verlaufend. Man durfte sie nicht ohne Ausweis und Genehmigung passieren, keine unzensierten Briefe über sie schicken, auch alle Warenlieferungen wurden streng kontrolliert, was ein sehr simples und wirksames Herrschaftsinstrument der Besatzungsmacht werden sollte.

Chartres lag nördlich dieser Linie, also im besetzten Teil, und befand sich nun im Hinterland des Krieges, den Hitler im Herbst gegen Großbritannien führen wollte. Die Operation Seelöwe mit dem Ziel, zunächst die britische Marine zu zerstören (was nicht gelang), war für den 21. September geplant. Nachschub durch und aus Frankreich war dazu absolut notwendig. Die Regierung in Vichy forderte die gesamte französische Verwaltung in der Besatzungszone auf, mit den Deutschen zusammenzuarbeiten.

So hatte der Präfekt zwar einen Vorgesetzten in Vichy, den von Pétain ernannten Innenminister (bis zum 6. September 1940 Adrien Marquet, danach Marcel Peyrouton), musste jedoch täglich Anordnungen der deutschen Feldkommandantur 751 ausführen, die für sein Departement zuständig war. Feldkommandant von Gütlingen unterstand dem Militärbefehlshaber in Frankreich und dem deutschen Botschafter in Paris, Abetz, der nicht beim Vichy-Regime akkreditiert war, sondern bei den deutschen Verwaltungsstellen in Paris. Eine deutsche Kontrollbehörde mit einer Polizeieinheit und einem Wirtschaftsamt hatte sich im Hôtel Majestic in der Pariser Avenue Kleber einquartiert und kontrollierte von dort aus alle

Departements der besetzten Zone. Der Feldkommandant hatte den aktiven Soldaten gegenüber allerdings kaum Autorität. Diese gebärdeten sich häufig als Sieger und nahmen sich, was sie brauchten oder was ihnen gefiel. Dabei taten sich besonders die Einheiten der Luftwaffe hervor, stationiert auf einem kleinen Militärflughafen in der Nähe von Chartres. In einem internen Bericht beklagte sich der Feldkommandant über das schlechte Benehmen dieser Männer.[27]

Freiräume hatte der Präfekt also nicht, allenfalls kleine Tricks konnte er anwenden. Über der Präfektur flatterte die Hakenkreuzfahne. Die deutsche Uhrzeit wurde eingeführt. Ein Wechselkurs für den französischen Franc wurde festgesetzt, der ungerecht, aber für die Deutschen sehr günstig war. Es dauerte bis zum 4. Juli, bis das französische Radioprogramm in Chartres wieder zu hören war und telefoniert werden konnte. Am 18. Juli erst bekam Jean Moulin den Wortlaut des Waffenstillstandsvertrages in die Hand. Eine Konferenz aller 14 Präfekten des Bezirks A in der besetzten Zone wurde für den 6. August nach Saint-Germain-en-Laye bei Paris einberufen, um diese auf die neuen Bedingungen hinzuweisen, vor allem auf die Rechte der Besatzungsmacht.

Die meisten geflüchteten Einwohner von Eure-et-Loir kehrten im Laufe des Sommers zurück und ebenso ein Teil der Beamten der Präfektur. Moulin bemühte sich, annähernd »normale« Lebensbedingungen herzustellen, etwa ausreichend Lebensmittel zu beschaffen, deren Ausgabe jetzt streng rationiert werden musste. Hinzu kamen immer neue Klagen, wenn deutsche Soldaten (Wehrmacht!) junge Frauen oder Mädchen vergewaltigt hatten.[28]

Einige der einquartierten deutschen Soldaten waren nach ihrem Siegeszug durch Frankreich so enthemmt, dass sie Wertsachen stahlen, Radios, Fahrräder und gelegentlich sogar Autos. Vielfach

27 Ebd., S. 132.

28 François Berriot: Écrits et documents. Bd. I, S. 559 und S. 582.

wurden Franzosen in ihrem Wohnraum unrechtmäßig eingeschränkt oder ganz aus ihren Häusern vertrieben. Für die Sammlungen von Göring oder Hitler oder anderer Potentaten wurden Kunstwerke beschlagnahmt.[29] Oft beklagten sich die Betroffenen mündlich oder schriftlich bei der Präfektur, die all diesen Fällen nachging, aber kaum Möglichkeiten zur Abhilfe hatte.

Der Buchhandel in der besetzten Zone wurde zensiert. Zunächst waren 143 Titel nach der »Liste Bernhardt« verboten. Nach dem 4. Oktober galt die »Liste Otto«, die 1.060 Titel untersagte, unter ihnen neben den deutsch-jüdischen Autoren alle deutschen Exil-Schriftsteller, aber auch französische Essayisten und Marxisten aus aller Welt. Ein Buchhändler in Moulins Departement wurde für einige Tage ins Gefängnis gesperrt und danach zu einer hohen Geldstrafe verurteilt.[30]

Als die Regierung ihre ersten antisemitischen Maßnahmen (das »Statut des Juifs«) beschloss, zuerst gegen ausländische, dann auch gegen französische Juden, ihnen den Zugang zum Beamtentum, zum öffentlichen Dienst und weiteren Berufen verschloss, da dachte Jean Moulin bereits über Widerstand nach.

Am 27. September erhielt der Präfekt den Befehl des Kommandanten, dass bis zum 20. Oktober im Departement Eure-et-Loir alle Juden registriert werden müssen, französische und ausländische. 125 Juden meldeten sich bei den Behörden des Departements, 82 von ihnen wurden später in die Vernichtungslager im Osten deportiert, nur einer kehrte zurück.[31] Jean Moulin war so gut wie

29 Hier tat sich neben dem bekannten »Einsatzstab Rosenberg« die »Kolonne Künsberg« hervor. Der Nazi-Kunstraub machte weder vor öffentlichem noch vor privatem Besitz Halt, beschränkte sich auch keineswegs auf das Eigentum von Juden. Jean-Pierre Azéma: Jean Moulin, S. 134.

30 Ebd., S. 133f.

31 Ebd., S. 135f.

machtlos. Er verwendete sich in mehreren Fällen für die Verfolgten. So erreichte er, dass etwa der aus Rumänien stammende Deutschlehrer Daniel Zwiebel am Collège von Châteaudun nicht aus dem Dienst entlassen wurde. Einen Monat später jedoch führte eine Anzeige trotzdem zu dem von Vichy gewünschten Ergebnis. Zwiebel wurde gekündigt. Er hatte allerdings Glück, konnte sich verstecken und wurde nicht deportiert.[32] Ähnlich machte sich der Präfekt für den griechischstämmigen Arzt Nicolas Souyoultzis am Krankenhaus von Dreux stark und für weitere Ärzte, deren Arbeit im Departement dringend gebraucht wurde. Auch hier blieb die Wirkung seiner Hilfe aber sehr begrenzt.

Der Präfekt bemühte sich, die aufgeheizte Stimmung zwischen Besatzern und Franzosen nicht weiter zu befeuern. Er verschwieg die Ereignisse vom 17. Juni auch in seinem ausführlichen Bericht an den Innenminister. Nur engen Freunden und seiner Familie erzählte er davon, pragmatische Überlegungen rieten dazu, seine außerordentliche Disziplin machte das Schweigen möglich. Allerdings schrieb er wenige Monate später auf, woran er sich erinnerte. Er gab seiner Schwester Laure drei Hefte mit dem Auftrag, sie bis nach der Befreiung gut zu verstecken. Es dürfte nicht vergessen werden – auch wenn ihm etwas passieren sollte –, wie deutsche Soldaten sich 1940 in Chartres benommen hatten.[33]

Am 10. Juli treten der Senat und die 1936 gewählte Nationalversammlung im Theatersaal von Vichy ein letztes Mal zusammen. Sie schaffen sich selbst ab. Mit 570 Ja-Stimmen gegen 80 Nein-Stimmen bei 21 Enthaltungen beschließen die Abgeordneten ein Ermächtigungsgesetz zugunsten von Philippe Pétain, verbunden mit dem Auftrag zur Erarbeitung einer neuen Verfassung. Nach dem militärischen folgt der politische und jetzt auch der formale Untergang

32 François Berriot: Écrits et documents. Bd. I, S. 562.

33 Laure Moulin: Jean Moulin, S. 185.

der Dritten Republik. Es geschieht nicht auf deutschen Druck, es sind faschistoide Ideen der Gegenaufklärung, die von einer kleinen Minderheit gehegt wurden, die nun nach dem allgemeinen Zusammenbruch ihre Stunde für gekommen hält. Pétain proklamiert den »État Français«, keine Republik also, sondern ein Staat, ein autoritärer, in dem nur der Staatschef, Pétain selbst, entscheidet. Der Marschall nimmt sich sogar das Recht, allein seinen Nachfolger zu bestimmen. Die demokratischen Institutionen der Dritten Republik stimmen dem Staatsstreich zu. Hinter und vor den Kulissen zieht Pierre Laval die Strippen, ein ehemaliger Minister und Regierungschef, der sich von links nach rechts außen entwickelt hat und von starkem Ehrgeiz getrieben wird. Er soll für Pétain noch zum Problem werden.

Das alles ist in der französischen Geschichte ohne Beispiel. Es erinnert an das Ermächtigungsgesetz der Nazis von 1933. Wenn man aber ins Auge fasst, dass die Nationalverfassung aus der Französischen Revolution geboren ist und sowohl der Rahmen als auch das Instrument des politischen und kulturellen Auftrags Frankreichs in der Geschichte war, des »ewigen Frankreichs« (la France éternelle), dann muss man den Bruch in Frankreich 1940 als schwerwiegender bewerten als den in Deutschland 1933. Dabei ist es nicht das parlamentarische System, das jeden Kredit verloren hat, es sind die Parteien, die schon in den 1930er Jahren den Minimalkonsens aufgegeben haben, ohne den eine Demokratie nicht auskommt. Die Parteien gelten weithin als schuldig, wenn auch mit verschiedenen Begründungen. So plant auch de Gaulle zunächst, die Parteien nach der Befreiung des Landes bei der Neugründung des politischen Systems nicht zu beteiligen. Er will dem Volk seine Stimme zurückgeben, nicht unbedingt den Parteien.

Die rechts-autoritäre Vichy-Regierung entfaltete – wie beschrieben – ein reaktionäres, antisemitisches Programm. Der Nationalfeiertag am 14. Juli 1940 durfte nicht gefeiert werden, die Nationalhymne *Marseillaise* war untersagt. Pétain verbot am 13. August »geheime« Organisationen – gemeint waren die Freimaurer, denen Moulin sehr nahestand –, der Präfekt musste das Verbot durchsetzen. Er schrieb nach Vichy, nur sechs Freimaurer hätten sich im Departement gefunden, alle hätten ihren Kontakt zueinander abgebrochen, was so nicht stimmte. Vom obersten Freimaurer in Eure-et-Loir, Maurice Violette, einem guten Freund Moulins, schrieb er nichts.

Obendrein beschloss das Vichy-Regime, dass alle Flüchtlinge und Emigranten, die nach einem Gesetz von 1927 die französische Staatsbürgerschaft erhalten hatten, neu überprüft werden sollten. Es handelte sich um 650.000 Einbürgerungen,[34] eine große Aufgabe für die Behörden sämtlicher Departements. 15.000 Menschen, vor allem Juden, verloren dadurch die Staatsangehörigkeit Frankreichs, sie waren nunmehr staatenlos und den Nazis wehrlos ausgeliefert.

Was musste Moulin noch hinnehmen für das Ziel, einen Rest an Ordnung und Lebensqualität für die Einwohner zu erhalten? Der Präfekt des Departements Eure-et-Loir geriet in unlösbaren Widerspruch zu seinen wichtigsten Überzeugungen. Der Ausweg, sich das Leben zu nehmen, hatte nicht funktioniert. Welche Alternative blieb ihm noch? Es hätte jetzt auf der Hand gelegen, dass Moulin von seinem Posten zurücktritt. Er tat es nicht. Ein Nachfolger hätte die Einwohner des Departements sicher nicht besser beschützen können, insoweit hatte seine Funktion als Präfekt wenigstens einen humanitären Zweck. In den monatlichen Berichten, die er nach wie vor an den Innenminister zu schicken hatte (und die sich heute in den *Archives nationales* befinden), fanden französische Historiker kaum Hinweise auf Protest oder gar Widerstand. Auffallend ist an diesen Berichten aber, dass er keinerlei verbale Verbeugung gegenüber dem Vichy-Regime machte wie andere leitende Beamte.[35]

34 Götz Aly: Europa gegen die Juden 1880–1945. Frankfurt a. M. 2017, S. 323.
35 Ebd., S. 144.

Das geringe Maß an humanitären Erleichterungen, die der Präfekt bewirken konnte, das war ihm zu wenig, das Sich-fügen-Müssen trotz stiller Ablehnung, das wurde für einen Mann wie Jean Moulin unerträglich. Die Ideale der Französischen Revolution, für die er Beamter geworden war, zählten nicht mehr. Die Freiheit hatte die Besatzungsmacht genommen, die Gleichheit hatten die Rassengesetze von Vichy aufgehoben, die Brüderlichkeit wurde täglich in den zahlreichen Internierungslagern erwürgt. Dies war nicht sein Staat, für Jean Moulin stand sein Entschluss fest, drei oder vier Monate nach der Machtübernahme der Deutschen und der Vichy-Regierung.

Es war weder geplant, noch vorbereitet, dass Hitler und Pétain sich am 24. Oktober in Montoire-sur-le-Loir trafen. Es waren vielmehr spontane Einfälle des deutschen Außenministers von Ribbentrop, der die Reise des Führers zu einer Geheimkonferenz mit Franco in Hendaye an der französisch-spanischen Grenze nutzen wollte, und es war der immer lauernde Ehrgeiz des stellvertretenden Vichy-Außenministers Laval, der seine Chance sah, durch Annäherung an die Besatzungsmacht seine eigene Karriere zu beschleunigen.

Hitler versprach Pétain gar nichts. Pétain aber versicherte, es sei ein Fehler Frankreichs gewesen, Deutschland den Krieg zu erklären, und bot »Collaboration« an, Zusammenarbeit. Hitler plante bereits den Feldzug gegen die Sowjetunion und wollte sich der französischen Ressourcen versichern, durchaus auch aus den Kolonien. Deshalb kam für ihn eine weitere Demütigung Frankreichs oder etwa eine Zerstückelung des französischen Kolonialreichs zugunsten Italiens oder Spaniens nicht infrage. Das Angebot der Kollaboration kam ihm gerade recht. So versicherte er Pétain und Laval, er wolle einige französische Offiziere aus der deutschen Kriegsgefangenschaft entlassen, damit diese helfen können, Zentralafrika gegen den

Zugriff de Gaulles zu verteidigen[36] (was ihnen nicht gelang). Was »Collaboration« sonst noch bedeuten könne, solle bei weiterführenden Verhandlungen festgelegt werden.

Das geheime Treffen in Montoire wurde bekannt, ein Eklat, der die Politik in London, Washington und anderswo beunruhigte. In Vichy legte der Außenminister, der von dem Treffen erst nachträglich erfuhr, unter Protest sein Amt nieder. Gerüchte schossen ins Kraut, der Marschall habe die Interessen Frankreichs verraten und verkauft. So entschloss sich Pétain zu einer Rundfunkrede an die Franzosen am 30. Oktober: »C'est dans l'honneur et pour maintenir l'unité française, une unité de dix siècles, dans le cadre d'une activité constructive du nouvel ordre européen, que j'entre aujourd'hui dans la voie de la collaboration.«[37] (Es ist in Ehre und um die Einheit Frankreichs zu erhalten, eine Einheit von zehn Jahrhunderten, dass ich heute, im Rahmen einer konstruktiven Aktivität der neuen europäischen Ordnung, den Weg der Zusammenarbeit betrete.) Den Ausdruck »neue Ordnung Europas« übernahm Pétain von den Nazis.

Laval hatte sich durchgesetzt (zunächst!) und Pétain hatte Zweifel an seiner Haltung ausgeräumt. Niemand konnte ihn jetzt noch für einen Nazi-Gegner halten.

Diese Ereignisse berührten die Entscheidungen von Jean Moulin überhaupt nicht mehr. Seine Perspektive war nämlich seit Wochen schon klar. Er war entschlossen, in den Widerstand zu gehen, in die Résistance, die es 1940 als Organisation noch gar nicht gab. Er beriet sich darüber mit seinem Freund Pierre Meunier, der ihn im September 1940 in Chartres aufsuchte. Er (Moulin) wolle zurücktreten, schrieb Meunier, »il s'imagine comme organisateur de la résistance, il pense à partir pour Londres«.[38] (Er sieht sich als

36 30.000 Kriegsgefangene wurden freigelassen, eine große Zahl, aber doch nur die Minderheit.

37 Jean-Pierre Azéma: Jean Moulin, S. 140.

38 Ebd., S. 145.

Organisator der Résistance und denkt daran, nach London zu reisen.) Auch dieses Dokument liegt in den *Archives nationales*. Meunier hatte einen Einwand: Moulin solle besser warten, bis die Regierung ihn entlässt. Das würde weniger auffallen und ihm die Arbeit im Untergrund erleichtern.

Moulin musste wohl selbst damit rechnen, dass seine Entlassung kurz bevorstand. Und so kam es. Am 2. November unterschrieb Pétain ein Dekret, das am 16. November in Kraft trat: Drei Präfekte, unter ihnen Jean Moulin, und eine Reihe von Unterpräfekten wurden abberufen. Mit diesem Revirement baute die Regierung in Vichy den ganzen Stamm des höheren Beamtentums um. Zwischen September und Dezember 1940 wurden von den 94 Präfekten Frankreichs 26 in den Ruhestand versetzt, 29 wie Moulin einfach entlassen und 37 auf andere Posten verschoben. Nur wer den neuen, autoritären Kult um den »Sieger von Verdun«, so nannte man den Staatschef, mitmachte, wer die ausländerfeindliche, »nationale Revolution« unterstützte, durfte sein Amt behalten.

Den Deutschen hatte die Regierung schon am 15. Oktober diese Absicht mitgeteilt und sie waren mit der Entlassung Moulins einverstanden. Der Nachfolger des Majors von Gütlingen, Feldkommandant Ebmeier, beurteilte Moulin in seiner Antwort an die Vorgesetzten auffallend positiv: Er sei geschickt, überdurchschnittlich begabt, bemerkenswert gebildet, mit Urteilskraft und Verantwortungsgefühl. Ebmeier bat seine deutschen Vorgesetzten in Paris, der Entlassung Moulins nicht zuzustimmen. Das Votum Ebmeiers wurde jedoch in den Wind geschlagen.[39] Beim Abschied beglückwünschte er den Präfekten für die Energie, mit welcher er die Interessen der ihm Anvertrauten und die Ehre Frankreichs verteidigt habe.[40] Der Major, Baron von Gütlingen, war bereits Ende September ersetzt worden,

39 Patrick Marnham: The Death, S. 105.

40 Jean-Pierre Azéma: Jean Moulin, S. 150.

nachdem er einige Gesten gemacht hatte, die vielleicht den brutalen Angriff der beiden Offiziere vom 17. Juni vergessen machen sollten. Er schrieb Moulin ebenfalls zum Abschied »mit Hochachtung« und meinte: »Chacun de nous a du servir sa patrie.« (Jeder von uns, der Präfekt und der Feldkommandant, hatte seinem Vaterland zu dienen.)[41]

Während die Freundlichkeiten der deutschen Besatzer nicht frei sein können von Zwielicht, zeigen Dutzende von Briefen und die Reden

Jean Moulin und Major von Gütlingen. © Fam. Moulin

41 François Berriot: Écrits et documents. Bd. I, S. 568.

am Vorabend der Abreise, wie groß der Respekt vor seiner Leistung im ganzen Departement auf der Seite der französischen Unterpräfekten, Bürgermeister und Mitarbeiter war. Zuneigung schlug Moulin von allen Seiten entgegen, das zeigen zahlreiche Dokumente, die in der Sammlung von François Berriot veröffentlicht sind.[42]

Der Weg in den Untergrund

Zu seinen letzten Amtshandlungen als Präfekt gehörte am 7. November ein Schreiben an den Innenminister in Vichy – mit dem Zusatz »secret« (geheim) –, in dem er bestätigte, ein Rundschreiben des Ministeriums über Aktivitäten einiger Partisanen de Gaulles empfangen zu haben. Darüber war er also offiziell informiert. Bereits am 21. Oktober hatte er den anonymen Brief eines geflüchteten Elsässers erhalten, der ihm für seine aufrechte Haltung gegenüber der Besatzungsmacht dankte und der sich als glühenden Anhänger de Gaulles bezeichnete. »Vive l'Alsace Lorraine française! Vive le Général de Gaulle!«[43] Dieser Mann dürfte gewusst haben, dass Moulin selbst an Widerstand dachte.

Am 16. November verließ der Ex-Präfekt Chartres als Privatmann. Er wandte sich zunächst nach Amiens und dann nach Paris, wo er immer noch seine Wohnung und Freunde hatte, etwa die Gruppe um Pierre Cot aus dem Luftfahrtministerium. Einige dieser Leute hatten Kontakte zum kommunistischen Untergrund, das heißt auch zu den Agenten Stalins. Die verbotene KPF verhielt sich still, wartete aber auf Anordnungen aus Moskau, die sie treu befolgte.

Mehrere spätere Anhänger von Moulin vermuten, er sei bereits jetzt, im November 1940, entschlossen gewesen, nach London zu

42 Ebd., S. 406ff.
43 Ebd., S. 604f.

reisen und sich dem General de Gaulle anzuschließen. Die Historiker Azéma und Péan weisen jedoch auf eine Bemerkung der Freundin Antoinette Sachs hin: Anfang Dezember 1940 habe Jean Moulin gewusst, dass er weiterhin gegen die Deutschen kämpfen wolle. Aber er habe nicht gewusst wie, und das heißt vor allem, nicht wo und mit wem.[44] Patrick Marnham wundert sich, wie zögernd und unentschlossen Moulin sich in diesen Monaten bis zu seiner Abreise nach Lissabon benahm.[45]

In London war General de Gaulle dabei, eine französische Armee aufzubauen, das französische Kolonialreich (zunächst in Zentralafrika, dann im Nahen Osten) unter seine Kontrolle zu bringen und sich mit Hilfe Churchills als allein legitimer Sprecher Frankreichs zu installieren, was die Regierung der Vereinigten Staaten jedoch hartnäckig verweigerte.

In New York hingegen sammelte Pierre Cot, Freund und Förderer Moulins, Patrioten und Unterstützer mit ähnlichem Ziel um sich. Cot war wie de Gaulle im Juni 1940 aus Bordeaux nach Großbritannien geflohen. Er kam am 21. Juni – vier Tage nach de Gaulle – in London an und bat den General, ihn in seine Mannschaft aufzunehmen, auch in einer subalternen Position. de Gaulle jedoch weigerte sich. Der ehemalige Minister stand ihm zu weit links und er musste befürchten, mit Cot als Genossen die Zustimmung zahlreicher rechtsgerichteter Offiziere zu verlieren.[46] So reiste Cot verärgert weiter in die Vereinigten Staaten und mochte de Gaulle fortan für einen Faschisten halten. Pétain hatte im Sommer 1940 dem früheren Minister, der in Frankreich geboren war, die französische Staatsbürgerschaft entzogen. Roosevelt dagegen empfing Cot, und dieser hoffte nun, dass die USA bald in den Krieg eintreten und sich

44 Pierre Péan: Vies et morts de Jean Moulin. Paris: Fayard 1998.
45 Patrick Marnham: The Death. S. 118f.
46 Jean-Pierre Azéma: Jean Moulin, S. 157.

so neue Chancen für Frankreich und für seine (Cots) Perspektive des Widerstands ergeben könnten.

Welcher Weg war nun der richtige für Moulin? Lag es nicht nahe, sich dem alten Freund in New York anzuschließen, mit dem er in lebendigem Briefkontakt stand?

Der Ex-Präfekt war also einige Wochen im November in Paris mit alten Freunden aus dem Cot-Umfeld zusammen, mit Henri Manhès etwa, den er fast täglich sah, sowie Pierre Meunier und dem Kampfpiloten Robert Chambeiron. Diese Vier sollten zum zuverlässigen Kern der Résistance werden. Péan schildert ein Gespräch, das Moulin bereits Anfang November in der Pariser Bar Colibri am Place de la Madeleine mit seinen Freunden Meunier und Chambeiron führte: »Die Wahrheit ist, dass nicht ich die Armee verlassen habe«, erzählte Chambeiron, »sondern die Armee hat mich verlassen.« Er hatte nach Niederlage und Waffenstillstand den Dienst als Offizier und Pilot quittiert. »Es gab Sonderzüge, die geflüchtete Beamte aus dem Süden nach Paris brachten. Weil ich ja Beamter bin, durfte ich mitfahren. Ich wusste aber, dass die Gestapo sich im Luftfahrtministerium nach mir erkundigt hatte.«

»Sie müssen sehr vorsichtig sein«, warnte Moulin. »Sind Sie bewaffnet?«

»Nein, ich hatte einen Revolver 6.35, aber vor der Demarkationslinie musste ich mich von ihm trennen.«

»Gut«, murmelte Jean leise, und dann über sich selbst sprechend, »ich kann mich relativ frei bewegen, aber ich darf das Land nicht verlassen. Die Grenzpolizei hat Anordnungen dieser Art bekommen.«[47]

47 Bei den Dokumenten, die Laure Moulin nach dem Krieg gefunden hat, befindet sich tatsächlich ein vom Innenminister am 12. Dezember 1940 unterzeichnetes Telegramm an alle Grenz- und Hafenstationen der Polizei mit der Anordnung, dem ehemaligen Präfekten von Chartres, der Frankreich verlassen wolle, sei die Ausreise verboten. Man solle ihn diskret überwachen und das Ministerium verständigen. Laure Moulin: Jean Moulin. S. 173.

Es müssen zunächst allgemeine Anordnungen gewesen sein gegen Beamte etwa, die aus dem Dienst geschieden waren. Gegen den Ex-Präfekten Moulin persönlich lag den Sicherheitsbehörden zu diesem Zeitpunkt nichts vor. An Meunier richtete Moulin die Frage: »Und Sie, Pierre?«

»Wer würde einem einfachen Beamten misstrauen? Mein Krieg passierte schnell. Ich wurde in den Zug der Mannschaft (des Luftfahrtministeriums) in den Süden Frankreichs gesetzt, sehr schnell demobilisiert, und bin in meine Wohnung nach Paris zurückgekehrt. So konnten Henri und Robert leicht Kontakt mit mir aufnehmen« – soweit die Antwort von Meunier.

Dann wurde Moulin grundsätzlich: »Viele Franzosen sind nicht bereit, die deutsche Besatzung hinzunehmen. Einige handeln schon, einzeln, isoliert, um das Land zu befreien. Zunächst muss aufgelistet werden, welche Gruppen oder Einzelne verstreut am Werk sind. Wenn das gemacht ist, werden wir weitersehen. Vielleicht schließen wir uns Cot an in New York oder de Gaulle in London«, so fasst Péan seine Recherchen zusammen.

»Aber de Gaulle, das ist die Rechte, das ist die Berufsarmee«, rief erstaunt Meunier dazwischen.

Antwort: »In Kriegszeiten ist der ein Mann, der nicht aufgibt, wer er auch sei, woher er kommen mag oder was seine Partei ist. Und bevor man den Mann, der nicht aufgibt, verurteilt, muss man ihn sehen.«[48]

Moulin äußerte sich also großzügiger, als de Gaulle es im Juni gegenüber Cot getan hatte. Für sich selbst hatte er offenbar noch nicht zwischen Cot oder de Gaulle entschieden.

Ob Moulin die Freunde an der Bar erst überzeugen musste oder ob sie hinreichend motiviert waren für einen Auftrag, der sie leicht

48 Pierre Péan/Laurent Ducastel: L'ultime mystére, S. 70ff. Die beiden Autoren geben nicht an, aus welcher Quelle sie den Wortlaut dieses Gespräches haben. Es ist aber gut möglich, dass sie mit Meunier und Chambeiron gesprochen haben.

das Leben kosten konnte, ist nicht überliefert. Er bat die drei aber, in der besetzten Zone alle Daten über die ersten Widerstandsgruppen und Einzelkämpfer zu sammeln, und versprach, dasselbe in der unbesetzten Südzone zu tun. Er selbst wollte sich in St.-Andiol auf seinen geerbten Grundstücken als Landwirt niederlassen. Er glaubte, die Polizei von Vichy werde den entlassenen Präfekten überwachen. Er könne also nicht einfach verschwinden oder seinen Namen wechseln, sondern müsse der Verwaltung eine offizielle, überprüfbare Adresse, ein lebendiges Alibi bieten.

Ein Fanal des Widerstandes, aber zugleich Beispiel jugendlicher und nicht zu Ende gedachter Rebellion erlebte Paris am 11. November 1940. Das historische Datum erinnert an die deutsche Kapitulation am Ende des Ersten Weltkrieges 1918. Gymnasiasten und Studenten, die sich auf die renommierten Elitehochschulen vorbereiteten, hatten zu einer Kundgebung am Denkmal von Georges Clemenceau (1917–1920 Regierungschef) auf den Champs Élysées aufgerufen – eine Provokation für die deutsche Besatzungsmacht. Diese reagierte mit äußerster Härte: Verhaftungen und Scheinerschießungen von Schülern. Dieser Aufruhr erschütterte das ganze Land, nutzte aber offensichtlich niemandem.

Zu den Anfängen der Résistance in Frankreich gehört ebenfalls eine Erklärung der beiden Gewerkschaften CFDT (christlich) und des nichtkommunistischen Flügels der CGT (sozialistisch), die nicht vergessen werden soll: Ein *Manifest der Zwölf* erschien am 15. November in Paris, obwohl das Vichy-Regime alle Gewerkschaften verboten hatte. Das Manifest verteidigte die Versammlungsfreiheit der Syndikate und verurteilte jede Diskriminierung, auch die rassistische. Das blieb zunächst eine fast wirkungslose Wortmeldung. Einige Anführer der Gewerkschaften waren im Gefängnis, andere waren auf der Flucht, es fehlte an Mitteln, an Räumen, an fast allen Voraussetzungen einer Massenorganisation. Aber das Manifest zeigte zumindest, dass die einst mächtigen Arbeiterorganisationen nicht einfach durch ein Verbot verschwunden waren.

Die Parteien hatten sich so weit um ihre Glaubwürdigkeit gebracht, dass sie als politischer Faktor in dieser Zeit kaum mehr zählten. Die Zustimmung zu dem Staatsstreich Pétains und Lavals durch die große Mehrheit der gewählten Abgeordneten zerstörte, was nach den Wechselbädern der 1930er Jahre noch an Überzeugungskraft geblieben sein mochte. Die Unfähigkeit Frankreichs, außenpolitisch Kurs zu halten, militärstrategisch ein modernes Konzept (wie de Gaulle es entwickelt hatte) an die Stelle der Maginot-Strategie zu setzen, schließlich die Selbstanbindung der kommunistischen Partei an die Machthaber der Sowjetunion, das alles hatte die Parteienlandschaft in ein trauriges Ruinenfeld verwandelt. Daladiers Verbot der KPF mag ungerecht gewesen sein, aber es lag in der Logik dieser Entwicklung. Für eine patriotische Front zur Wiedergewinnung der Freiheit boten sich die Parteien insgesamt nicht an. Denn mit einer Partei zu paktieren, hätte zugleich alle anderen ausgeschlossen und das erneuerungsunfähige alte System fortgesetzt.

Andererseits konnte diese Erkenntnis für Moulin nicht bedeuten, jeden Kontakt zu Politikern zu meiden, die in der Vergangenheit einmal parteipolitisch engagiert waren. Die Schlüsselfrage war für ihn, wo sich Männer und Frauen finden, die der Besatzungsmacht und Vichy etwas entgegensetzen wollen. Erst als Hitlers Wehrmacht im Juni 1941 die Sowjetunion angriff, änderte sich die Lage auch für die kommunistische Partei Frankreichs fundamental. Stalins Verbot für die PCF, sich gegen die Nazis zu engagieren, drehte sich ruckartig ins Gegenteil. Schon im Mai 1941, also vor der überraschenden Wende, hatte Moulin Kontakt mit der PCF im Untergrund aufgenommen. Das ergab sich fast von selbst über das Ehepaar Marcelle und Georges Dangon. Marcelle war seine Sekretärin im Luftfahrtministerium gewesen, jetzt stand sie in regelmäßigem Kontakt zu

Pierre Cot. Georges Dangon, selbst Parteimitglied, druckte die verbotene *L'Humanité* der PCF.[49] Die Partei hatte die meisten ihrer Mitglieder verloren, war aber mit etwa 10.000 Anhängern immer noch ein beachtlicher Faktor, ab Juni 1941 ein Faktor des Widerstandes. Sie gründete in der besetzten Zone bereits im Mai eine Résistance-Gruppe »le front national«, also einen Monat vor dem deutschen Angriff auf die Sowjetunion, die neben der überwiegend kommunistischen Gruppe »Francs-Tireurs et Partisans« in der unbesetzten Zone bestehen sollte. Ihr Ziel sollte zunächst nicht die Bekämpfung des Faschismus sein, sondern der Kampf gegen den internationalen Kapitalismus, so hieß es, verlange es Stalin. Das aber wurde später kontinuierlich bestritten.

Den Winter 1940/41 verbrachte Jean Moulin weitgehend mit Antoinette im Süden zwischen St.-Andiol, Marseille, Nizza und Beauvallon am Golf von St. Tropez, wo seine Freundin ihren offiziellen Wohnsitz hatte. Am Anfang jedes Monats meldete er sich unter seinem korrekten Namen Jean Moulin im Bürgermeisteramt des kleinen Ortes St.-Andiol, wo man ihn bestens kannte, um seine Lebensmittelkarten abzuholen. Es wäre sofort aufgefallen, wenn er nicht gekommen wäre. Er kassierte auch weiterhin das ihm zustehende halbe Gehalt eines Präfekten.

Am 7. Dezember fuhr er mit der Bahn nach Toulouse, um dort seinen früheren treuen Mitarbeiter Ressier zu treffen. Ressier war inzwischen Generalsekretär im Departement Haute-Garonne geworden. Moulin brauchte seine Hilfe. Er schickte eine kleine Botschaft in die Präfektur und bat Ressier, sich in der Stadt in einem Café mit ihm zu treffen. Ressier kam und Moulin bat ihn um ein Ausreisevisum. Doch Ressier weigerte sich. Und nicht nur das, er berichtete seinem Vorgesetzten, dem Präfekten von Toulouse, von Moulins

49 Patrick Marnham: The Death, S. 112

Wunsch. Der gab die Sache weiter nach Vichy und bald erschien ein Rundschreiben bei allen französischen Grenzstationen mit der Warnung, der ehemalige Präfekt Moulin wolle illegal das Land verlassen und sei daran zu hindern. Das nutzte dem Vichy-Regime allerdings gar nichts. Moulin war vorsichtig genug gewesen, seinem früheren Stellvertreter nicht seinen falschen Namen anzugeben.[50] Ressier hätte schweigen können, so aber gab er zu erkennen, dass er ein Anhänger Pétains geworden war.

Im Februar wandte sich Moulin an das amerikanische Generalkonsulat in Marseille und erhielt von Konsul Hugh Fullerton problemlos ein Einreisevisum für die Vereinigten Staaten. Das Papier trug seinen Namen Moulin, nicht Mercier wie seine übrigen neuen Ausweise. Hat er auch dem US-Diplomaten nicht vertraut? Man darf als sicher annehmen, dass er angegeben hat, in enger Verbindung zu Pierre Cot zu stehen, der ja in Washington Persona grata war.[51]

Im April 1941 reiste der Ex-Präfekt zum ersten Mal illegal über die Demarkationslinie nach Paris. Wie bereits beschrieben, hatte er die Fähigkeit, Menschen für sich zu gewinnen, und besaß beste Kontakte aus seinen früheren Tätigkeiten. So kannte er Joseph Paul-Boncour, den früheren Premierminister, der einen Grundbesitz in St.-Aignan an der Demarkationslinie zwischen Nord und Süd besaß, auf beiden Seiten der Linie. Mit dessen Hilfe überquerte er die sonst gut bewachte Grenze ohne Erlaubnis und gelangte nach Paris, wo er sich erneut etwa zwei Wochen aufhielt. Er traf seine Freunde Manhès, Meunier, Chambeiron und höchstwahrscheinlich Harry Robinson. Letzterer war ein Agent des sowjetischen Geheimdienstes. Am 15. April meldete Robinson nach Moskau: »I have every reason to believe that the Americans are organising an intelligence

50 Ebd., S. 122f.
51 Ebd., S. 126.

service. In connection with this one of their informers who is currently in Paris, a former colleague of Pierre Cot was able to get here by using false documents provided by an American agency.«[52] Die Mitteilung, dass die USA einen neuen Geheimdienst für Europa aufbauten, war richtig. Die übrigen Informationen aus dieser Botschaft deuten fast zwingend auf Jean Moulin. Hat er überlegt, für die Vereinigten Staaten zu spionieren? Hat der Konsul Fullerton dies vielleicht als Gegenleistung für das Visum verlangt?

Zurück über die Zonengrenze mit Hilfe von Paul-Boncour fand er zu Hause eine Vorladung zum Gericht in Riom. Die Vichy-Regierung hatte, um ihre Legitimation zu verbessern, einen groß angelegten Prozess gegen eine Reihe von Politikern der Dritten Republik angezettelt. Jean Moulin sollte am 5. Mai über/gegen Pierre Cot aussagen. Er verteidigte seinen Freund mit Nachdruck. Cot sei einer der am meisten zu Unrecht beurteilten Politiker, sein Patriotismus stehe außer Frage. Der Staatsanwalt nahm es hin. Moulin erhielt eine Spesenpauschale von 140,– Francs und reiste noch am Abend zurück nach Marseille.[53]

Ex-Minister Cot, der nicht mehr gesund war, und seine Frau Nena bemühten sich weiterhin, Moulin nach New York zu holen, und verschafften ihm die dafür nötigen Genehmigungen. Nena Cot überwies im März 1941 die für Visum und Ticket nötigen 3.000,– US-Dollar an die Filiale der Banque Franco-Chinoise in Marseille, das alles zugunsten von Joseph Mercier – diesen Namen hatte Moulin inzwischen angenommen für seine Parallelexistenz im Untergrund. Auf diesen Namen hatte er sich eine neue Carte d'identité besorgt, ohne aber die alte Identität abzugeben. Den Ausweis mit Stempel und Unterschrift hatte der Präfekt sich in Chartres noch selbst ausgestellt. Wie ein gelernter Geheimagent hatte er daran gedacht,

52 Patrick Marnham, The Death, S. 128.
53 Ebd., S. 128f.

dass der falsche Name die gleichen Initialen hat wie der richtige. Ebenso hatte er in seinem angenommenen Geburtsdatum nur einige Zahlen verdreht. Als Geburtsort hatte er Péronne angegeben, weil er wusste, dass die Archive dieser Stadt im Ersten Weltkrieg komplett zerstört worden waren, sodass man die Echtheit seiner Ausweise nicht überprüfen konnte.

Es bedurfte nun aber weiterer Anstrengungen und der Hilfe seines Freundes Henri Manhès, des Bürgermeisters von Grasse, die Ausreisegenehmigung für Joseph Mercier – seinem Alter Ego – abzuringen. Das Pendeln zwischen zwei Identitäten verlangte große Sorgfalt, ein fabelhaftes Gedächtnis, Verkleidungskünste, Training und die Hilfe der Freundin Antoinette. Ein falsches Wort, ein falsches Papier bei einer der vielen Kontrollen auf den Reisen durch das Land hätten fatale Folgen gehabt. Sowohl die Vichy-Polizei als auch die Deutschen hatten Spione, besonders an Bahnhöfen und in Hotels. Ein zufälliges Treffen mit ihm von früher bekannten Beamten etwa hätte seine Tarnung auffliegen lassen können. Auch der Gesprächspartner im Untergrund musste Moulin/Mercier sich erst versichern, bevor er sich ihnen anvertrauen konnte.

Im Sommer 1941 lernte er in Marseille den Vertreter des Unitarian Service Committee (USC) Reverend Howard Brooks kennen. Die amerikanische Sekte der Unitarier unterhielt in Lissabon und Marseille ein Netz von Fluchthelfern und arbeitete mit anderen Gruppen wie dem ERC/CAS zusammen. Das Emergency Rescue Committee (ERC) – geleitet von dem Journalisten Varian Fry – war von Intellektuellen an der US-Ostküste und von prominenten Flüchtlingen wie Thomas Mann und Albert Einstein gegründet und von Eleanor Roosevelt unterstützt worden. Beiden Organisationen, die in Frankreich »under cover«, also illegal, aber mit offiziellem Deckmantel arbeiteten, verdanken Tausende Flüchtlinge aus Mitteleuropa und Frankreich ihre Rettung vor der Verfolgung durch die Nazis und das

Vichy-Regime.[54] Die Fluchthelfer hatten ihre Strukturen schon seit einem Jahr aufgebaut und konnten mit vielen nützlichen Informationen dienen. Die Unitarier standen zudem mit Pierre Cot in Verbindung.

Die Krankenschwester Jane Boullen, die Jean Moulin bereits in Chartres wertvolle Hilfe geleistet hatte, war inzwischen nach Aix-en-Provence gewechselt, wo sie für die Vichy-Luftwaffe tätig war. Sie war nach dem Waffenstillstand zunächst in ihre Heimatstadt Amiens zurückgekehrt, war dort erwischt worden, als sie französischen Kriegsgefangenen bei der Flucht half und musste deshalb einige Wochen in einem Gefängnis Platz nehmen. Von dort konnte sie selbst entkommen und sich in den unbesetzten Süden retten. Es gelang dieser bemerkenswerten Frau in Aix-en-Provence, sich als Sozialreferentin beim Generalstab der (Vichy-)Luftwaffe anheuern zu lassen und weiterhin britischen Soldaten zur Flucht über das Meer zu verhelfen. Man traf sich durch Zufall in Marseille auf der Straße. Jane Boullen fragte ein Paar (Moulin und Antoinette Sachs) nach dem Weg und erkannte – während sie fragte – Moulin, den Ex-Präfekten hinter seiner Sonnenbrille-und-Schnurbart-Maskerade. Er erkannte sie genauso schnell, kam ihr zuvor und sagte: »Ich bin Monsieur Mercier, was suchen Sie?« Alle drei lachten, plötzliche Heiterkeit durchbrach für einen Moment die bleierne Schwere.[55] Jane Boullen führte Moulin in protestantische Kreise ein, die Aktionen des Widerstandes planten. Hier sind Jacques Monod zu nennen, ein Gymnasiallehrer in Marseille und Kompagnon von Henri Frenay, sowie der Pastor Heuzé von den Unitariern.

In Lyon knüpfte Moulin Kontakte zu zwei weiteren Männern im Widerstand, Rémy Roure, der zusammen mit François de Menthon die Bewegung *Liberté* gründete. Die beiden hatten seit November

54 Dierk Ludwig Schaaf: Fluchtpunkt Lissabon. Wie Helfer in Vichy-Frankreich Tausende vor Hitler retteten. Bonn 2018.

55 Laure Moulin: Jean Moulin, S. 178.

1940 eine monatliche Untergrund-Zeitschrift mit dem gleichen Namen *Liberté* auf die Beine gestellt, die bestens recherchierte und ihr intellektuelles Publikum in Universitätskreisen und sogar im höheren Beamtentum von Vichy fand. Moulin war von dieser Leistung beeindruckt.[56]

Das wichtigste Rendezvous dieser Wochen hatte Moulin aber mit M. Verdier, Deckname: Henri Frenay. Dieser kam aus einer einflussreichen Familie, hatte die besten Schulen absolviert, war im Krieg hinter der Maginot-Linie in deutsche Gefangenschaft geraten und nach wenigen Wochen geflohen. Anfangs unterstützte er die »nationale Revolution« von Pétain, nach dem Treffen des Marschalls mit Hitler im Oktober 1940 verlor er aber jedes Vertrauen zum »Éat Français« und dem Vichy-Regime. Er bat im Januar 1941 um Entlassung aus der Armee. Dieser 29-jährige radikale Nationalist gedachte, in Lyon den Widerstand gegen die Besatzungsmacht ebenso wie gegen Vichy zu organisieren. Er lebte mit der engagierten Feministin und Antifaschistin Bertie Albrecht[57] zusammen, die tagsüber in einem Amt für Arbeitslose ihren Lebensunterhalt verdiente und nachts mit Henri Frenay zusammen ein Informationsblatt redigierte: *Les petites ailes* (Die kleinen Flügel). Es ging um nichtoffizielle Nachrichten aus der Politik, um die alle drückenden Probleme der Versorgung, um Zwischenfälle mit deutschen Besatzungssoldaten und vor allem um erste Zeichen der Rebellion unter den Franzosen; zwar in sehr kleiner Auflage und nur zweimal pro Woche, aber es war der Anfang der Résistance-Presse. Beide, Henri Frenay und Bertie Albrecht, sprachen fließend Deutsch, was in diesen Zeiten ein großer Vorteil war.[58]

---

56 Jean-Pierre Azéma: Jean Moulin, S. 175.

57 Bertie (oder Berty) Albrecht stammte aus einer großbürgerlichen, protestantischen Familie. Vor dem Krieg hatte sie in Paris einen literarischen Salon unterhalten. Vgl. fondationresistance.org/Henri Frenay.

58 Pierre Péan/Laurent Ducastel: L'ultime mystère, S. 89f.

Frenay und Bertie Albrecht gründeten in Lyon eine Widerstandsgruppe namens »le mouvement de libération nationale«, die sie ab November 1941 einfach »Combat« nannten: Kampf.

Es war der Reverend Brooks vom amerikanischen USC, der Frenay und Moulin zusammenbrachte. Er garantierte für Moulin gegenüber dem sehr misstrauischen Frenay, der keinerlei Kontakt mit de Gaulle wünschte und glaubte, dass seine wirklich französische Bewegung keine Hilfe von außen brauchen werde. Brooks vermittelte ein Treffen der beiden Männer in Marseille im Juli 1941 bei einem Freund Frenays, dem Arzt Marcel Recordier, der auch Zeuge der Unterhaltung wurde. Frenay beschrieb später (1973) selbst diese Begegnung in seinem Buch *La Nuit finira*.[59] Einen Bericht von Moulin über diese Begegnung haben wir nicht. Der damals 29-jährige Frenay, der sich selbst als Kommandanten im Untergrund verstand, stellt sie so dar:

Frenay schwieg zunächst und ließ den ihm unbekannten Mann sein Anliegen vortragen. Moulin stellte sich vor, seine Vergangenheit als Präfekt, seine Pläne für den künftigen Widerstand. Von seinem Freund Cot sprach er lieber nicht, damit der Nationalist und Soldat das Gespräch nicht gleich beendete. »Mit welcher Gruppe arbeiten Sie?«, so unterbrach der um sechs Jahre jüngere Frenay ihn abrupt.

»Mit keiner«, antwortet Moulin.

»Wieso sind Sie dann zu uns gekommen?«

»Ich dachte, ich könnte mich nützlich machen.«

»Und was haben Sie in England vor?«

»Ich möchte General de Gaulle ein Maximum an Informationen aus Frankreich bringen. Ich habe viele getroffen, die in Opposition zum Regime stehen, aber niemanden, der wirklich Widerstand leistet. Deshalb habe ich Wert darauf gelegt, Sie zu sehen, denn Sie

59 Henri Frenay: La Nuit Finira. Éditions fonds perdus 2006.

sind am besten geeignet – hat man mir gesagt – darüber zu sprechen.«

Frenay schwieg weiter und blätterte in den Papieren, die Moulin ihm vorgelegt hatte. Dieser wurde ungeduldig. »Ich bin einfach ein Soldat, der seinem Land dienen will. Ich werde tun, was man mir sagt. Wenn Sie mich gebrauchen können, dann bitte ich Sie, tun Sie es. Wenn nicht, wird man sehen. Auf meiner Seite gibt es Leute, die warten auf ein einziges Wort von mir. Ich hoffe, im richtigen Moment nach Frankreich zurückzukehren und diese für eine richtige Aktion zu mobilisieren.«

»Sehr gut, sehr gut«, kam die Antwort des wortkargen Soldaten. »Ich glaube, wir können Sie gebrauchen.«[60]

Der Historiker Azéma bezweifelt diese Darstellung des Gespräches. Frenay habe Moulin eigenwillig und nicht ohne Eitelkeit wie einen Lehrling der Résistance dargestellt.[61]

Das Gespräch scheint im Verlauf lockerer geworden zu sein. Es dauerte bis spät in den Abend. Moulin machte sich Notizen, stellte Fragen und versprach, alles wörtlich in London vorzutragen, so Frenay.

Die beiden Männer wurden sich nicht einig, aber sie sahen die Möglichkeit, einstweilen ein Stück des Weges zusammen zu gehen. Der Grundkonflikt zwischen dem Nationalisten aus dem Berufsmilitär, Henri Frenay, und dem Patrioten aus der demokratischen, linken Mitte, Jean Moulin, blieb ungelöst, obwohl Frenay verstehen und anerkennen musste, dass Moulin vom ersten Tag an der deutschen Besatzungsmacht Widerstand geleistet hatte und nicht erst wie Frenay und viele Andere Zeit brauchte, um sich zu besinnen. Dieser Unterschied bedeutete ein Plus an Autorität und verschaffte Moulin

60 Pierre Péan/Laurent Ducastel: L'ultime mystère, S. 92f.

61 Jean-Pierre Azéma: Jean Moulin, S. 185.

auch später Vorteile. Die komplexe Konfliktlage mit Frenay sollte sich jedoch noch verschärfen und die rüde Tonart des Soldaten bei dem ersten Kontakt setzte ein düsteres Vorzeichen.

Moulins Erkundungen und Kontaktaufnahmen gingen also im Süden nicht weit über das Rhone-Tal mit den Zentren Lyon und Marseille hinaus. Die Widerstandsgruppen waren im Jahr 1941 noch gar nicht vernetzt; sie zu finden blieb schwierig und für alle Seiten riskant. Sein Besuch in Toulouse war – wie berichtet – erfolglos geblieben. Nach einer dort tätigen Résistance-Gruppe hätte er niemanden fragen können, wenn er denn von ihr gewusst hätte. Es gab sie aber: Um den jungen Germanistikprofessor Pierre Bertaux herum an der Universität Toulouse hatte sich schon im Dezember 1940 ein Kreis von einem guten Dutzend Résistance-Kämpfern gebildet, der erst Jahre später die Bezeichnung »Gruppe Bertaux« gegeben wurde. Bertaux war jünger als Moulin, hatte aber wie dieser bereits zwei oder drei Jahre während der linksgerichteten Regierungen in hohen Positionen verschiedener Ministerien gearbeitet. Sie müssen sich gekannt haben, aber einen Beleg dafür gibt es nicht. Im Jahr 1941 sammelten die Intellektuellen von Toulouse Informationen über die Bewegungen der Deutschen, ihre Befestigungen am Atlantik und an der Kanal-Küste, aber auch über ihre eigenen Strukuren und schickten diese nach London. Im Frühjahr war ein Funker aus England kommend mit zwei Funkgeräten in der Nähe der Demarkationslinie abgesprungen und von französischen Milizen erschossen worden. Eines der Funkgeräte gelangte in die Hände von Bertaux. Er war entschlossen, »seinen persönlichen Krieg gegen das Nazi-System aufzunehmen, das er besser kannte als fast alle anderen Franzosen«. Er installierte das Funkgerät auf seinem eigenen Dachboden und schrieb nach London, ohne zu wissen, wer genau der Empfänger war: de Gaulle oder die Verwaltung des Freien Frankreich oder die französische Abteilung des britischen Geheimdienstes SOE. Die Kommunikation war dürftig und die Widerstandskämpfer in Toulouse hatten keine Erfahrung in Spionage- oder Untergrundtätigkeit. In seinen Erinnerungen beklagt Bertaux, dass sie auch aus London keine Unterweisungen bekamen. Ihre Tätigkeit wurde aber in London durchaus gewürdigt, denn in der Nacht vom 13. zum 14. Oktober 1941 gehörte die Gruppe Bertaux zu den ersten Résistance-Zellen, die von Großbritannien aus per Flugzeug mit Waffen und Munition ausgerüstet wurden.[62] Auch zwei Agenten der France Libre sprangen aus dem Flugzeug.[63]

Die Freunde und Mitkämpfer Moulins im besetzten Teil des Landes waren nicht erfolglos. Meunier und Chambeiron fanden über einen Bruder von Manhès Kontakt zu den Spitzen der französischen Freimaurer, einer intellektuellen Elite, die besonders im hohen Beamtentum anzutreffen war und deshalb über wichtige Informationen verfügte. Sie fanden auch Maurice Ripoche und seine Gruppe, die dabei waren, die Widerstandsbewegung »Ceux de la Libération« aufzubauen. Ripoche gehörte ähnlich wie Frenay zu den Nationalisten, die sich von Pétain nach Montoire enttäuscht abwandten, aber seine antidemokratischen Ideen durchaus weiterhin billigten. Er erklärte, er wolle »compléter l'œuvre de libération en débarrassant la nation des politiciens bavards et incapables et des juifs sans

62 Ebd., S. 88.

63 Pierre Bertaux: Libération de Toulouse et de sa Région. Librairie Hachette 1973, S. 10ff. Wie sein Vater Felix Bertaux war auch Pierre Germanist. Die Familie stammte aus Lothringen. Schon der Vater war mit der deutschen Familie Thomas und Heinrich Mann befreundet, sodass Heinrich für Pierre Bertaux als Kind »Onkel Heinrich« war. Einen besseren französischen Freund als ihn kann man sich in Deutschland nicht wünschen. Bertaux studierte in Berlin und erzählte dem Verfasser später, wie er 1933 zusammen mit Golo Mann Zeuge wurde, als Nazi-Aktivisten auf dem Platz gegenüber der Humboldt-Universität (heute Bebel-Platz) Bücher von Heinrich Mann und anderen Schriftstellern verdammten und verbrannten. Neben seiner politischen Tätigkeit entwickelte Bertaux sich zu einem der besten Hölderlin-Kenner mit bemerkenswerten Forschungsergebnissen. Anlässlich eines gemeinsamen TV-Film-Projekts über Heinrich Mann zeigte Bertaux dem Verfasser 1984 die Orte seiner Résistance-Tätigkeit in Toulouse und in den Pyrenäen.

patrie«[64] (das Werk der Befreiung vollenden, indem er die Nation von schwatzhaften und unfähigen Politikern sowie von staatenlosen Juden entrümpelt). Solche Sprüche erwartet man aus heutiger Sicht nicht ausgerechnet von der Résistance. Sie waren 1941 nicht bestimmend, aber sie gehörten zu dem sehr gemischten Chor.

In der besetzten Zone insgesamt blieben die Vorarbeiten der Moulin-Freunde für eine Widerstandsorganisation weniger eindrucksvoll, wie Moulin bei seinem Besuch in Paris im April 1941 feststellen musste. Mit den tatsächlich schon tätigen Zellen hatten sie keinen Kontakt herstellen können. Diese waren kleiner als im Süden, sie waren auch vorsichtiger, weil ihre Arbeit wesentlich gefährlicher war. Aber neben den Kommunisten und ihrem »front national« bestanden Gruppen, die sich später im OMC (Organisation militaire et civile) zusammenschlossen, und zwei weitere Gruppen, »Ceux de la Résistance« und »Libération Nord«, die beide später größer und wichtiger wurden. Aber Moulin selbst hatte es nicht wirklich eilig.

Antoinette Sachs, obschon mit mehreren Ministern der »Linken Mitte« bestens vernetzt, riet dem Freund dringend, seinen Weg nicht nach New York, sondern nach London fortzusetzen. Wir wissen nicht, wie stark ihr Einfluss war, es gibt kein Dokument, das seine Überlegungen festhält, aber es erscheint logisch, dass er die Lage Frankreichs von 1941 verglichen hat mit der Lage Spaniens im Bürgerkrieg, in den er selbst involviert war. Entscheidend für die Niederlage der spanischen Republik waren zwei Faktoren: Erstens ist die Front der Linken (unter Stalins Druck!) auseinandergebrochen in zwei feindliche Teile, und zweitens hat die Linke zu wenig Unterstützung aus dem Ausland bekommen. Daraus Schlüsse zu ziehen für Frankreich konnte nur heißen, sich um den stärkeren Kern versammeln und die größere Hilfe aus dem Ausland dankbar annehmen. Beide Überlegungen sprachen für de Gaulle, das erschien plausibel.

64 Jean-Pierre Azéma: Jean Moulin, S. 167.

Stimmen aus dem zersplitterten französischen Untergrund, von Kommunisten bis zu reaktionären Monarchisten, können bei dieser Entscheidung Moulins wohl eine Rolle gespielt haben, aber kaum die ausschlaggebende.

Während er ein halbes Jahr lang Namen, Adressen und Informationen aus dieser Landschaft des anwachsenden Widerstandes sammelte, kämpfte er gleichfalls um ein Transitvisum für Portugal und Spanien. Einer der USC-Agenten (wahrscheinlich Noel Field)[65] vermittelte ein Essen mit Antoinette und dem portugiesischen Konsul in Marseille. Der versprach ihm ein Transitvisum und hielt sein Wort am 19. August. Am 9. September 1941 morgens, kurz nachdem die nächtliche Ausgangssperre aufgehoben war, verließ Moulin/Mercier das Hôtel Moderne in Marseille, ging über die noch menschenleere Hauptstraße Canebière Richtung Bahnhof St.-Charles, um mit seiner Datensammlung, seinem falschen Pass, seiner gefälschten Ausreisegenehmigung und einem echten portugiesischen Transitvisum nach Lissabon zu reisen. Antoinette schaute ihm nach, so lange es ging.

Transit Lissabon

Die portugiesische Hauptstadt war im Sommer 1941 noch immer Zufluchtsort für Tausende von Emigranten, die Hitler und Pétain entkommen wollten und auf eine Fluchtmöglichkeit in die USA hofften. Sie waren der Regierung in Lissabon nicht willkommen, denn die meisten von ihnen hatten nicht das dafür nötige Geld und auch keine Chance, ein US-Visum zu erhalten. Vor den Büros der ausländischen Hilfsorganisationen, vor Botschaften und Konsulaten bildeten sich Trauben von wartenden, hungrigen und angstvollen Flüchtlingen. In die Schlange am britischen Konsulat musste sich

65 Ebd., S. 95f.

nun auch Jean Moulin einreihen, ohne dass die portugiesischen Behörden erfahren durften, wer er war und was er wollte.

Portugal war von Spionen und Geheimdienstleuten beider Kriegsparteien so stark kontrolliert, dass äußerste Vorsicht geboten war. Die Nazis zögerten durchaus nicht, ihre Gegner zu entführen. Der Diktator Salazar hatte dem wenig entgegenzusetzen. Er hatte den Weg der Neutralität für sein verarmtes Land gewählt, das er gegen keinen Angriff hätte schützen können. So versuchte er, beiden Seiten keinen Anlass für ein Eingreifen zu geben.

Jean Moulin kam am 12. September 1941 in Lissabon an, er wählte als Unterkunft die Pension Algarve in der Rua Nova do Almada, ein unauffälliges, kleines Haus. In seinem Gepäck trug er unter anderem seinen Ausweis als Beamter des Innenministeriums, allerdings sorgfältig in zwei Hälften geschnitten, die eine eingerollt in Ölpapier und in die Zahnpastatube geschoben, die andere Hälfte zwischen die Außenwand und das Futter des Koffers. Das Reisen mit zwei Identitäten war umständlich. Am 9. September hatte er als Monsieur Mercier in Cerbère an der Mittelmeerküste problemlos die Grenze passiert, danach eine Nacht in Barcelona verbracht und eine weitere in Madrid. In London aber kam er erst am 20. Oktober an. Warum musste er fünf wertvolle Wochen verlieren? Moulin wandte sich unter dem Namen Mercier an die britische Botschaft und trug vor, er sei ein Abgesandter dreier bedeutendender Widerstandsorganisationen im unbesetzten Frankreich.[66] Er wünsche, nach London zu reisen, um mit General de Gaulle zu sprechen.

An der Botschaft war für politisch brisante Belange der Geheimdienst seiner Majestät SOE (Special Operations Executive) zuständig, den Churchill 1940 kurzfristig gegründet hatte, um militärische Operationen der Deutschen auf dem Kontinent zu stören und den Widerstand zu unterstützen. Der SOE erwartete Moulin/Mercier seit

66 Patrick Marnham: The Death, S. 132.

Langem, seine Ankunft war wiederholt angekündigt worden (vermutlich durch die amerikanischen Unitarier, USC). Der Franzose, der die Résistance aufbauen wollte, spürte, dass sein Freund Pierre Cot in London nicht sehr geschätzt wurde, weder von de Gaulles »Freien Franzosen« noch vom britischen SOE. So vermied er es, über Cot und seine Kontakte nach New York zu sprechen.

Major L. H. Mortimore, der Korrespondent des SOE in Lissabon, gewann jedoch schnell einen »exzellenten« Eindruck von Moulin alias Mercier und schickte einen Bericht an seine Zentrale in London. Dann aber geschah nichts mehr. Moulin fragte mehrfach nach und erhielt keine schlüssige Antwort. Dass der Luftverkehr mit Flugbooten zwischen Portugal und Großbritannien, der von der französischen Atlantikküste aus nicht selten von den Deutschen beschossen wurde, dass dieser Pendeldienst nicht in dem gewünschten und regelmäßigen Umfang stattfinden konnte, das leuchtete ein. Auch konnten die Wetterbedingungen schlecht sein. Aber wochenlanges Warten? de Gaulle macht in seinen Mémoiren den SOE verantwortlich, der versucht habe, Moulin für sich zu rekrutieren. Die Informationen, die Moulin dem Major Mortimore preisgeben musste, waren auch für den britischen Geheimdienst neu und kostbar.

Im Herbst 1941 kam es erneut zu Spannungen zwischen de Gaulle und Churchill, diesmal wegen der Ansprüche des Freien Frankreich in Syrien und dem Libanon. »Comme d'habitude, le mécontentement de M. Churchill s'accompagnait d'une tension systématique des rapports franco-britanniques«, schrieb de Gaulle in seinen Erinnerungen. »Le Gouvernement de Londres affecta, pendant plusieurs jours, de n'avoir aucune affaire à traiter avec nous et de nous fermer les portes, ce qui m'amena, de mon coté, à suspender toute participation des Français Libres à la radio de Londres.«[67] (Wie üblich führte die Unzufriedenheit von Mister Churchill zu einer systematischen

67 de Gaulle: Mémoires de Guerre, Bd. I, S. 249.

Spannung in den französisch-britischen Beziehungen. Die Londoner Regierung ordnete an, dass während mehrerer Tage keine der anliegenden Fragen mit uns behandelt, dass uns alle Türen geschlossen wurden, was mich meinerseits dazu veranlasste, jede Teilnahme der Freien Franzosen am Radio London auszusetzen.)

Es dauerte bis zum 4. Oktober, bis die SOE-Zentrale anordnete, Jean Moulin so schnell wie möglich nach London kommen zu lassen. Der verlängerte Aufenthalt in Lissabon hatte aber auch eine sehr nützliche Folge. Der SOE-Agent Mortimore bat Moulin, seinen Plan für die Résistance in Frankreich ausführlich und präzise aufzuschreiben. Am 10. oder 11. Oktober schrieb Moulin einen neunseitigen Bericht, den er vorher wegen der ständigen Gefahr, dass sein Gepäck durchsucht werden könnte, nicht hätte verfassen dürfen. Zur Sicherheit aber verschwieg er noch alle Namen und Adressen. Am Abend des 19. Oktober konnte Monsieur Mercier in einem Flugboot nach England Platz nehmen. Vor dem Abflug schrieb er noch einen Brief an seinen Freund Pierre Cot und teilte ihm mit, dass er nicht nach Amerika kommen werde. Er bedaure das sehr, aber »à chacun sa destinée«![68] (Jedem sein Schicksal!) Am nächsten Tag – in London angekommen – gab er das Schreiben zur Post. Moulin hatte sich also entschieden: für de Gaulle.

Der Auftrag de Gaulles

Der Staatssekretär im Kriegsministerium, Charles de Gaulle, der am 17. Juni 1940 aus Bordeaux nach London geflüchtet war, hatte dort eine Gemeinschaft von Vichy-Gegnern um sich gesammelt, die er »la France Libre« nannte (das Freie Frankreich), er hatte ein politisches Organ aufgebaut (le »Comité National Français, CNF«), das ihn bera-

68 François Berriot: Écrits et documents, Bd. I, S. 410f.

ten, aber nicht bestimmen durfte, er hatte einen beachtlichen Teil des französischen Kolonialreichs mit militärischen und diplomatischen Mitteln auf seine Seite gezogen, er besaß die Anerkennung Churchills als einziger legitimer Sprecher Frankreichs, es fehlte ihm jedoch die Anerkennung der Vereinigten Staaten. Roosevelt hielt es für sinnvoller, mit dem Vichy-Regime zusammenzuarbeiten, dem jede demokratische Grundlage fehlte. Washington schickte 1941 einen neuen Botschafter nach Vichy, den Admiral Leahy, und glaubte dadurch den Einfluss der Deutschen in Frankreich begrenzen zu können, eine pure Illusion. Roosevelt durchschaute das doppelte Spiel von Pétain und Laval (noch) nicht. Den General de Gaulle hielt der US-Präsident hingegen für einen Abenteurer.

Zu dem kleinen Machtapparat de Gaulles gehörten eine Militäreinheit (etwa 35.000 Mann), die an der Seite der Alliierten kämpfte, sowie einige wenige Marineschiffe. Den Geheimdienst BCRA (le Bureau central de Renseignement et d'Action), zuständig für Spionage und Aktivitäten im Ausland, leitete André Dewavrin, Deckname Passy, bereits seit dem 18. Juni 1940.

Bevor der in Großbritannien unbekannte Moulin die Bekanntschaft von Passy machen durfte, wurde er – wie alle, die vom Kontinent kamen – von bewaffneten Männern nach London begleitet, um erneut von der Zentrale des SOE durchleuchtet zu werden, ob er nicht doch selbst ein Nazi-Spion sei. Einen roten Teppich hatte er auch nicht erwartet. Am 23. Oktober verhörte ihn der Geheimdienst in der Royal Victorian Patriotic School (einer Höheren Schule für die Töchter von Offizieren) und schrieb in seinem Bericht, Moulin habe sich als Beauftragter von drei Résistance-Gruppen vorgestellt, die direkten Kontakt mit dem britischen Geheimdienst wünschten, um finanzielle Hilfe, Anweisungen und, wenn möglich, Waffen für militärische Aktionen zu bekommen.[69]

69 Ebd., S. 100.

Die SOE-Agenten überzeugten Moulin, dass nun keine Gefahr von Verrat mehr bestehe, und er nannte jetzt in seinem überarbeiteten Bericht Klarnamen und Kontaktadressen. Dass er bereits mit den französischen Kommunisten gesprochen hatte, verschwieg er, das erschien ihm wohl nicht opportun. Ebenso erklärte er dem Leiter der F-Abteilung (F wie Frankreich) beim SOE, Captain Eric Picket-Wicks, Verbindungsoffizier zum französischen BCRA, er habe sich noch nicht entschieden, ob er mit de Gaulle oder mit den Briten zusammenarbeiten wolle. Wann er seine Entscheidung träfe, wem er sie wann mitteile, darüber dürfe er gewiss selbst befinden. Aber man darf wohl annehmen, dass er sich auch dem Captain Picket-Wicks nicht vollkommen öffnete. Als Moulin aber seinen bereits in Lissabon abgefassten und in London vervollständigten Bericht über die Aktivitäten, die Pläne und den Hilfsbedarf der Widerstandsgruppen in Frankreich vorlegte, da versprach Picket-Wicks, die von Moulin mit seiner Schwester Laure verabredete Botschaft über Radio BBC zu senden. »Henri Delacour se porte bien«, hieß es am Abend in dem französischsprachigen Programm, womit seine Familie wusste, dass er gut angekommen war.[70]

Der SOE suchte dringend Französisch sprechende Offiziere und hörte ihm sehr wohlwollend zu. Ein Mann wie er schien genau der zu sein, den sie sich wünschten. Es stimmte aber nicht, dass Moulin ein Mandat der drei größten Widerstandsgruppen im unbesetzten Frankreich hatte, er hatte sich selbst beauftragt. Er übertrieb auch die Stärke dieser Gruppen und die Auflagenzahlen ihrer Untergrundzeitungen.[71] Seine Kontakte mit der PCF und den Spionen der Komintern verschwieg er. Er tat nicht wenig, um den SOE und auch den BCRA zu beeindrucken. Es gelang ihm. Der stets kritische Patrick Marnham zählt eine ganze Reihe von Unwahrheiten auf, sogar

70 Jean-Pierre Azéma: Jean Moulin, S. 193.

71 Pierre Péan/Laurent Ducastel: L'ultime mystère, S. 102.

absichtliche Lügen, die Moulin dem SOE auftischte.[72] Beim französischen Geheimdienst musste er anschließend vorsichtiger sein.

Am nächsten Tag, es war der 24. Oktober, traf er zum ersten Mal den Chef der BCRA, Passy, im Hôtel de Vere am Hyde Park. Dieser schrieb noch am gleichen Tag über den Ex-Präfekten, seine Kenntnisse, seine Kontakte, seine Energie, seinen Charme, seine Intelligenz und legte den Bericht de Gaulle vor, so günstig, dass der General den Mann sogleich zu sehen wünschte und am nächsten Vormittag in seinem Büro in Carlton Gardens empfing.

Der 25. Oktober wurde für die französische Geschichte ein bedeutender Tag. Beide Männer hätten unter normalen Umständen miteinander nichts anfangen können. Jetzt aber erkannten sie sofort, welche Chance der jeweils Andere eröffnete. Ohne Zeugen sprachen sie zwei Stunden, Moulin wurde zum Lunch eingeladen, damit er länger erzählen konnte: Die Widerstandsgruppen seien unterschiedlich stark und unterschiedlich in ihrer politischen Stoßrichtung, berichtete er, aber sie seien sich einig darin, dass die Besatzungsmacht und das Vichy-Regime bekämpft werden müssten und deshalb bereit, unter einem gemeinsamen Kommando zu handeln. Er – Moulin – fühle sich geeignet und gewillt, sie alle zu führen sowie auch linke Gruppen, denen er aufgrund seiner Vergangenheit eigentlich näherstehe. Vor allem in der besetzten Zone, so erläuterte Moulin, warteten Tausende, bereit zu großen Opfern. »Es wäre verrückt und kriminell, im Falle einer großen Aktion der Alliierten auf dem Kontinent […] diese Armee von Fallschirmspringern, die bereits vor Ort ist, nicht zu nutzen.«[73]

»Genauso pragmatisch wie Moulin verstand de Gaulle unmittelbar, dass sein Gesprächspartner ihm die Linke zuführen könnte, was ihm erlauben würde, die Legitimität über die Gesamtheit des

72 Patrick Marnham: The Death, S. 136.

73 Jean-Pierre Azéma: Jean Moulin, S. 193.

Widerstandes zu beanspruchen«, so urteilt der Historiker Pierre Péan.[74] Vor allem aus Washington war dem General immer vorgeworfen worden, er repräsentiere nur die Rechte, vielleicht nicht einmal die demokratische Mehrheit in Frankreich. Als einziger Sprecher der gesamten Résistance hätte er mehr politisches Gewicht und mehr Respekt gewonnen. Aber dennoch: Das Bündnis Moulin/de Gaulle schloss sich nicht wie von selbst.

Die Zustimmung de Gaulles zeichnete sich deutlich ab, sodass Moulin sogleich nach Hilfe aus London für die wichtigsten Widerstandsgruppen in Frankreich fragte: Geld, moralische Unterstützung und Waffen, zumindest leichte, die aus tieffliegenden Flugzeugen abgeworfen werden sollten. Ziel sei es nicht in erster Linie, das Vichy-Regime zu bekämpfen, versicherte Moulin, sondern die deutsche Besatzungsmacht solle angegriffen werden und die Regierung Pétain nur insoweit, wie sie die Deutschen unterstütze. In der Praxis musste das kein großer Unterschied sein, diese Verdeutlichung konnte aber einigen Franzosen die Zustimmung erleichtern.[75] Ohne Hilfe aus London bestehe das Risiko, dass die ersten Widerstandsgruppen sich in anarchischem Streit verlören; oder schlimmer noch, man überließe Tausende wohlgesinnter Franzosen dem Werben der Kommunisten, die ohnehin von den Deutschen als ihr großes gemeinsames Feindbild aufgebaut wurden.

Der Appell Moulins an de Gaulle und dann auch an die Briten macht deutlich, dass er nicht die Absicht hatte, sich den Freien Franzosen in London anzuschließen, sondern dass sein Plan war – wie er es auch seiner Schwester angekündigt hatte –, nach Frankreich zurückzukehren, um das Land von der Nazi-Besatzung zu befreien. Dabei musste er eine nicht einfache Balance zwischen der Rolle eines »Beauftragten« der Widerstandsgruppen und der eines

74 Pierre Péan/Laurent Ducastel: L'ultime mystère, S. 103.

75 Jean-Pierre Azéma: Jean Moulin, S. 194.

Botschafters, der lediglich eine Art »Briefträger« ist, einhalten.[76] Als Briefträger wäre er nicht berechtigt, de Gaulle nach seinen politischen Wegen und Zielen zu fragen oder womöglich sogar noch Festlegungen zu verlangen. Das aber war wichtig für die Einbindung der einzelnen Gruppen in die künftige nationale Résistance.

Die politische Herkunft des Generals und die des zivilen Präfekten unterschieden sich deutlich. de Gaulle hatte es seit seiner Ankunft in London im Juni 1940 vermieden, sich in seinen Zielvorstellungen festzulegen, außer bei dem einen großen Ziel, Frankreich seine Stimme und seine Freiheit zurückzugeben. Man tut ihm nicht Unrecht, wenn man seine Überzeugungen als national und konservativ bezeichnet, vielleicht sogar als reaktionär. Die Parteienherrschaft hielt er für gescheitert, für untauglich, er wollte sie beenden. Immerhin aber hatte er bei seiner großen Rede in der Royal Albert Hall in London am 15. November 1941 gefordert: »Une fois l'ennemi chassé de chez nous tous les hommes et toutes les femmes éliront l'Assemblée nationale qui décidera souverainement des destinées du pays.« (Wenn der Feind erst aus unserem Land vertrieben ist, werden alle Männer und alle Frauen die Nationalversammlung wählen, die souverän über das Schicksal des Landes entscheiden wird.)[77]

Das passte durchaus mit dem laizistischen und auch jakobinischen (also radikalen) Verständnis des liberalen Parlamentarismus zusammen, das Jean Moulin als Basis der französischen Werte »Freiheit, Gleichheit, Brüderlichkeit« begriff, als Präfekt auch begreifen musste.

Es gab auch andere gemeinsame Nenner: de Gaulle und Moulin waren beide überzeugte Diener ihres Staates gewesen, verantwortlich und bewährt an exponierter Stelle. Doch trotz oder gerade wegen dieser Verantwortung hatten sie beide den Gehorsam verwei-

76 Ebd., S. 195.

77 Jean-Pierre Azéma: Jean Moulin, S. 281.

gert, der zweite gemeinsame Nenner! Das war beiden schwergefallen. Und ein dritter Faktor war ihnen gemeinsam: Sie lehnten den Waffenstillstand, das Vichy-Regime und die Besatzung strikt ab. Soweit das Gemeinsame.

Der Nationalist de Gaulle verlangte darüber hinaus nicht von dem Patrioten Moulin, den demokratischen Parlamentarismus aufzugeben. Der Patriot verlangte nicht von dem Nationalisten, seiner Idee von der Nation als der einzig beständigen Größe abzuschwören. de Gaulle versprach nicht die Rückkehr zur parlamentarischen Demokratie, Moulin versprach nicht, genau darauf zu verzichten. Die Frage des parlamentarischen oder präsidialen Systems scheint offen geblieben zu sein in dem Gespräch vom 25. Oktober 1941 in London.

Zeugen gab es nicht. Beide haben kein Wort über ihre Begegnung zu Papier gebracht. Die Historiker sind auf die Bemerkungen angewiesen, die Jean Moulin gegenüber seiner Schwester Laure gemacht hat oder gegenüber seinem späteren Sekretär Daniel Cordier, die uns beide in ihren Büchern Informationen dazu überliefert haben.

Die beiden setzten ihr Gespräch wiederholt fort, wobei de Gaulle auch um britische Hilfe nachsuchte. Er selbst hätte nicht die Mittel gehabt, um die es jetzt ging. Andererseits beabsichtigte der Chef der »France Libre«, Moulin konkrete Aufträge zu geben. Denkbar ist, aber nicht sicher, dass Moulin selbst diese Aufträge gewünscht hat.[78] Jedenfalls akzeptierte er die Aufträge de Gaulles und gab damit die Option auf, dass alle Entscheidungen aus den Strukturen der Basis in Frankreich zu erfolgen hatten. So waren also weitere Verhandlungen mit Passy vom BRCA und mit Major Buckmaster vom SOE notwendig, um eine Agenda für die geplante Résistance aufzustellen. Am 5. November unterschrieb de Gaulle zwei Anordnungen für Moulin. Er sollte die Untergrundpresse der drei Widerstandsgruppen (Combat, Libération und Francs-Tireurs) weiterentwickeln und

78 Ebd., S. 202.

steuern. Ihre Druckerzeugnisse sollten in London vorgelegt werden. Dafür wurde ihnen ein kleines Budget in Aussicht gestellt.[79]

Für militärische oder paramilitärische Aktionen sollten alle drei Gruppen Mannschaften bestimmen, die unter gemeinsamem Befehl zusammengefasst werden und ausschließlich militärische Ziele verfolgen. de Gaulle wünschte nachdrücklich, dass diese militärischen Gruppen von den politischen Aktivitäten ferngehalten und seinem Kommando in London unterstellt sein sollten. Neben Sabotageaktionen war daran gedacht, dass diese Militäreinheiten Waffenlieferungen entgegennehmen sollten, die nachts von kleinen Flugzeugen an verabredete Punkte gebracht würden. Vor allem aber dachten alle bei den Français Libres in London an Unterstützung vor und während der geplanten Invasion der Alliierten in Frankreich, dem »Tag J«. Den Résistance-Gruppen muss klar gewesen sein, dass sie Hilfe in einem Umfang brauchten, den nicht »la France Libre« allein leisten konnte, sondern nur die britische Regierung.[80] Klar war für Moulin und die einzelnen Gruppen auch, dass dazu auch die Einbindung de Gaulles notwendig war.

Die Abreise Moulins war für den 7. November geplant. Diese Terminierung bedeutete zunächst, dass keine Zeit zu verlieren war. Der Präfekt sollte in der Nacht zum 8. November mit dem Fallschirm westlich von Toulouse bei Auch abspringen. Wie das geht – die Sache mit dem Fallschirm – lernte er zusammen mit Passy fünf Tage lang Anfang November auf dem britischen Militärflughafen Ringway in Suffolk. Der durchaus sportliche 42-Jährige hatte mit Schwindel und Erbrechen zu kämpfen. Aber es kam anders. Zunächst war es das Wetter, das eine Verschiebung der Abreise verursachte, dann eine neue Verstimmung zwischen de Gaulle und Churchill. Der SOE tat nicht, was die Franzosen wünschten. Danach

79 Pierre Péan/Laurent Ducastel: L'ultime mystère, S. 110.

80 Jean-Pierre Azéma: Jean Moulin, S. 201.

musste Moulin bis zum nächsten Vollmond auf seine Abreise warten. Am 31. Dezember verlangte er in einem weiteren Gespräch mit de Gaulle, nun endlich abfliegen zu können, egal wie die Wetterbedingungen seien. Erst am 1. Januar 1942, nach einer Intervention des Generals bei den Briten, konnte er Großbritannien verlassen.

Die Wartezeit verstrich nicht völlig ungenutzt. Am 24. Dezember unterschrieb de Gaulle ein weiteres Dokument, das für Moulin zentrale Bedeutung bekommen sollte: »Je désigne M. J. Moulin comme mon représentant et comme délégué du comité national pour la zone non directement occupée de la métropole.« (Ich ernenne Herrn J. Moulin zu meinem Vertreter und als Delegierten des nationalen Komitées für die nicht direkt besetzte Zone Frankreichs.) »Seine Aufgabe ist es, in dieser Zone die Aktionseinheit aller Kräfte herzustellen, die dem Feind und seinen Kollaborateuren Widerstand leisten. Herr Moulin wird mir direkt über die Ausführung seines Auftrags berichten.«[81] Der Auftrag hieß von nun an »Mission Rex« und Rex wurde zum Codenamen für Moulin/Mercier. Der Ex-Präfekt war ohne Mandat nach London gekommen und kehrte mit einem Mandat de Gaulles nach Frankreich zurück, eine wesentliche Verbesserung seiner Stellung und Autorität. Die ausdrücklich festgehaltene Pflicht, direkt an de Gaulle zu berichten, sicherte diesem zusätzlich die Kontrolle über die Résistance-Gruppen, die davon noch gar nichts wussten.

Genau so wichtig aber war: Rex brachte etwas Geld mit und das Versprechen von Waffenlieferungen sowie einen Funker und das Gerät, um dauerhaft eine Funkverbindung nach Großbritannien zu errichten. Er trug die Aufträge de Gaulles auf Mikrofilm an seinem

81 de Gaulle: Mémoires de guerre, Bd. I, Dokumentenanhang, S. 410. Der Historiker Azéma sieht in dem letzten Satz der Anweisung eine Reaktion de Gaulles auf die stark veränderte Machtbalance nach dem Eintritt der Vereinigten Staaten in den Krieg. Nur ihm sollte berichtet werden und zwar direkt. Jean-Pierre Azéma: Jean Moulin, S. 210f.

Körper. Die Ausbildung in London zum Agenten war längst nicht vollständig, aber Geheimdienstleute unterrichteten ihren Kandidaten auch darin, selbst Texte zu verschlüsseln und zu entschlüsseln – nach einem vorgegebenen Code. Eine Zusage de Gaulles, die republikanischen Institutionen Frankreichs wiederherzustellen, hatte der Delegierte nicht. Zurück in Frankreich sagte er einem der Widerstandsanführer über de Gaulle: »He is a very great man [...] But what are his real feelings about the Republic? I could not tell you. I know his official position, but [...] is he actually a democrat?«[82]

Für den General bedeutete die Verbindung zu Moulin zumindest die Chance, die französischen Widerstandsgruppen zu steuern. Es war ein Glück für ihn, einen Mann zu haben, der bereit und hoffentlich fähig war, diese komplexe und gefährliche Aufgabe zu übernehmen. de Gaulle konnte dadurch gegenüber Churchill und der Welt seinen Anspruch festigen, für Frankreich zu sprechen und zu entscheiden. Er musste sich aber noch jahrelang der britischen Aufsicht und Kontrolle fügen. Ohne Moulin hätte de Gaulle seine ehrgeizigen Ziele nicht erreicht.

Die Erweiterung seines Auftrages durch de Gaulle Ende Dezember 1941 könnte damit zusammenhängen, dass die einzige Funkbrücke des Freien Frankreich zur Résistance auf dem französichen Festland zusammengebrochen war. Das Funkgerät der Widerständler in Toulouse war von der Vichy-Polizei aufgespürt worden, ebenso wie ein umfangreiches Waffenlager in der Nähe der Stadt. Pierre Bertaux wurde in seiner Wohnung verhaftet, elf Kameraden mit ihm. Sie wurden vor Gericht gestellt und Bertaux zu drei Jahren Haft verurteilt – wegen Kooperation mit den Gaullisten![83] Die Hoffnungen de Gaulles mussten sich jetzt auf Jean Moulin richten.

82 Patrick Marnham: The Death, S. 141.

83 Monjaret hat als einziger dieser drei den Krieg überlebt, nach zwei Jahren im Konzentrationslager Mauthausen. Fassin starb im Februar 1945 im Lager Neuengamme bei Hamburg.

Die »Mission Rex«

Das kleine Flugzeug der SOE, eine zweimotorige Whitley der Royal Air Force, startete in Suffolk, wurde in Wales noch einmal voll betankt, flog dann über den Ärmelkanal, wo ein deutscher Flakschuss sie beinahe getroffen hätte, weiter über die Bretagne, dann die Atlantikküste entlang nach Süden, um vor den Pyrenäen in östlicher Richtung abzudrehen, das Mittelmeer zu erreichen und sich schließlich von Süden her dem Rhone-Delta zu nähern. Auf dem Nordhang des kleinen Gebirges Les Alpilles wollte Jean Moulin abspringen, weil er dort seit seiner Kindheit jedes Dorf, fast jedes Gehöft kannte und einen alten Kotten zwischen weiten Rosmarinfeldern besaß, ein ideales Versteck.

Das Flugzeug hatte keine Heizung, die Nacht war am Boden kalt, etwa vier Grad minus, auf Flughöhe noch kälter. Man reiste also in Decken eingewickelt und versuchte zu schlafen. Zwei Männer sollten mit Moulin abspringen und ihn anschließend begleiten: ein Offizier aus der Truppe des BCRA, Raymond Fassin, genannt Sif, und ein 18-jähriger Funker aus der Bretagne, Hervé Monjaret alias Sif W.[84] Moulin hatte beide schon in Ringway beim Fallschirmtraining kennengelernt.

Die Maschine flog ohne jedes Licht durch die mondhelle Nacht. Es war schon am Morgen gegen vier Uhr, als der Pilot nach einigem Suchen meinte, den von Moulin angegebenen Punkt, das Dorf

84 Pierre Bertaux: Libération, S. 12f. Im Dezember 1943 wurde Bertaux aus dem Gefängnis entlassen, ein halbes Jahr nach dem Tod von Jean Moulin. Er tauchte sofort unter und arbeitete weiter in der Résistance von Toulouse. Nach der Befreiung der Stadt und der Region am 20. August 1944 machte de Gaulle Pierre Bertaux zum Commissaire de la République (Super-Präfekten) der Region. Über das regionale Radio, das als einziges Medium funktionierte, stellte Bertaux sich den Bürgern der Stadt und der Region als der neue Commissaire de la République vor. Er hatte zunächst Widerstände der kommunistischen Résistancegruppe FTP zu überwinden. Bis 1946 blieb er in diesem Amt. Später wandte er sich wieder – und ausschließlich – der Wissenschaft zu. 1986 starb er in Paris.

Eygalières, gefunden zu haben. Der Co-Pilot weckte die drei. Sie machten sich zum Absprung bereit. Zuerst musste Jean Moulin – leichenblass, wie Monjaret erzählte – durch die Luke im Boden gleiten, dann wurde das schwere Funkgerät in einem ebenfalls schweren Koffer an einem eigenen Fallschirm abgeworfen. Es schlug auf einen Felsen auf und nahm dabei Schaden. Dann sprang der Funker Monjaret durch die Luke, schließlich der BCRA-Offizier Sif. Da das Flugzeug nicht stillstehen, sondern nur fliegen kann, kamen sie nicht am gleichen Punkt an, sondern in einer Reihe, jeweils mehrere hundert Meter voneinander entfernt.

Als Moulin so etwas wie Boden unter den Füßen spürte und das Flugzeug sich leise brummend entfernte, musste er feststellen, dass er sich nicht an dem verabredeten Ort befand. Er war in einem zugefrorenen Sumpfloch gelandet, wie sie auf der Südseite der Alpilles bis heute in den »marais des Baux« zu finden sind. Vom Funker und dem Funkgerät war in der Dunkelheit nichts zu sehen. Die Proviantportion, die er am Körper trug, hatte das Schmutzwasser verdorben. Die Kälte der Januarnacht drang sofort durch die nassen Kleider. Unsanfter konnte man kaum landen.

Er brauchte eine Stunde, um sich aus dem Sumpf herauszuarbeiten. Dann musste zunächst der Fallschirm eingewickelt und gut verborgen werden, damit die Deutschen oder die Vichy-Polizei nicht von dem Absprung erfahren konnten. Als er sich umsah, begriff er, dass der Pilot nicht die Nordseite, sondern die Südseite des kleinen Gebirges erreicht hatte. Entsprechend länger, fünfzehn Kilometer weiter, zog sich nun der Fußweg in die Gegend, wo Moulin sich verstecken konnte. Auch das Funkgerät wurde provisorisch verborgen, dann trennte man sich. Drei Männer in nassen Anzügen im Morgengrauen auf der Landstraße fallen mehr auf als einer. Das musste also vermieden werden.

Moulin erreichte nach dem Fußmarsch seinen Kotten, wo er Schuhe und Kleider trocknen konnte. Der BCRA-Offizier Fassin traf später ein. Am nächsten Tag lief Rex die Strecke nach St.-Andiol, wo er als Jean Moulin bekannt war und als solcher seine Lebensmittelkarten beim Dorfbürgermeister abholte.[85] Der junge Funker Monjaret geriet in die Hände der Polizei, wurde verhört, aber wieder freigelassen. Der Kontakt zu Monjaret konnte erst am 23. Januar wiederhergestellt werden. Die »Mission Rex« begann also akrobatisch. Viel komfortabler sollte es nicht werden.

Die Resistance-Gruppen, in deren Namen oder Auftrag er nach London gereist war, erwarteten Hilfe von dort, aber nicht unbedingt Anordnungen über Strategie und Taktik. Genau das aber war die »Mission Rex«. Noch im Januar traf Moulin in Marseille Henri Frenay, den Chef der Gruppe Combat, die sich soeben mit einer weiteren Gruppe (Liberté) zusammengeschlossen hatte. Seiner Macht bewusst, fühlte Frenay sich jetzt noch stärker. Er brachte seinen Stellvertreter mit und ließ sich vom Gesandten de Gaulles seine Ernennungsurkunde zeigen, den auf Mikrofilm-Format verkleinerten, von Hand geschriebenen Brief des Generals, den er im Zwischenboden einer Streichholzschachtel bei sich führte und der nur mit einer Lupe zu lesen war. Das machte auf Frenay großen Eindruck. Er freute sich über die Rückkehr Moulins. Gern nahm er die 250.000 Francs der britischen Regierung an, die Rex ihm für seine Untergrundzeitungen mitgebracht hatte. Er freute sich über die angekündigten Waffen zum Training und für Sabotageakte, aber die Organisationsform wollte er sich nicht vorschreiben lassen. Überhaupt wollte er nicht einsehen, warum militärische Einheiten von zivilen absolut getrennt werden sollten, wie de Gaulle und auch die Regierung Churchills gefordert und was Moulin akzeptiert hatte. Es wurde gelegentlich laut zwischen den beiden Männern. Schließlich einigte man sich, die Trennung zwischen zivil und militärisch nur

85 Hervé Monjaret hat 1963 einen Bericht über dieses Fallschirmabenteuer an Laure Moulin gesandt. Er ist im Dokumententeil ihres Buches (Jean Moulin. Biographie, S. 390) abgedruckt.

auf höchster Ebene einzuführen, aber nicht auf der lokalen Basis. Frenay, der Gründer und Chef von Combat, verstand, warum eine einheitliche Résistance wünschenswert war, mochte das allerdings nur unter der Bedingung akzeptieren, dass er selbst die politische Führung übernahm. Der nun eingerichtete Funkkontakt zu de Gaulle bedeutete einen Gewinn, aber er bedeutete auch, dass Frenay den Delegierten des Generals als ihm übergeordnet akzeptieren musste. Das schmerzte.

Frenay sah sich jedoch schließlich gezwungen nachzugeben, weil er nicht ohne Grund in Verdacht stand, weiterhin mit dem Pétain-Regime zu sympathisieren. Erst als Pétain – von den Deutschen gezwungen – Laval zum Regierungschef machte, erklärte Frenay in seiner Zeitung *Combat*: Pétains Zeit ist vorbei. Seine Sterne verlöschen.[86] Womit er einen klaren Trennungsstrich zog.

Von dem Verdacht gegen Frenay profitierte aber Emmanuel d'Astier, Chef der Libération Sud. Die Rivalität der beiden Männer (nicht ihrer Organisationen) erleichterte es Moulin, als Schiedsrichter aufzutreten und seine Ziele zu verfolgen. d'Astier empfing Rex ebenfalls unter etwas demütigenden Umständen. Er erschien nicht selbst am verabredeten, dunklen Ort in der Nähe des Rathauses von Lyon, sondern schickte einen Mann, den Moulin gar nicht kannte, seinen Stellvertreter Aubrac. Dieser wusste das verabredete Kennwort, so nahm Moulin ihn mit an einen sicheren Ort, wo sie ungestört reden konnten. Der Gesandte de Gaulles öffnete erneut seine Streichholzdose und zog das Dokument heraus, aber Aubrac meinte, der Mikrofilm-Schnipsel beweise gar nichts. Außerdem kenne er die Handschrift de Gaulles nicht.[87]

In der Sache zeigten sich d'Astier und seine Bewegung Libération Sud den Wünschen de Gaulles gegenüber offener. Die Gruppe hatte

86 Jean-Pierre Azéma: Jean Moulin, S. 226.

87 Pierre Péan/Laurent Ducastel: L'ultime mystère, S. 121.

ein breites Spektrum gewerkschaftlicher Arbeitnehmer, christlich bis sozialistisch, und sogar Freimaurer im Rücken. Libération Sud war die erste Résistance-Gruppe, die schon im Januar 1942 offen auf General de Gaulle setzte.[88] Andererseits war der Chef Emmanuel d'Astier ein Mann von großer Ausstrahlung und mindestens ebenso selbstgewiss, eitel und schwierig wie Henri Frenay. Einem SOE-Agenten erklärte er, er selbst sei Chef der gesamten Résistance. Der Leiter des französischen Geheimdienstes BCRA in London nannte ihn in seinen Memoiren »einen Anarchisten in Pumps«.[89] Wer, wenn nicht die Unbeugsamen, sollte sich in der Résistance treffen?

Am wenigsten eigenwillig reagierte die Gruppe Franc-Tireur auf die Pläne de Gaulles und den Vortrag Moulins. Ihr Chef, Jean-Pierre Lévy, hatte wenig persönlichen Ehrgeiz, der über die Befreiung Frankreichs von den Nazis hinausgegangen wäre. Seine Gruppe fügte sich der »Mission Rex« ohne Probleme, sie war allerdings nur die drittgrößte. In ihr weit nach links reichendes Spektrum schloss sie auch Kommunisten mit ein.

Im Dezember 1941 kehrte nach mehreren vergeblichen Fluchtversuchen ein Mann aus einem deutschen Kriegsgefangenlager (Stalag) zurück, der in Frankreich damals noch völlig unbekannt war: François Mitterrand. Der 25-Jährige war, wie alle geflüchteten Kriegsgefangenen, zunächst orientierungslos und sehr erholungsbedürftig. Nach Besuchen bei Freunden und Verwandten ließ er sich 1942 in Vichy nieder und nahm eine Arbeit in einer Agentur an, die sich um die Resozialisierung von ehemaligen Kriegsgefangenen bemühte. Viele dieser Männer waren genauso illegal geflüchtet wie Mitterand und mussten sich deshalb vor der Gestapo hüten. Das Vichy-Regime begünstigte die Heimkehrer mit Prämien und anderen Leistungen, die sich aber in einer Grauzone entfalteten. Bei einem Empfang

88 Jean-Pierre Azéma: Jean Moulin, S. 229.
89 Ebd.

durch Pétain wurde Mitterand zusammen mit dem Marschall fotografiert, was ihn später in Erklärungsnot brachte. Bald aber begann Mitterrand, unter dem Decknamen Morland, in der unbesetzten Zone ein Widerstandsnetz aufzubauen, das sich »chaine« nannte (Kette). Dabei kooperierte er lose mit der Gruppe Combat. Bis zum Kriegsende wuchs dieses Netz auf mehrere tausend Personen an. Direkten Kontakt zu Jean Moulin hatte Morland wohl nicht.[90]

Der Auftrag de Gaulles allein hätte Moulin vielleicht nicht gereicht, sich Gehör zu verschaffen, aber das dringend benötigte Geld, das er monatlich zur Verfügung stellte, die Aussicht auf Waffen und auf Mitwirkung in der geplanten Zukunft nach einer Invasion der Alliierten, das alles waren still oder offen wirksame Mittel für Rex, die Résistance zusammenzuführen. Um sich einfach durchzusetzen, reichte das dennoch nicht. Der Delegierte des Freien Frankreichs musste sich in Konzilianz üben, viel Zeit und Geduld sowie seine gesamten rhetorischen Fähigkeiten einbringen, um zu überzeugen.

Die nächste Aufgabe, die sich jetzt stellte, war ein funktionstüchtiges, aber geheimes Büro der Résistance für die ZNO aufzubauen, für die nicht besetzte Zone. Rex wählte Lyon wegen der zentralen Lage in der unbesetzten Zone, weil Widerstandsgruppen wie Combat und Francs-Tireurs bereits dort ansässig waren. Außerdem bot die Anonymität der Großstadt, die verwinkelte, enge Bausubstanz der Altstadt mit »passages secrèts« (schmalen Durchgängen) von Straße zu Straße und großen Gebäuden mit mehreren Ein- und Ausgängen viele Vorteile für jeden, der Geheimes zu erledigen hatte und unter Umständen schnell verschwinden musste. Zudem hatte man in dieser Stadt weniger Concierges als etwa in Paris, also weniger Kontrolle.

Er suchte sich eine äußerst bescheidene Wohnung zur Untermiete in einem Gebäude an der Place Raspail mit mehreren Ausgängen

90 Patrick Marnham: The Death, S. 159f.

und eine ebenso kleine Zweitwohnung für alle Fälle. Er richtete Briefkästen ein, die nicht kontrollierbar waren. Notwendig war auch ein absolut zuverlässiges Sekretariat an einem anderen Ort, das ihm Schreibarbeiten (auch das Chiffrieren und Dechiffrieren) abnahm, das aber jederzeit zur Flucht bereit sein musste.

Im Februar war der junge Funker Monjaret wieder aufgetaucht. Man fand in der Nähe von Orange einen Standort für das Funkgerät, das auf dem Dachboden eines Presbyteriums installiert wurde, und die tägliche Kommunikation mit London begann. Das war für den Funker und ebenso für den Hausherrn, Abbé Miral, ein großes Risiko. Denn nach dem Waffenstillstandsabkommen arbeitete auch in der unbesetzten Zone eine Gruppe von deutschen Technikern und Gestapo-Leuten, technisch gut ausgerüstet – stationiert in der Nähe von Lyon, aber frei beweglich – daran, den Funkverkehr von Résistance-Gruppen oder Einzelkämpfern aufzuspüren und zu verhindern. Moulin hatte sich wie alle im Untergrund Tätigen einen falschen Namen in seine falschen Papiere eingetragen. Zur Kommunikation im Untergrund gehörte die feste Regel: Weder den ursprünglichen zivilen Namen sollten die Mitkämpfer wissen noch den geheimen falschen in den gefälschten Ausweisen. Vielmehr hatten alle für die Anrede untereinander einen weiteren, einen dritten Namen, mindestens Vornamen, wie Mitterand in seinen Erinnerungen erzählt,[91] damit weder bei Kontrollen noch bei Verhör oder Folter der Eine oder die Eine den Anderen verraten konnte.

Das Codieren gehörte nunmehr zu den täglichen Mühen des Delegierten de Gaulles, seine unermüdliche Freundin Antoinette Sasse half. Moulin und Montjaret trafen sich unregelmäßig, aber oft im Marktviertel von Marseille oder am Bahnhof in Avignon und tauschten aus, was an Funksprüchen gekommen war und was abgeschickt

91 François Mitterrand: Mémoires Interrompus. Paris 1996: Éditions Odile Jabob, S. 63ff.

werden sollte. Im August kam der junge Daniel Cordier aus Großbritannien und löste Monjaret als Funker ab. Er konnte Codieren, wurde Rex' Sekretär im Untergrund und später sein Nachlassverwalter und Biograph. Die Position des Funkers und seiner Geräte musste ohnehin immer wieder geändert werden. Nur einige Monate lang hatte Rex das Monopol im Funkverkehr mit London, bevor alle drei Widerstandsgruppen eigene Funker und Funkgeräte bekamen. In dieser Zeit – so schreibt Patrick Marnham – habe Moulin sein Monopol verschiedentlich genutzt, um sich selbst Vorteile zu verschaffen. Marnham zählt Beispiele auf, wo der Delegierte de Gaulles nicht ehrlich mit seinen Mitstreitern umgegangen sei.[92] Bleibt die Frage, wie ehrlich Frenay und Emmanuel d'Astier ihrerseits waren.

Zu den verschiedenen Diensten, die Rex aufbaute, für den Funkverkehr, für Fallschirm-Landungen etc., gehörte als erster am 22. April 1942 ein Bureau d'information et de presse, BIP. Mit der Leitung des BIP beauftragte er einen jungen Mann, Georges Bidault aus der Combat-Gruppe. Er hatte Informationen zu sammeln und nach London, an die Alliierten sowie an die eigenen Untergrundzeitungen weiterzugeben. Die Mannschaft der »Délégation Générale« wuchs auf zwölf bis 15 Personen. Es verbot sich, Telefon, Telegrafendienst oder die Briefpost zu nutzen. Das verlangte die Sicherheit. Moulin verbrachte die Woche von Montag bis Freitag meist als Rex in Lyon, wenn nichts anderes anstand, pflegte er am Freitag mit Daniel Cordier zu Abend zu essen, meist in der Nähe des Bahnhofs Perrache, und fuhr dann nach Avignon, wo er als Jean Moulin aus dem Zug stieg und das Fahrrad nach St.-Andiol nahm. Am Montag früh erschien Rex wieder in Lyon.

Moulin traf die Anführer der drei Bewegungen immer wieder an wechselnden Orten. Dabei wurde auch um Geld gestritten, das Moulin aus London bekam und zuteilte. Er berichtete monatlich

92 Ebd., S. 107.

sehr präzise an den Stab de Gaulles, wie die knappen Mittel verwendet wurden.

In den Kontakten zwischen den konkurrierenden Gruppen besserte sich die Stimmung langsam, Annäherungen waren zu spüren, weil die Vichy-Politik der Kollaboration immer mehr Franzosen enttäuschte. Man wusste durchaus, dass täglich Züge mit Rohstoffen und Lebensmitteln über die Grenze nach Deutschland fuhren. Die Ernennung des Nazi-Freundes Laval zum Regierungschef verbitterte viele, gerade die Menschen an der Basis der Résistance. Schließlich waren alle, auch Frenay, bereit, General de Gaulle als Symbol de la France Combattante (des kämpfenden Frankreichs) und als ihren militärischen Vorgesetzten offen anzuerkennen. Den Anfang machte das *Journal* von Libération Sud am 15. Februar: »Liberation salue le grand chef français, le général de Gaulle qui [...] est devenu le symbole du relèvement du pays. Pour nous il n'y a qu'un seul chef, le général de Gaulle, symbole de l'unité et de la volonté françaises.«[93] (Libération grüßt den großen französischen Chef, den General de Gaulle, der zum Symbol der Wiedererhebung des Landes geworden ist. Für uns gibt es nur einen Chef, den General de Gaulle, Symbol der Einheit und des Willens Frankreichs.)

Die Zeitung der Francs-Tireurs folgte wenig später in der gleichen Tonlage: »In diesem Kampf und bis zum Sieg sind wir mit ganzem Herzen und mit ganzer Kraft bei denen, die mit de Gaulle und den Freien Franzosen kämpfen.«[94] Moulin musste aber Frenay geradezu »belagern«, um eine ähnliche Loyalitätserklärung von Combat zu bekommen. de Gaulle repräsentiere »das wahre Frankreich«, hieß es schließlich auch von dort.

In Wirklichkeit bedeutete das zunächst nicht viel. Eine Unterordnung oder Unterwerfung war das nicht. Das Wort Symbol lässt

93 Jean-Pierre Azéma: Jean Moulin, S. 234.

94 Ebd.

viel Spielraum für Interpretationen. Aber die Erklärungen machten in London den gewünschten Eindruck. de Gaulle war dankbar. Im Herbst 1942 ernannte er seinen Delegierten zum Vorsitzenden eines Komitees, das die Aktivitäten der Résistance-Gruppen koordinieren sollte. Erst dadurch wurde Jean Moulin eine Art Chef der Résistance.

Dem Angriff Hitlers auf die Sowjetunion war wenig später die Mobilisierung der französischen Kommunisten gefolgt. Ihr Widerstand hatte nicht die gleichen Ziele wie der von de Gaulle und Moulin. So bewirkten ihre Aktivitäten zunächst eher eine Aufsplitterung der Résistance, während sie gleichzeitig innerhalb der meisten Gruppen Einfluss zu gewinnen versuchten.

Eine grundsätzliche Änderung der politischen Architektur Europas bahnte sich nach dem Angriff der Japaner auf den amerikanischen Flottenstützpunkt Pearl Harbor und nach Hitlers Kriegserklärung an die Vereinigten Staaten, beides im Dezember 1941, an. Nun verbreitete sich auch in Frankreich die Zuversicht, dass die Nazis den Krieg nicht mehr gewinnen können.

Während die großen Résistance-Gruppen der Südzone sich jeweils selbst gebildet hatten und sich schwer damit taten, einen von London bestimmten Delegierten als Quasi-Chef zu akzeptieren, drohte aus London selbst ein weiteres Risiko, ein Verwirrungspotenzial, das unter Kontrolle gebracht werden musste. Die Bedingungen von Krieg und Besatzung ließen jede Vereinbarung im Untergrund wie im Exil lediglich als Provisorium erscheinen. Obendrein war von London aus die örtliche Lage nicht wirklich genau zu erkennen. Abgesandte aus London in die besetzte ebenso wie in die unbesetzte Zone hatten deshalb gelegentlich Erkundungsaufträge, die recht unpräzise formuliert waren und der Improvisation wie der persönlichen Eitelkeit großen Raum ließen. So hatte Moulin im Sommer 1942 Gelegenheit, sich über Unternehmungen von Abgesandten aus London zu erregen, wie etwa die von Rondeau, alias Philippe Roques, der sich sehr selbständig als »Delegierter de Gaulles« im Land bewegte, die Kompetenz von Moulin bestritt und auf eigene Faust politisierte. Roques suchte und fand die Zustimmung seines früheren Chefs Georges Mandel, des ehemaligen Innenministers, den das Vichy-Regime ins Gefängnis gebracht hatte. Er sammelte auf einer Liste die Namen von fünfzig ehemaligen Abgeordneten der Nationalversammlung, die bereit waren, sich hinter de Gaulle zu stellen. Moulin wusste von dieser Mission zunächst nichts und stellte dann fest, dass sie mit den Anordnungen de Gaulles nicht übereinstimmte. Roques nahm sich sogar die Freiheit, die Chefs der einzelnen Widerstandsgruppen aufzusuchen und die Autorität Moulins mindestens in Zweifel zu ziehen. Das konnte sich der Delegierte de Gaulles nicht gefallen lassen. Moulin schrieb am 28. August nach London: »Die einzigen ernsthaften Schwierigkeiten, auf die ich stoße, kommen von gaullistischen Agenten, [und] wenn diese Frage nicht in kürzester Frist geregelt wird, dann muss ich Sie zu meinem Bedauern bitten, mich von meiner Aufgabe zu entbinden.«[95] Eine Rücktrittsdrohung! Die Antwort aus London kam prompt am 4. September: »Wir informieren Rondeau, alias Roques, dass er seine Anweisungen künftig von Ihnen erhält. Sie haben die Vollmacht, die Mission von Rondeau zu definieren, unabhängig von allen Anweisungen, die er vor seiner Abreise bekommen hat.«[96] Damit herrschte Klarheit, aber später folgten auf Rondeau/Roques andere mit einer Mission aus London.

Im September 1942 wollten alle vier Résistance-Chefs, Moulin, Frenay, Lévy und d'Astier sich in der britischen Hauptstadt mit de Gaulle treffen, um Meinungsverschiedenheiten auszuräumen und Weichen für die Zukunft zu stellen. Am 17. September nahm ein

95 François Berriot: Écrits et documents. Bd. II, S. 160.

96 Ebd., S. 164.

Fischerboot südlich von Marseille Frenay und d'Astier an Bord, brachte sie nach Gibraltar, von wo aus sie mit einem Flugzeug nach London gelangten. Lévy und Moulin aber mussten ihren Reiseplan wegen einer Panne im geheimen Flugplan ändern und schließlich aufgeben. So trafen Frenay und d'Astier allein de Gaulle, was ihnen durchaus Vorteile einbrachte. Die gegenseitige Abneigung der beiden Reisenden wurde allerdings abrupt verstärkt, als Frenay seinen Gefährten d'Astier in seinem Londoner Hotelzimmer vorfand, ausgestreckt im Bett und voll von Drogen in den Armen der Tochter eines früheren sowjetischen Botschafters liegend,[97] während er eigentlich bei einer wichtigen Sitzung hätte sein sollen.

Aber die beiden Männer kehrten mit neuen Instruktionen aus London zurück, mit einem Papier, das de Gaulle unterschrieben hatte. Ein Koordinierungskomitee wurde errichtet, in dem die drei Anführer der Gruppen und Moulin je eine Stimme haben sollten. Nur bei Stimmengleichheit sollte Moulin den Ausschlag geben, er hätte also überstimmt werden können. Nach der Befreiung Frankreichs sollte dieses Komitee Präfekten, Polizeichefs und Chefredakteure der Medien bestimmen. Moulins Rolle wurde ausdrücklich auf die unbesetzte Südzone begrenzt. Am 18. November zeigten die aus London Zurückgekehrten Rex das Papier, aber da war es bereits obsolet.

Colette Pons

Moulin war aus der Welt des Vichy-Staates nicht einfach verschwunden und mit neuer Identität in den Untergrund gegangen, weil er in diesem Falle hätte befürchten müssen, dass seine alte Mutter Blanche Moulin und seine Schwester Laure den Repressalien der

97 Patrick Marnham, The Death, S. 163.

Polizei ausgeliefert wären, die den ehemaligen Präfekten vielleicht suchen und verdächtigen würde. Er hatte also seine eigentliche Identität (Adressen und Lebensmittelkarten eingeschlossen) weiterzuführen und den Behörden, die ihn – wie er wusste – beobachteten, Stoff zu liefern, wenigstens ein ordentliches Privatleben, ein Alibi.

Sofort nach seiner Rückkehr aus London Anfang Januar 1942 hatte er seine Mutter und seine Schwester in Montpellier besucht – das Haus hatte zwei Eingänge an zwei verschiedenen Straßen. Dann reiste er als Jean Moulin privat zu alten Freunden in die Alpen zum Skifahren, man kannte ihn dort. Beim Abendessen im Freundeskreis saß eine junge Frau an seiner Seite, die ihn entzückte. In den nächsten Tagen begleitete sie ihn beim Skifahren, die beiden entdeckten eine Reihe von Gemeinsamkeiten. Der ehemalige Präfekt gab sich als Zeichner und Kunstsammler zu erkennen, der mit dem Gedanken spielte, in Nizza eine Galerie für moderne Kunst zu eröffnen. Die junge Dame, Colette Pons, kannte seine politische Einstellung bereits durch die Gespräche im Freundeskreis des ersten Abends, sie teilte seine Liebe zur Kunst, ohne allerdings viel davon zu verstehen, und war begeistert von dem Vorschlag, den er ihr machte. Moulin wusste, dass auch im Umgang mit Frauen eine zweite oder dritte Identität hilfreich sein kann. Hat er sich gefragt, welches Risiko er als Delegierter de Gaulles in Vichy-Frankreich damit einging, auch für die junge Dame? Hoffen wir es!

Er verabredete sich mit der 21-jährigen Mademoiselle in Nizza, dort teilte er ihr seine Pläne mit, beauftragte sie, bei der Suche nach einem geeigneten Ladenlokal zu helfen. Denn sie sollte die Geschäftsführerin sein. Freudig stimmte sie zu. Die Galerie sollte ihm als Fassade dienen, damit er Gründe nennen konnte, zu reisen und Bargeld mit sich zu führen, wenn die Polizei ihn kontrollierte. Mademoiselle Colette hielt es im Sommer 1942 aber für geraten, sich seinem Drängen zu entziehen. Sie war nämlich verlobt mit einem jungen Bankier, der sich in London den Freien Franzosen angeschlossen hatte. Schwankend zwischen ihm und dem 43-jährigen Moulin verschwand sie für einige Monate von der Bildfläche und der verliebte Kunsthändler hatte Mühe, sie wiederzufinden. In dieser Zeit versuchte sie vergeblich, eine Ausreisegenehmigung zu erhalten. Im Herbst nach Nizza zurückgekehrt beteiligte sie sich an der Suche nach einem Lokal und den Vorbereitungen.

Auch seine langjährige Freundin Antoinette bezog der Kunsthändler mit ein. Sie immerhin verstand etwas von Kunst, kannte die Pariser Szene, war Schülerin von Fernand Léger und anderen Künstlern gewesen. Moulin informierte die beiden Frauen nicht über seine Beziehungen und Absichten zu der jeweils anderen. Beide glaubten sie, die andere nicht ernst nehmen zu müssen.[98] Von einer dritten Geliebten, der deutschstämmigen Gilberte in Paris, die den Liebhaber im Februar 1943 entließ, wussten sie gar nichts.

Er lieh sich von seinem Freund Paul Chatin in Grenoble 100.000 Francs, gab sie Antoinette mit dem Auftrag, moderne Bilder für die Galerie zu kaufen, und tat das auch selbst, gelegentlich in Begleitung von Colette. Antoinette fand und kaufte Bilder von Edgar Degas, Suzanne Valadon und Raoul Dufy, beste Museumsqualität also. Antoinette war auch bereit, die junge Galeristin Colette bei Bedarf zu beraten. Mit Colette suchte Moulin in Antiquariaten und bei Sammlern nach Ware für das geplante Unternehmen. Um die Jahreswende 1942/43 besuchte er die beiden Freunde Pierre Bonnard und Henri Matisse, die in der Nähe von Nizza lebten. Sie vertrauten ihm Bilder für die erste Ausstellung an – in Kommission. Ein Sohn von Matisse (Jean) war Mitglied einer Résistance-Gruppe, das Modell des Künstlers, Lydia Delectorskaya, half jüdischen Flüchtlingen bei der Flucht via Marseille. Matisse hielt auch Kontakt mit dem amerikanischen Fluchthelfer Varian Fry, den die Vichy-Behörden im August 1942 abgeschoben hatten.

98 Ebd., S. 128f.

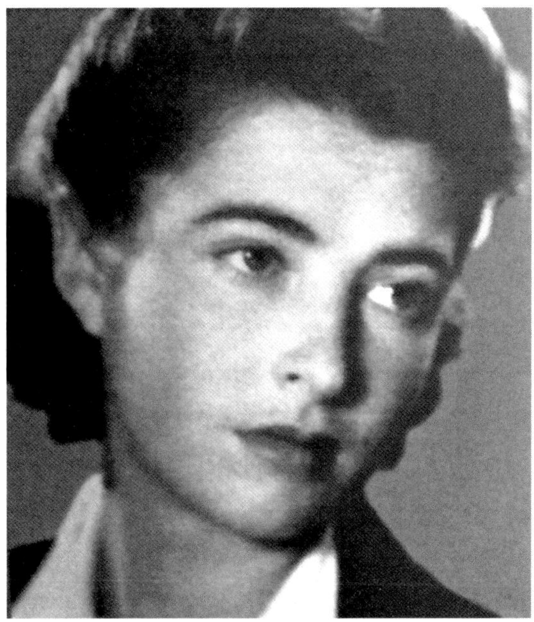

Colette Pons-Dreyfus. © Musée Jean Moulin in St.-Andiol

Im Oktober wurde ein Laden gefunden, eine ehemalige Buchhandlung: ein geeigneter Verkaufsraum mit rückwärtigem Zimmer und kleiner Wohnung im Obergeschoss sowie Hinterausgang, perfekt! Nice, 22 ter Rue de France, lautete die Adresse, ausgerechnet! Der Kunsthändler schrieb an den Präfekten des Departements Alpes-Maritimes und bat um die nötige Genehmigung. Er wolle mit der Galerie jungen Künstlern die Gelegenheit bieten, vor ein Publikum zu treten.[99] Niemand konnte etwas dagegen haben.

Die Präfektur stimmte zu. Ein Notar setzte den Mietvertrag auf, die Galerie mit dem Namen *Romanin* wurde eröffnet. Das erste Pseudonym kehrte zurück. Zur Vernissage am 9. Februar erschienen der Präfekt auf offizielle Einladung sowie zahlreiche Honoratioren

99 Ebd., S. 158.

der Region und interessierte deutsche Besatzungssoldaten. Angeboten wurden auch Werke von Renoir, Utrillo, Rouault und Chirico. Wenige Tage nach der Eröffnung schaute die russischstämmige Lydia Delectorskaya herein, um zu sehen, wie die Bilder aufgehängt waren, auf denen sie als Modell von Matisse zu sehen war.[100]

Die Eröffnung der Galerie[101] *Romanin* war ein kulturelles Ereignis an der Côte d'Azur und eine perfekte Tarnung für den Delegierten de Gaulles. Niemand hätte ahnen können, dass der Galerist identisch mit dem gesuchten »Terroristen« Rex in Lyon war. Sie beweist auch, dass er kein einsamer, verbissener Revolutionär war, sondern einer, der das Leben zu genießen versteht, ein Hedonist, wie man heute sagen würde.

100 Pierre Péan/Laurent Ducastel: L'ultime mystére, S. 143f.

101 Alain Paire, Galerie in Aix-en-Provence. Internet-Zugriff am 4. März 2019.

Kapitel II: Der Gründer der Résistance

Schachzüge

Im Dezember 1941 hatte das Deutsche Reich den Vereinigten Staaten den Krieg erklärt. Danach wiederholte sich die seltsame Lage, dass monatelang militärisch nichts geschah, eine weitere »drôle de guerre«. Die Gründe dafür: Washington war von dem Angriff der Japaner überrascht, die Lage im Pazifik zunächst sehr viel dringlicher als in Europa, die in Pearl Harbor versenkte US-Flotte musste ersetzt, der japanische Vormarsch gestoppt werden. Europa sollte warten.

Roosevelt war nun allerdings entschlossen, den Krieg gegen die Achsenmächte aufzunehmen. Zu entscheiden blieb aber wo. Stalin drängte und hatte ein Versprechen Churchills, eine zweite Front in Europa zu errichten, die die Sowjetunion entlasten sollte. Roosevelt stimmte dem grundsätzlich zu, aber Churchill zögerte nunmehr. Er hatte Sorge, es könnte zu einem zweiten Dünkirchen kommen, und schlug einen Angriff der Alliierten auf französisches Gebiet in Nordafrika vor. So vorzugehen versprach zugleich mehr Schutz für die britischen Interessen im Mittelmeer. Der amerikanische Generalstab sträubte sich lange gegen den britischen Plan, aber bei der Washingtoner Konferenz im Juni 1942 scheint Churchill den amerikanischen Präsidenten überzeugt zu haben.[102]

In der Nacht zum 8. November 1942 näherte sich eine Armada von 350 Kriegsschiffen und etwa 500 Transportschiffen teils quer

102 FRUS (Foreign Relations of the United States, Diplomatic Papers), hrsg. vom United States Department of State, Washington 1956ff.: The Conferences at Washington, 1941–1942, and Casablanca, 1943, S. 421.

über den Atlantik, teils von den britischen Inseln aus drei Punkten an der afrikanischen Küste: Casablanca in Marokko, Oran und Algier in Algerien. Diese Hafenstädte gehörten zum Staatsgebiet oder zum Kolonialreich von Vichy und wurden von Vichy-Soldaten bewacht, kontrolliert, im Prinzip auch verteidigt. Der ehemalige amerikanische Generalkonsul in Algier, jetzt quasi Privatperson als Sondergesandter des US-Präsidenten und Berater der US-Botschaft in Vichy, Robert Murphy, hatte den delikaten Auftrag, vor der »Operation Torch« (Fackel) herauszufinden, ob die Vichy-Soldaten wohl eine amerikanische Landung abwehren oder willkommen heißen würden. Eine eindeutige und zufriedenstellende Antwort konnte er nicht nach Washington liefern.[103] Er selbst kannte das streng geheim gehaltene Datum, Sonntag, den 8. November, durfte es aber seinen nordafrikanischen Kontaktpersonen unter keinen Umständen nennen. Am 29. Oktober gab er das Datum schließlich heimlich doch an den Monarchisten Henri d'Astier weiter und am 30. Oktober erfuhr es José Aboulker. Damit wurde es zum »secrèt de Polichinelle« (Geheimnis eines Kaspers): Jeder konnte es wissen, der Vichy-General Boissau wusste es, wollte es aber nicht glauben.[104]

Die 107.000 Soldaten aus den USA und Großbritannien, die sich am Morgen des 8. November der afrikanischen Küste näherten, wussten also nicht, ob sie freudig empfangen oder beschossen werden. So verzichteten die alliierten Streitkräfte unter dem Kommando von General Dwight D. Eisenhower auf ein einleitendes Bombardement der französischen Marine und der Hafenbefestigungen, sondern näherten sich mit Lautsprechern: »Wir sind Freunde«, hörten die Franzosen, als sie aufwachten. Sie schossen trotzdem. Die Vichy-Marine wehrte sich hartnäckig, die Armee zögernd oder halbherzig, auch weil sie kaum über Munition verfügte. Am 10. Novem-

103 FRUS, 1942, Bd. II: Europe, S. 409f.

104 Alfred Salinas: Les Américains en Algérie 1942–1945. L'Harmattan: Paris 2013, S. 24f.

ber waren die Kämpfe beendet. Der Sieg gehörte den Amerikanern und den sie begleitenden Briten.

In Algier aber hatten sich 400 bis 500 Kämpfer der Résistance auf die Invasion vorbereitet. Unter ihren Anführern (»Les Cinq«) der französische Jesuit Leutnant Louis Cordier, Monarchisten mit Henri d'Astier an der Spitze, einem Bruder von Emmanuel d'Astier, sammelten sich vor allem algerische Juden: Raphaël Aboulker und Roger Carcassonne etwa. Sie hatten zusammen mit dem Amerikaner Robert Murphy geplant, unmittelbar vor der Ankunft der Alliierten Schlüsselpositionen in Algier zu besetzen, um die etwa 5.000 Vichy-treuen Soldaten in der Stadt zu neutralisieren: nicht weniger als ein Putsch also! Sie treffen sich um Mitternacht, ziehen zur Villa des Oliviers, dem Sitz des obersten (Vichy-)Militärkommandanten, zur Präfektur, zur Hauptpost, zur Admiralität und an die Wohnorte der wichtigsten Generäle. Sie schließen diese Gebäude ein oder besetzen sie. Um 1.30 Uhr in der Nacht sind all diese Ziele erreicht. Der General Alphonse Juin, Kommandant der gesamten Vichy-Armee in Nordafrika, wird von Gymnasiasten festgenommen. Die Putschisten halten die strategischen Punkte bis nach 16 Uhr. Die Amerikaner können in diesen fünfzehn Stunden fast ohne französische Abwehr an Land gehen und die Stadt einkreisen, bei nur geringen Verlusten, nachdem mehrere Faktoren ihre Landung um einen halben Tag verzögert hatten. Um 18 Uhr übergeben die Vichy-Generäle Algier an die Alliierten.

Missverständnisse und Verrat kennzeichnen die Eroberung der Stadt genauso wie ihre Verteidigung. Auf der französischen (Vichy-)Seite herrschten Überraschung und Unfähigkeit, auf amerikanischer Seite fehlten Ortskenntnisse und Kriegserfahrung.

de Gaulle hatte niemand informiert, weil Roosevelt dies verboten hatte. Der General in seinem Londoner Exil meldete sich aber über Radio BBC am Abend des 8. November und rief seine Landsleute auf, sich auf die Seite der Alliierten zu stellen.

Die Verwirrung hielt an. Die Amerikaner hatten nur militärisch geplant, ohne an eine Zivilverwaltung zu denken. Sie wollten aber Kommunisten genauso wie Gaullisten bei der Besetzung wichtiger Posten unbedingt vermeiden. Es gab nicht viel mehr als die Richtlinie aus Washington, mit den lokalen Kräften zu kooperieren, ohne irgendetwas für die Zukunft zu versprechen. So machten sie Admiral Darlan, der nur durch Zufall (wegen seines kranken Sohnes) anwesend war, zum Verwaltungschef Algeriens – natürlich unter ihrer Aufsicht. Ein unüberlegter Schachzug, der viel Empörung auslöste. François Darlan, der Oberkommandierende der französischen (Vichy-)Streitkräfte, war bis April 1942 Regierungschef in Vichy gewesen und noch immer designierter Nachfolger Pétains. Amerikanische und britische Journalisten hielten ihn für einen Kollaborateur mit den Nazis, wenn nicht gar selbst für einen Faschisten. Er war auf der Rückreise von Dakar nach Vichy und beabsichtigte, seinen kranken Sohn im Krankenhaus von Algier zu besuchen, als die Amerikaner kamen. Der Mann, den sie eigentlich für diese Rolle vorgesehen hatten, General Giraud, kam erst mit zwei Tagen Verspätung in Algier an. Die Vichy-Truppen weigerten sich, Girauds Anordnungen zu folgen. So blieb Admiral Darlan, der sich auch das Einverständnis Pétains sicherte, Verwaltungschef in Algerien. »Vous avez toute ma confiance« (Sie haben mein volles Vertrauen), schrieb der greise Marschall an Darlan.[105]

Der 63-jährige Fünfsterne-General Henri Giraud war bis dahin weniger durch militärische Erfolge aufgefallen, hatte aber durch seine abenteuerliche Flucht aus der Kriegsgefangenschaft von sich Reden gemacht. (Spezialisten der Armee unter dem Hauptmann Jacques Linarès hatten seinen Ausbruch am 17. April 1942 aus der Festung Königstein über der Elbe in der Sächsischen Schweiz organisiert.) Politisch war er ohne Erfahrung und ohne Ehrgeiz, hielt

105 Jean-Pierre Azéma: Jean Moulin, S. 255.

auch nichts von Politik, stand aber weit rechts. Washington fand Gefallen an ihm, obwohl er zum Pétain-Lager gehörte und sogar mit dem deutschen Botschafter Abetz zusammengetroffen war. Wichtig war für Washington: Giraud war weder Gaullist noch Kommunist und hatte auch keinerlei politischen Ehrgeiz.

Neben Vichy-Frankreich hatte de Gaulle das »Freie Frankreich« gestellt (»La France Combattante«) und nun entstand ein drittes Frankreich: nämlich ein amerikanischer Satellitenstaat mit Vichy-Prägung in Nordafrika. Darlan bildete in den nächsten Tagen eine Regierung, in der Giraud die Verantwortung für das Militär übernahm. Verschiedene politische Richtungen, auch Monarchisten, trafen sich in diesem Hochkommissariat, auch der jüdische Geschichtsprofessor Louis Joxe, den man als Anhänger de Gaulles bezeichnen konnte. Darlan erklärte die Vichy-Gesetze für weiterhin gültig, einschließlich der antisemitischen. Er ließ die Anführer des Putsches vom 8. November verurteilen und Dutzende in Lager weitab in der Wüste bringen, auch Gaullisten.

General Eisenhower, als der US-Feldherr in Europa und Nordafrika, kam am 13. November nach Algier, billigte die Berufung Darlans und des Militärchefs Giraud. Er veröffentlichte eine Presseerklärung, die diese Entscheidungen rechtfertigen sollte: »Französische Führer aller Richtungen«, hieß es dort, »haben sich in dem feierlichen Pakt von Algier auf eine provisorische Regierung geeinigt und Admiral Darlan gebeten, die Führung der zivilen Verwaltung zu übernehmen. Er (Eisenhower) habe zugestimmt, und da die Alliierten mit einer selbst gebildeten französischen Regierung zusammenarbeiten wollten, habe er als Oberkommandierender von einer Einmischung in die örtlichen Vereinbarungen zwischen den Franzosen abgesehen.«[106] Eine groteske Verdrehung der wirklichen Abläufe,

106 Elmar Krautkrämer: Admiral Darlan, de Gaulle und das royalistische Komplott in Algier 1942. In: Vierteljahreshefte für Zeitgeschichte, 1984, Heft 4, S. 546.

die kein Politbüro, kein Propagandaministerium hätte übertreffen können. Der kranke Sohn von Darlan wurde zur Behandlung in die Vereinigten Staaten geflogen.

Die Untergrundpresse der Résistance verurteilte, was sie die »Usurpation der Macht« durch Darlan nannte, und verlangte fast einmütig, dass de Gaulle an diese Stelle gehöre, »weil das französische Volk so entschieden hat«, so die Zeitschrift *Combat* in ihrer Dezember-Ausgabe. Die Presse Großbritanniens und der Vereinigten Staaten stimmte mit ihrer Kritik an der Entscheidung Roosevelts für Darlan und Giraud überein. Sowohl Churchill als auch Roosevelt mussten sich für diese – der demokratischen Öffentlichkeit nicht zu vermittelnde – Politik rechtfertigen. Sogar Stalin wunderte sich. Churchill wollte nachgeben und wandte sich schließlich an Roosevelt: »Wir sollten nicht den Eindruck erwecken, dass wir bereit sind, *to make terms with local Quislings.*«[107] General Eisenhower begründete seine Entscheidung, die er nicht allein getroffen hatte, mit militärischer Notwendigkeit. Churchill musste sich fügen, de Gaulle musste sich fügen.

Am 17. November enthob Pétain Darlan jedes öffentlichen Amtes und warf ihm Unehrlichkeit vor, weil er zunächst die Notwendigkeit eines Waffenstillstandes in Nordafrika damit begründet habe, den Hauptrebellen Giraud daran zu hindern, den Oberbefehl über die Armee zu übernehmen, ihn dann aber selbst dazu ernannt habe. Am nächsten Tag rief der Marschall im Radio die Armee in Nordafrika zum Ungehorsam gegenüber den im Dienst einer fremden Macht stehenden Generälen auf. »Sie haben nur ein Vaterland, das ich (Pétain) verkörpere, Frankreich.«[108] Darlan vermutete nunmehr öffentlich, Pétain könne in Gefangenschaft der Deutschen nicht mehr frei entscheiden. Darlan selbst – abhängig von den Amerikanern –

107 Elmar Krautkrämer, S. 548.
108 Elmar Krautkrämer, S. 544.

und Pétain – abhängig von den Deutschen – versuchten, sich gegenseitig die Legitimation abzusprechen, für Frankreich zu handeln. Am 27. November entzog Regierungschef Laval per Dekret Admiral Darlan die französische Staatsbürgerschaft. Darlan richtete ein Beratergremium als Quasi-Parlament ein, den »Conseil Imperial« (etwa: Reichsrat), damit Kontinuität in Bezug auf den Vichy-Staat bewahrt und die Souveränität seiner Amtsführung unterstrichen werden sollte.

Sofort nach der Landung der Amerikaner und Briten in Marokko und Algerien besetzten die Deutschen am 10. und 11. November den bis dahin unbesetzten Süden Frankreichs. Den Osten dieses Gebietes von der Rhone bis an den Alpenkamm sicherten sich die Italiener. Offenen Widerstand leistete nur in Montpellier die Armeeeinheit des Generals Jean de Lattre de Tassigny, den die Deutschen anschließend in Haft nahmen. Er wurde zu zehn Jahren Gefängnis verurteilt, konnte aber im Herbst 1943 entfliehen. Die Regierung der Kollaborateure in Vichy durfte weiterregieren, sie protestierte nur schwach gegen die Verletzung des Waffenstillstandsvertrags von 1940 durch die Deutschen. Allerdings verlangten die Nazis, dass Vichy die diplomatischen Beziehungen zu den USA abbricht, was am 8. November geschah. Washington hätte diese Beziehungen lieber weitergeführt. Im Unterschied zu der besetzten Zone im Norden (zone occupée) nannte man die Südzone jetzt »Zone d'Opérations«, um die Fiktion eines unabhängigen Staates zu erhalten.

Für de Gaulle war die »Operation Torch« eher eine Blamage. Er wäre am liebsten an der Spitze einer Armee der Freien Franzosen den Amerikanern und Briten bei der Landung vorausgeeilt. Das aber hatte Roosevelt hartnäckig verhindert. Der US-Präsident wollte zuerst den Sieg über die Nazis erringen und danach über die Zukunft Europas entscheiden. de Gaulle wünschte aber, Frankreich solle keinesfalls Objekt am Tisch der Siegermächte sein, sondern selbst als Siegermacht gleichberechtigt mit am Tisch sitzen. Er lebte in der

Gewissheit, dass es nur so und nicht anders sein könne. Männer wie Darlan oder Giraud passten deshalb überhaupt nicht in das Konzept des Generals. Nun war er nicht einmal von der Landung vorab informiert worden, sein Konzept schien gescheitert. Dennoch rief er am Abend des 8. November seine Landsleute in Nordafrika auf: »Steht auf! Helft unseren Alliierten! Der Moment ist da!«

Churchill versicherte ihm, es seien die Amerikaner gewesen, die seine Teilnahme nicht akzeptieren wollten. Für ihn (Churchill), mit Tremolo in der Stimme, bleibe de Gaulle jedoch der einzige französische Ansprechpartner. »Vous avez été avec nous dans les pires moments de la guerre. Nous ne vous abonderons pas dès lors que l'horizon s'éclaircit.«[109] (Sie waren in den schlimmsten Momenten des Krieges auf unserer Seite. Wir werden Sie nicht aufgeben, sobald sich der Horizont aufklärt.) de Gaulle war realistisch genug, ihm nicht zu glauben. Er schluckte zunächst noch seinen Zorn herunter, auch über die Ernennung Darlans zum Quasi-Regierungschef. Churchill lud den General am 16. November zu einem Déjeuner in Downing Street 10 mit Lady Churchill, Sohn Randoph und Schwiegertochter ein. Voraus ging ein kurzes Treffen de Gaulles mit dem Premier und Außenminister Eden. Jetzt ließ de Gaulle seinem Sarkasmus freien Lauf: »Vous gagnerez peut-être la guerre sur le plan militaire«, so beschimpfte er Churchill, »mais vous la perdrez moralement et il n'y aura qu'un seul vainqueur: Staline.«[110] (Sie werden den Krieg vielleicht militärisch gewinnen; aber moralisch verlieren Sie ihn und es wird nur einen Sieger geben: Stalin.) Die Szene kennzeichnet das Verhältnis der beiden Strategen, deren Ego so groß war, dass sie gemeinsam nicht in einen Raum passten, wie schon gesagt wurde. Zugleich aber war es ein Glück für de Gaulle, dass der Feldherr Churchill, begabt mit einem außerordentlichen Sinn für

109 Jean-Pierre Azéma: Jean Moulin, S. 257.

110 Charles de Gaulle: Mémoires de guerre. Bd. II: L'Unité 1942–1944. Librairie Plon, 1956, S. 54.

Geschichte, ihn wenigstens zeitweise verstand, was sonst kein Politiker der Alliierten tat. Der Premierminister meldete jedoch die Vorwürfe sogleich nach Washington. Die Antwort Roosevelts lautete: Alle drei Primadonnen (de Gaulle, Giraud und Darlan) müssten lernen, dass jede Entscheidung von ihnen, einzeln oder gemeinsam zu dritt, von der Zustimmung General Eisenhowers abhänge.

Die schärfste Konfrontation hatte sich bereits zwischen dem Freien Frankreich und dem US-Präsidenten entwickelt. de Gaulle hatte Ende Oktober einen Sondergesandten, André Philip, nach Washington geschickt. Er sollte dort einen Brief übergeben, der um mehr Verständnis für die Bewegung und die Ziele der Gaullisten warb. Er übergab den Brief im State Department an den Unterstaatssekretär Sumner Welles. Einige Tage später wurde er von Secretary (Außenminister) Cordell Hull empfangen. Zusammen mit dem ständigen Delegierten der Freien Franzosen, Tixier, trug er die Sicht de Gaulles auf die Lage und die Zukunft Frankreichs vor.

Als die Invasion in Nordafrika gelungen war, am 20. November, empfing auch Präsident Roosevelt die beiden Franzosen. Er erklärte ihnen, er könne de Gaulle nicht anerkennen. »Seine Politik sei«, schrieb Sumner Welles in das Protokoll des Gesprächs, »dass bis zur Befreiung ganz Frankreichs als einzige Lösung bleibt, dass seine Regierung bestimmt, welcher Franzose das befreite Gebiet verwaltet.« Philip und Tixier widersprachen heftig. Der Plan des Freien Frankreich sei, nach der Befreiung eine provisorische Regierung zu bilden, die die Verwaltung – abgesehen von den militärischen Angelegenheiten der Besatzungsmacht – autonom führt, in Nordafrika oder im europäischen Frankreich.[111] Beide Seiten gerieten in Erregung. Das Protokoll von Sumner Welles, das mit den Dokumenten des State Department über die Bibliothek der Universität Wisconsin öffentlich zugänglich ist, wurde an dieser Stelle erkennbar gekürzt.

111 FRUS, 1942, Bd. II: Europe, S. 445f.

Der französische Historiker Jean-Louis Crémieux-Brilhac hat den vollständigen Text eingesehen und zitiert weiter:

> Roosevelt: »J'ai bien fait de prendre Darlan, j'ai ainsi sauvé des vies américaines.« (Ich hatte Recht, Darlan zu nehmen. So habe ich amerikanische Leben geschützt.)
> Philip: »Je ne suis pas d'accord. L'effet de la nomination de Darlan a été déplorable sur la Résistance française.« (Ich bin nicht einverstanden. Die Wirkung der Ernennung Darlans war bedauerlich für die französische Résistance.)
> Roosevelt: »Ça m'est égal, l' important pour moi est d'arriver à Berlin, le reste m'est indifferent. Darlan me donne Alger, vive Darlan! Si Laval me donne Paris, vive Laval!« (Das ist mir egal, wichtig ist für mich, nach Berlin zu kommen, der Rest interessiert mich nicht. Darlan gibt mir Algier, es lebe Darlan! Wenn Laval mir Paris gibt, lebe Laval!)
> [...]
> Roosevelt: »Quand nous entrerons en France, nous userons du droit de l'occupant.« (Wenn wir in Frankreich landen, werden wir Besatzungsrecht anwenden.)
> [...]
> Philip: »Si les Américains viennent pour occuper le pays, leur occupation ne sera pas davantage tolerée que l'occupation allemande.« (Wenn die Amerikaner kommen, um das Land zu besetzten, dann wird ihre Besatzung nicht mehr toleriert als die deutsche.)
> Roosevelt: »Je parlerai au peuple français à la radio et il fera ce que je voudrais.« (Ich werde über das Radio zum französischen Volk sprechen und es wird tun, was ich will.)[112]

112 FRUS, 1942, Bd. II: Europe, S. 546f.

Selten hat Roosevelt einem Ausländer einen solchen Einblick in seine Karten gewährt. Das Gespräch ist offenbar aus dem Ruder gelaufen, aus dem diplomatischen Comment. Vierzehn Monate vorher, am 14. August 1941, hatte der US-Präsident zusammen mit dem britischen Premier die Atlantik-Charta beschlossen, deren Kern das Selbstbestimmungsrecht der Völker ist. Nun verweigerte er den Franzosen dieses Recht bis auf ein Datum, das er selbst bestimmen wollte. Dass Admiral Darlan und General Giraud ebenso wie de Gaulle jede demokratische Legitimation fehlte, fiel dem Präsidenten wohl gar nicht auf. Dass Darlan und Giraud beide politisch rechts außen standen, der eine sogar mit den Nazis zu kooperieren bereit gewesen war, das störte Roosevelt nicht. Dadurch aber macht er seine Ablehnung des ihm unsympathischen Generals in London zum Willkürakt. de Gaulle, dem das alles berichtet wurde, erregte sich darüber so sehr, dass nicht nur Churchill und Eden, sondern auch seine französische Umgebung ihn (nicht zum ersten Mal) darauf hinweisen mussten, dass der Hauptgegner Nazi-Deutschland war, niemand sonst.

Wenn Jean Moulin so opportunistisch gewesen wäre, wie seine Gegner behauptet haben, dann wäre jetzt der Moment gewesen, sich nach den Amerikanern hin zu orientieren. Geld und Waffen hatten diese in größerem Umfang zur Verfügung als die Briten – und sie hatten auch Interesse. Aber Moulin war kein Opportunist, Verräter schon gar nicht. Er stand fest an der Seite de Gaulles, für den die Unterstützung durch die Résistance nach dem fast offenen Bruch mit Washington nur noch wichtiger wurde. Moulin erkannte, dass die amerikanische Entscheidung für Darlan die Position des Vichy-Regimes insgesamt stärken musste, also das Ansehen der Résistance schwächte. Er schrieb seine politische Analyse an seine Vorgesetzten in London: »Si nous voulons replonger la France dans la guerre, il est indispensable de conserver à la guerre son caractère libérateur: comment lutter contre l'enrolement de la jeunesse française dans la croisade allemande, qui se prépare si nous ne pouvons lui promettre, au bout de ses paines, autre chose qu'une mouture française du régime hitlerien?« (Wenn wir Frankreich wieder in den Krieg führen wollen, ist es unerlässlich, den Befreiungscharakter des Krieges zu erhalten. Wie wollen wir gegen die Vereinnahmung der französischen Jugend in den deutschen Kreuzzug kämpfen, wenn wir ihr nichts anderes versprechen können, am Ende aller Mühen, als eine französische Version des Hitler-Regimes?)[113] Diese Sätze gefielen de Gaulle, von niemandem fühlte er sich so gut verstanden wie von seinem Delegierten, dem früheren Präfekten, der die Werte der Französischen Revolution hochhielt.

Jean Moulin begriff die politische Not der französischen Führung in London nur zu gut, denn auch ihm drohten seine Verbündeten davonzulaufen. So schrieb er am 18. November sehr weitsichtig und zugleich diplomatisch einen Brief, der am 19. in London ankam und den Regierungen Großbritanniens und der Vereinigten Staaten vorgelegt werden sollte. Zum ersten Mal trug das Schreiben zusätzlich zu den Unterschriften der drei Gruppenchefs von Combat, Francs-Tireurs und Libération aus der Südzone, die immer noch die unbesetzte genannt wurde, auch die Signaturen von drei Gewerkschaftsvorsitzenden und vier Parteivorsitzenden, praktisch aller außer der Kommunisten und der Pétainisten. Das war eine deutliche Kursänderung. Sie beglückwünschten die Regierungen in London und Washington und schlossen den General Henri Giraud und alle Franzosen mit ein, die sich dem General de Gaulle angeschlossen hatten, dem »unbestreitbaren Chef der Résistance, der mehr den je das ganze Land hinter sich versammelt habe«. Außerdem schrieb er: »Demandent instamment que destinée nouvelle Afrique du Nord libérée soit remise au plus tôt entre mains du Général de Gaulle.«[114]

113 Jean-Louis Crémieux-Brilhac: La France libre, De l'appel du 18 juin à la liberation. Gallimard: Paris 1996, S. 442.

114 François Berriot: Écrits et documents, Bd. II, S. 242.

(Wir verlangen nachdrücklich, dass das Schicksal des befreiten Nordafrika nun so schnell wie möglich ihm – de Gaulle – in die Hände gelegt werden muss.)

Mehrere Grenzen hat Moulin mit diesem verschlüsselten Brief überschritten. Zuerst die Grenze zwischen der Südzone und der Nordzone, denn die Parteien und Gewerkschaften waren im ganzen Land tätig. Dann die Grenze zwischen Résistance und Parteien, also Einrichtungen der Dritten Republik, die man bisher von der Neuordnung Frankreichs hatte ausschließen wollen. Der sorgfältig aufgesetzte Text war hinreichend diplomatisch, er verurteilte die Kollaborateure und Verräter in Vichy, schloss aber General Giraud in das Lob für die alliierten Befreier Nordafrikas mit ein und forderte, bei künftigen Militäraktionen de Gaulle zu beteiligen. Letzteres reichte dem britischen Geheimdienst, vermutlich auf Anweisung aus Washington,[115] um die Ausstrahlung der Erklärung in der BBC zu verbieten.

Der Brief vom 18. November 1942 kennzeichnet also einen Richtungswechsel, eine Neubestimmung des Kurses. Nicht Moulin allein hatte sie vorgenommen, sondern er selbst hatte am 16. November vom BCRA eine sehr ausführliche neue Anweisung für seine Arbeit bekommen, auf die er dann antwortete. Die Neubestimmung des Kurses mag durch die Ereignisse in Nordafrika beschleunigt worden sein, die Grundzüge der Neuorientierung standen aber schon vorher fest, wie in dem Anschreiben an Rex ausgeführt wurde. Die Gespräche, die Frenay und Emmanuel d'Astier in London mit der Führung des Freien Frankreich führten, hatten allen Verantwortlichen klargemacht, wie groß die Gefahr einer Zersplitterung der Widerstandsgruppen war. Die Kommunisten, zum großen Teil in der besetzten Zone, dachten und kämpften nach eigenem Gutdünken und auf Anordnungen aus Moskau, ohne mehr Kontakt mit Rex zu suchen. Der Vorstand der Sozialistischen Partei und der frühere

115 Ebd., S. 217.

Regierungschef Léon Blum standen in Riom zusammen mit anderen Politikern der ehemaligen Volksfront-Regierung vor Gericht. Blum richtete aber einen besorgten Brief an de Gaulle: Es sei ein großer Fehler, die Legitimität der Sozialistischen Partei zu bestreiten, aber im Falle der Kommunisten anders zu verfahren. Er stellte mit Bitterkeit fest, dass die Anstrengungen seiner Kameraden von den engsten Freunden de Gaulles kaum beachtet würden.[116] (Blum wurde wenige Monate später nach seiner Verurteilung von Laval an die Deutschen übergeben und im Konzentrationslager Buchenwald eingesperrt.) Zwei Rechtsanwälte aus den Reihen der Sozialisten im Untergrund, Gaston Deferre und André Boyer, hatten ebenfalls Kontakt mit dem BCRA aufgenommen, weil sie eine bewaffnete Widerstandsgruppe aufstellen wollten.

Deshalb wurde Rex am 16. November aus London angewiesen, der Sozialistischen Partei monatlich bis zu 200.000,– Francs zukommen zu lassen und sie gleichzeitig zu veranlassen, ihre bewaffneten Kampfgruppen über die Libération Sud in die Armée Secrète der Résistance einzugliedern, damit der Widerstand in Frankreich nicht auseinanderdriftete.[117] Auch die Soziale Partei (sic) Frankreichs sollte einbezogen werden ebenso wie die großen Gewerkschaften CGT und CFTC. Der nunmehr viel umfassendere Anspruch machte die Trennung zwischen ZO, der besetzten Zone, und der Südzone wenn nicht obsolet, so doch weniger wichtig. Alle Widerstandsgruppen im Untergrund hatten wachsenden Zulauf, weil der Druck der Besatzungsmacht, die mehr »freiwillige« Arbeitskräfte nach Deutschland holen wollte, zunahm. Vielen jungen Franzosen erschien die Résistance als die bessere Alternative – »prendre le maquis«, wie man sagte –, statt in Deutschland für die Nazis zu arbeiten, etwa in der Rüstungsindustrie.

116 Charles de Gaulle: L'Unité, S. 67.

117 Jean-Pierre Azéma: Jean Moulin, S. 290.

Auch für das Vichy-Regime hatte die Befreiung Nordafrikas weitere Folgen: Pétain und Laval verloren an Legitimität und Zustimmung. Viele Franzosen hatten sich seit dem Juni 1940 in einer Wartehaltung eingerichtet, einige wollten glauben, der Marschall treibe doppeltes Spiel mit den Deutschen und werde im geeigneten Moment nach Algerien ausweichen und die Achsenmächte von dort aus bekämpfen. Doch wer die Freiheit Frankreichs herbeiwünschte, brauchte nicht mehr auf Pétain zu warten. Innerhalb der Behörden – auch im Sicherheitsapparat – bildeten sich Gruppen und Strukturen von Enttäuschten (les »vichysto-résistants«), die jetzt heimlich den Untergang von Pétain wünschten, ohne allerdings die Nähe von de Gaulle zu suchen. Sie waren neben der Résistance des »Freien Frankreich« und der Geheimen KP eine dritte, aber wenig stukturierte Formation gegen den Vichy-Staat. Die politische Landschaft in Frankreich – von London bis Algier – sortierte sich neu.

Agent Nr. 110

Die Regierung in Washington hatte seit Juni 1941 einen neuen Geheimdienst gegründet, das Office of Strategic Services (OSS), dessen zweiter Chef Allen Dulles war, Bruder des späteren Außenministers John Forster Dulles und später selbst CIA-Chef. Der 49 jährige Allen Dulles hatte den Auftrag, von Bern in der Schweiz aus ein Agentennetz aufzubauen, das in den besetzten Ländern Westeuropas für den Sieg über die Naziherrschaft kämpfen sollte. Er besteigt – als Agent 110 – am 2. November 1942 in New York ein Flugboot nach Lissabon, überfliegt von dort die iberische Halbinsel bis Barcelona und reist dann mit der Eisenbahn weiter in Richtung Genf. Bei seiner Ankunft in Frankreich erfährt er, dass die USA und Großbritannien soeben mit großem Militäraufwand in Nordafrika gelandet sind. Er kann das streng geheim gehaltene Datum im Vorfeld nicht gewusst haben, sonst hätte er anders geplant. Mit seinem amerikanischen Diplomatenpass steht ihm fast die ganze Welt offen, es sei denn er trifft auf Hitlers Gestapo- oder SD-Offiziere. Die Reise durch Vichy-Frankreich ist also nicht ohne Risiko, aber er setzt sie fort. (Man kann die Schweiz anders nicht mehr erreichen.) In seinem Handgepäck hat er ein umfassendes Code-Wörterbuch der amerikanischen Geheimdienste und ein Kuvert mit Reiseschecks über eine Million US-Dollar, für die Gestapo also ein Fang von höchstem Wert.

Der Zug hält am 9. November an der letzten Station vor der Schweizer Grenze in Annemasse. Es ist der Tag, an dem die Deutschen die Demarkationslinie überschreiten, um den Süden Frankreichs zu besetzen. Ihre erste Anordnung: Die Grenze zur Schweiz wird gesperrt. Allen Dulles muss wie alle Passagiere aus dem Zug aussteigen und auf dem Bahnsteig seine Papiere vorweisen, auch einem deutschen Offizier, der sich sorgfältig die Angaben seines Passes notiert. Dulles fragt sich im Stillen, ob die französische Résistance ihn wohl retten könnte, wenn er hier nicht durchkommt. Nur mit viel Glück und der Hilfe französischer Grenzoffiziere gelangt er nach Genf.[118] In der US-Botschaft in Bern richtet er sich anschließend wie vorgesehen ein und wird bald zur Adresse für alle Widerstandsbewegungen Europas, auch für Teile der Résistance.

Dulles hatte noch in Washington und New York von Noël Field, dem Ehepaar Dexter und anderen Mitarbeitern der amerikanischen Fluchthilfeorganisation USC (Unitarian Service Committee) Informationen über die Lage in Frankreich erhalten. Nach dem deutschen Einmarsch im Süden mussten Noël Field und seine deutsche Frau Herta, geb. Vieser, selbst nach Genf fliehen. Deshalb brauchte der OSS-Chef neue Kontakte in Frankreich. Der Franzose Pierre de

118 François Berriot: Écrits et documents, Bd. II, S. 221f.

Bénouville meldete sich bei Dulles in Bern und bot an, Kontakt zu dem Chef der Résistance-Gruppe Combat herzustellen. Dulles war sofort einverstanden. Er meldete am 6. März seinem Chef Donovan in Washington, Gruppen der Résistance in Frankreich seien bei ihm in Genf erschienen, hätten sich vorgestellt als »Delegierte der Forces Françaises Combattantes de la métropole« und Zusammenarbeit angeboten. Zugleich hätten sie behauptet, London habe dem »maquis« (dem Widerstand im Untergrund) die notwendige Unterstützung verweigert.

Der rechtsradikale de Bénouville handelte mindestens in engem Kontakt mit Frenay, der für diese Idee absolut aufgeschlossen war. So erreichte der Combat-Chef hinter dem Rücken von Moulin ein Abkommen mit dem OSS. Dulles versprach regelmäßige Zahlungen an Combat, Frenay versprach, dem OSS künftig alle Informationen zu schicken, die er für Moulin und de Gaulle gesammelt hatte; auch Informationen über die Résistance selbst wollte Frenay nach Bern liefern.[119]

Rex/Moulin hatte ihm bei einem Streit einen Teil seiner monatlichen Zahlungen gestrichen, um sie direkt der Militärformation der Résistance (armée secrète, AS) zukommen zu lassen, für die sie bestimmt waren. Das war ein Machtzuwachs für Rex, aber ein Verlust für Frenay, der diese Demütigung nicht hinnehmen wollte. Die Vereinbarung mit dem OSS sollte diesen Verlust ausgleichen. Frenay wusste selbstverständlich, dass die Amerikaner de Gaulle verhindern wollten. Das hinderte ihn nicht, amerikanische Dollars anzunehmen, als de Bénouville mit einem Koffer voller Geld aus Bern nach Lyon zurückkam.[120] Der Konflikt ging als die »affaire suisse« in die Geschichte der Résistance ein.

119 Dierk Ludwig Schaaf: Fluchtpunkt Lissabon. Wie Helfer in Vichy-Frankreich Tausende vor Hitler retteten. Bonn 2018, S. 382f.

120 Jean-Pierre Azéma: Jean Moulin, S. 452f.

Schon bevor die Deutschen den Süden besetzten, hatte sich 1940 ein Sonderkommando des SD, eine Gruppe von deutschen Technikern – gestützt auf eine Vereinbarung der Waffenstillstandskommission –, westlich von Lyon eingerichtet, im Casino Charbonnières. Sie hatten die Aufgabe, Funkverbindungen der Résistance aufzuspüren, zu belauschen und die Herkunft festzustellen. Sie waren gut ausgerüstet mit festen und beweglichen Peilstationen und machten den Funkern im Untergrund große Schwierigkeiten.

Lyon ist wegen seiner zentralen Lage Zentrum der Widerstandsgruppen geworden. Hier ist es möglich, die illegalen Zeitungen und Flugblätter zu drucken. Den Deutschen Sicherheitsdiensten in Paris entgeht das allerdings nicht. Auch Rex (Jean Moulin) findet hier unter falschem Namen Wohnung und Arbeitsmöglichkeiten und baut sein Kuriernetz auf.

Nach den Soldaten kommen im November 1942 deutsche Polizisten, Gestapo, SS und SD, insgesamt 280 Mann unter dem Kommando des SS-Majors Karl Bömelburg. Die Mannschaft besteht aus sechs Abteilungen. Abteilung IV (zur Judenverfolgung und Bekämpfung der Résistance) leitet der SS-Hauptmann Klaus Barbie, alias Barbier, alias Barby, alias Meyer. Er kommandiert etwa 40 Mann, davon einige Offiziere. Die deutschen Sicherheitskräfte beschlagnahmen zunächst das Hôtel Terminus neben dem Bahnhof Perrache, wo sie 60 Räume zur Verfügung haben, davon 20 für Verhöre. Weitere Verhörräume lässt Barbie in den Kellern des Hotels einrichten. Freund und Feind nehmen in Lyon ihre Stellung ein und belauern sich unter entgegengesetzten Bedingungen.

Am 27. November 1942 meldet Moulin nach London: Heute Morgen um acht Uhr haben deutsche Behörden alle (öffentlichen) Gebäude in Lyon besetzt: Büros und Kasernen wurden beschlagnahmt, französische Stabsabteilungen, Personal, Offiziere und Soldaten wurden nach Hause geschickt.[121] Nicht nur die Résistance, auch die Juden, vor allem die zahlreichen aus Polen stammenden jüdischen Flüchtlinge, müssen jetzt das Schlimmste befürchten. Nach den großen Razzien und Deportationen der Vichy-Polizei von 1942 nehmen nun die Gestapo-Leute die Judenverfolgung selbst in die Hand. Eine direkte Beziehung zwischen Résistance und Juden besteht nicht, aber eine Reihe Widerstandskämpfer sind Juden.

Barbie bekommt Aufträge von seinem Vorgesetzten in Paris, Karl Oberg, dem er auch zu berichten hat. Zusätzlich arbeiten Hunderte von Spionen und freiwillige Agenten in Zivil für die Deutschen. Ohne ihre französischen Helfer wären die Deutschen blind und taub geblieben. Sie nutzen ihre neuen Möglichkeiten in Lyon wie in der ganzen Südzone. Sie lassen Telefone abhören, die Polizei nimmt willkürlich Menschen fest, um sie zu verhören, Gebäude, Hotels und Wohnungen werden durchsucht, ganze Stadtquartiere durchkämmt. Denunzianten geben Tipps, mit oder ohne Folter, mit oder ohne Bezahlung. Hunger und Kälte in der Stadt erleichtern den Deutschen die Arbeit. Der Druck auf die Résistance wird wesentlich größer.[122]

Schon bald ziehen Barbie und seine Gestapo-Leute um in ein weit größeres, solides Gebäude am Ostufer der Rhone: die ehemalige École de Santé Militaire (Militärische Medizinhochschule). Auch hier entstehen Haftzellen und Folterkammern in den Kellern. Außerdem sichert sich Barbie noch ein privates Büro an dem großen, zentralen Platz von Lyon, der Place Bellecour.

Zwar wird im März 1943 der Ausweis abgeschafft, der zur Überquerung der Demarkationslinie zwischen den beiden Zonen notwendig war, dadurch wird das Reisen wesentlich erleichtert, aber die besseren Möglichkeiten, die die deutschen Sicherheitsbehörden jetzt haben, machen der Résistance den Vorteil wieder zunichte.

121 Patrick Marnham: The Death, S. 180f.
122 François Berriot: Écrits et documents. Bd. II, S. 236.

Casablanca

Am 24. Dezember 1942 wurde Admiral Darlan in Algier erschossen. Es war ein politisches Attentat. Der Attentäter, der erst 22-jährige Fernand Bonnier de la Chapelle, wartete am Eingang des Dienstsitzes von Darlan, dem Palais d'Été, und schoss zweimal. Der junge Mann hatte am Aufstand des 7. November teilgenommen, um das Vichy-Regime in Algier zu beenden. Er wurde verhaftet, gestand sofort und beteuerte, allein gehandelt zu haben. 40 Stunden später wurde er hingerichtet, nachdem Giraud ihm eine Begnadigung verweigert hatte. In einem zweiten, nicht veröffentlichten Geständnis soll er eingeräumt haben, zu einem Kreis von Monarchisten zu gehören. Viele offene Fragen blieben, die Eile zur Vollstreckung des Todesurteils lässt den Verdacht aufkommen, dass etwas verborgen werden sollte. Offenbar hatte jemand ein starkes Interesse daran, dass Fragen nicht gestellt und Spuren verwischt werden. Nach heutigen Erkenntnissen stand hinter dem Attentäter Bonnier ein Komplott von Monarchisten.

Henri d'Orléans, der sich als Graf von Paris anreden ließ, Frankreichs Thronprätendent, lebte mit seiner Frau Isabelle d'Orléans-Bragance in seinen Villen in Spanisch-Marokko. Der Aufenthalt in Frankreich war ihm seit Jahren per Gesetz verboten. Dennoch hielt er sich im November und Dezember heimlich in Algerien auf, das ja ein Teil Frankreichs war. Er suchte und fand Kontakt zu den Alliierten und hatte Freunde in den Résistance-Gruppen. Seine Anhänger wollten ihn zum Nachfolger Darlans machen, der – je nach Version – zurücktreten oder beseitigt werden sollte. Offenbar gab es eine gewisse Bereitschaft bei den Alliierten, auf den Grafen zu setzen. Aber Roosevelt verhinderte letztlich den Plan durch ein Machtwort. Die Restauration der Monarchie gehöre nicht zu den amerikanischen Kriegszielen, ordnete er an.[123]

123 Ebd., S. 168ff.

Historiker haben die Hintergründe des Komplotts untersucht, konnten aber niemandem nachweisen, einen Befehl zur Ermordung Darlans gegeben zu haben. Ein Verdacht blieb aber an Henri d'Orléans haften wie an seinem Freund Henri d'Astier de la Vigerie. Auch der britische Geheimdienst wurde verdächtigt, ebenso wie de Gaulle, der von dem Coup vielleicht profitiert hätte. Es ist wenig wahrscheinlich, dass de Gaulle einen solchen Befehl gegeben hat. Das passt nicht zu seiner sonstigen Handlungsweise und das Risiko, entdeckt zu werden, war groß. Der Skandal hätte alle seine weiteren Hoffnungen zerstört.

Die Amerikaner ersetzten Darlan durch General Giraud, so dass der ursprünglich geplante Zustand eintrat. Diesmal weigerte sich das Vichy-Militär nicht, seinen Befehlen zu folgen. Auch er führte die Vichy-Gesetze fort, einschließlich der antisemitischen. Den algerischen Juden versuchte die Verwaltung zu erklären, ihre durch Pétain entzogenen Rechte könnten nicht wiederhergestellt werden, weil sonst die Muslime die gleichen Rechte verlangen könnten. Unerfahren in allen politischen Angelegenheiten übernahm Giraud die Vichy-nahen Berater und Beamten von Darlan, während er eine Reihe von Gaullisten über Nacht ins Gefängnis befördern ließ. Die Kollaborateure blieben an der Macht in dem amerikanischen Protektorat Algerien. Das konnte das Ansehen de Gaulles und der Résistance auf dem Festland nur stärken, was Roosevelt nicht vorausgesehen hatte.

Der Tod von Darlan nahm hingegen einigen Druck von den alliierten Politikern. General Clark, der Stellvertreter Eisenhowers, nannte ihn einen »Akt der Vorsehung«. Churchill urteilte, der Mord befreie die Alliierten von der Bedrängnis, die seine (Darlans) Ernennung gebracht habe, lasse ihnen aber die Vorteile, die Giraud ihnen verschafft hatte.[124] Zur Befriedung in Algier konnte der Tod

124 FRUS: The Conferences at Washington 1941–1942, and Casablanca 1943, S. 514.

von Admiral Darlan allerdings nicht führen, auch nicht zum Ausgleich mit de Gaulle, der für Roosevelt weiterhin Persona non grata blieb. Einen für den 27. Dezember geplanten Besuch bei Roosevelt musste de Gaulle auf amerikanischen Wunsch kurzfristig auf ein späteres Datum verschieben, da ein Treffen so kurz nach Darlans Tod als unpassend empfunden wurde. Der Gaullist in London bot jedoch Giraud gleich nach dessen Ernennung am 26. Dezember ein Treffen an und danach noch dreimal, erhielt aber keine oder nur ausweichende Antworten.

Am 2. Januar erschien in Algier Harold Macmillan, ein Freund Churchills und Unterstaatssekretär im Kolonialministerium. Nach einer Vereinbarung des Premierministers mit dem Präsidenten sollte er zusammen mit dem Sonderbotschafter Washingtons, Robert Murphy, General Eisenhower von der Kontrolle der zivilen Verwaltung in Nordafrika entlasten. So sehr Murphy – weitgehend das State Department umgehend – den immer noch Vichy-freundlich gestimmten Kurs Roosevelts durchzusetzen versuchte, so sehr arbeitete Macmillan vorsichtig für die etwas andere Zielsetzung der Briten. Seine Aufgabe war es, London über die Entwicklung in Algerien zu unterrichten und vor allem den General Eisenhower zu beraten, der von der politischen Lage Frankreichs kaum eine Kenntnis hatte. Macmillan, im Range eines Botschafters, blieb Eisenhower unterstellt. Der militärische Oberkommandierende der Alliierten in Nordafrika wurde allerdings über die Ernennung Macmillans weder von London noch von Washington unterrichtet. Er erfuhr davon aus dem Radio und wunderte sich. So wurde die erste Begegnung des Botschafters mit dem Oberbefehlshaber nicht leicht für den Diplomaten, aber er war Diplomat genug, die Aufgabe zu lösen. Eisenhower glaubte, die meisten Franzosen seien Pétainisten und was er vor allem wollte, war Ruhe im Land und keine Störung der Kommunikationswege zwischen den algerischen Häfen und der Front in Tunesien.

Von Giraud, den er am nächsten Tag aufsuchte, war Macmillan wegen seiner blauen Augen, wegen seiner strammen Haltung als Kavallerieoffizier, wegen seiner feinen französischen Sprache durchaus beeindruckt, aber als Chef der zivilen und militärischen Verwaltung in ganz Nordafrika sei er »nicht in seinem Element«,[125] befand Macmillan.

Der Mord an Darlan platzte in die Vorbereitungen der Alliierten zur Konferenz von Casablanca. Das Treffen sollte nach dem ersten militärischen Erfolg in Nordafrika die nächsten Angriffsziele und die gesamte Strategie bis zum Sieg über Nazi-Deutschland festlegen. Auch Stalin war eingeladen, er mochte aber – wie immer – die Sowjetunion nicht verlassen und hatte mit der Schlacht von Stalingrad, die im Dezember und Januar andauerte, eine plausible Entschuldigung.

Obwohl es um Grundsätzliches ging, wollte Roosevelt sich von Außenminister Hull nicht in seine Afrika-Politik hineinreden lassen und nahm ihn nicht mit. Er drängte Churchill, auch den britischen Außenminister Eden in London zurückzulassen.[126] Die Generalstäbe beider Seiten kamen allerdings mit großem Aufwand nach Marokko.

Die Konferenz vom 14. bis zum 24. Januar beschloss das gemeinsame Ziel des »unconditional surrender«, das hieß, das Deutsche Reich sollte bedingungslos kapitulieren. Das bedeutete auf der anderen Seite, jeder der Alliierten verpflichtete sich, keinen separaten oder partiellen Friedensvertrag mit den Achsenmächten abzuschließen. Die Beziehungen zwischen Moskau und dem Westen waren nicht frei von Argwohn. Der Beschluss wurde Stalin mitgeteilt, verbunden mit der in Schmeicheleien verpackten Einladung, sich dem Pakt anzuschließen. Stalin akzeptierte.

125 Jean-Pierre Azéma: Jean Moulin, S. 264.

126 Harold Macmillan: The blast of War 1939–1940. Harper and Row: London 1967, S. 223.

Der Gipfel in der marokkanischen Küstenstadt verhandelte auch die Sache Frankreich, aber Roosevelt machte bei einem Vorbereitungstreffen mit dem Generalstab und Diplomaten am 7. Januar im Weißen Haus hinreichend deutlich, dass Frankreich nichts mehr mitzubestimmen habe, weil es eine französische Souveränität nicht gebe – weder im Mutterland noch in Nordafrika.[127] Nachdem General Eisenhower die Wahl von Giraud als Hochkommissar durch den »Conseil Impérial« akzeptiert hatte, erregte sich der Präsident bei dem genannten Treffen in Washington, »that there is no such thing as a French Imperial Council«. Und: »In North Africa we have military occupation.« Und als Robert Murphy dem General Giraud versprochen habe, Frankreich nach dem Krieg seinen Kolonialbesitz zurückzugeben, da habe er seine Kompetenzen überschritten. Einige dieser Gebiete würden sicher nicht an Frankreich zurückgegeben und er habe große Zweifel, ob man Indochina zurückgeben solle.[128]

Noch mehr erregte de Gaulle den Unwillen Roosevelts. Für Roosevelt konnte politische Legitimation nur aus der Wahlurne heraus entstehen. Wie ein Mann sich selbst als Verkörperung Frankreichs verstehen konnte, quasi »von Gottes Gnaden« mit dem politischem und kulturellen Auftrag Frankreichs auf den Schultern, das fand der US-Präsident absurd, wenn nicht lächerlich. de Gaulles Vision schien dem US-Präsidenten aus der Zeit gefallen, der Mann selbst anmaßend, eine »Diva«! Bei seiner Rückkehr aus Marokko beschrieb Roosevelt seiner Frau de Gaulle als einen Fanatiker mit faschistischer Tendenz.[129]

127 Roosevelt freute sich ehrlich auf die Konferenz wie ein Schüler auf die Ferien. Der körperlich behinderte Mann war seit vielen Jahren nicht geflogen und nahm den notwendigen, weiten Umweg über den Südatlantik gern in Kauf. Kurz vor der Abreise sah er sich abends im Weißen Haus den ganz neuen Film *Casablanca* an, der allerdings nicht in Casablanca gedreht worden war.

128 FRUS: The Conferences at Washington 1941–1942, and Casablanca 1943, S. 513.

129 Ebd.

Wenn man die demokratische Substanz in den Überzeugungen de Gaulles vermisst – da war Roosevelt nicht der einzige –, dann stellt sich die Frage, ob sich Demokratie in Wahlvorgängen und Meinungsumfragen erschöpft, ob sich etwa die Werte, für die Jeanne d'Arc gestorben ist, mit der Einführung der Demokratie erledigt haben. Roosevelt lebte in großem Respekt vor den Umfrageergebnissen des Gallup-Institutes, er war fast süchtig nach den neuesten Zahlen. Gerade Roosevelt, der die demokratischen Defizite in den Vereinigten Staaten kannte – sollte er nicht bei einem Blick auf Europa gewusst haben, wieviel Unheil Stimmungen, Leidenschaften, aufgeputschte Ängste auch in parlamentarisch-korrektem Rahmen anrichten können? Die Anstrengungen und Erfolge der Freien Franzosen in London, sich trotz deutscher Besatzung eine politische Basis in Frankreich zu bauen, wollte er einfach nicht zur Kenntnis nehmen. Alle Staaten sind nicht unabhängig, das war sein Credo. Alle hängen von allen ab, deshalb wollte er die Vereinten Nationen. Er selbst aber zeigte den Machtwillen zur Neuordnung der Welt, ohne eine Abhängigkeit zu akzeptieren. Roosevelt war der erste US-Präsident, der die Weltmacht auf seinen Schultern trug und lustvoll ausübte!

Ein zweites Motiv trieb den US-Präsidenten: Er wollte die De-Kolonialisierung der Welt. Frankreich, aber auch Großbritannien (und andere) sollten die Völker ihrer Kolonien in die Freiheit entlassen. Auf diesem Gebiet spürte er täglich den Widerstand Churchills. Und er verdächtigte den Briten zu Recht, de Gaulle zu unterstützen, weil er einen Verbündeten gegen Roosevelts Absichten behalten wollte.

de Gaulle erfuhr von der absolut geheim gehaltenen Casablanca-Konferenz, drei Tage nachdem sie begonnen hatte. Außenminister Eden bat ihn im Auftrag von Churchill, nach Marokko zu kommen, und zeigte ihm das Schreiben des Premiers, das den US-Präsidenten nicht erwähnte. Es schien zunächst nur um ein Arrangement mit

Giraud zu gehen. Der General fühlte sich ein weiteres Mal übergangen und fand es »une comédie inconvenante, voir dangereuse«[130] (eine unpassende, wenn nicht gefährliche Komödie), von einem Ausländer zu einer Konferenz auf französischem Boden eingeladen zu werden. (Dazu zählte er Casablanca.) Er sei gern bereit, den General Giraud auf französischem Boden zu treffen (etwa im Tschad), antwortete er, wolle sich dabei aber nicht von den Alliierten umgeben lassen. Er sei auch bereit, Roosevelt jederzeit in Amerika zu treffen. Dazu aber hatte er keine Einladung.

Eden gab sich alle Mühe eines exzellenten Diplomaten.[131] Zunächst ohne Erfolg. Der gaullistische General wollte nicht. Vor allem Churchill war darüber schockiert. Der Präsident und der Premier feixten in ihrer Urlauberresidenz. Daniel Cordier, der Sekretär und spätere Biograph von Moulin, urteilte: Roosevelt fühlte sich in Marokko wie ein Schuljunge in den Ferien.[132] Frei von den täglichen Pflichten des Weißen Hauses wollte er sich über alles amüsieren. Er schlug Churchill vor: Wir machen die beiden französischen Generäle zu einem Brautpaar, das wir zwangsweise verheiraten werden. »Giraud nennen wir den Bräutigam, ich werde ihn aus Algier kommen lassen. Was Sie (Churchill) betrifft, Sie werden die Braut de Gaulle aus London kommen lassen und wir werden sie zwangsverheiraten.«[133] »Die beiden müssen auf die eine oder die andere Weise verheiratet werden«, bestätigte Churchill. Der Premier fühlte sich vor dem Präsidenten beschämt und war einmal mehr wütend auf den Mann, der ihm alles verdankte, der aber in nichts nachgeben wollte. Voller Zorn richtete er ein weiteres Telegramm an de Gaulle: »Wenn Sie meine Politik behindern, bringe ich Sie um!«

130 Jean-Pierre Azéma: Jean Moulin, S. 371.

131 Charles de Gaulle: L' Unité, S. 92.

132 FRUS: The Conferences at Washington 1941–1942, and Casablanca 1943, S. 814.

133 Daniel Cordier: Jean Moulin, La République des Catacombes. Gallimard: Paris 1999, S. 535.

Der Gaullist weigerte sich weiterhin. Roosevelt begann, Churchill zu verspotten: Er sei ein schlechter Vater, unfähig, sich bei seinem »enfant terrible« Respekt zu verschaffen.[134]

Das ging so einige Tage hin und her, während Giraud seine Einladung sofort annahm. Tagsüber sortierten die Militärführungen in dem Hotel am Platz ihre strategischen Überlegungen und beschlossen neue Etappenziele. Der Präsident und der Premier sowie jeweils ein Stab von Beamten, Sicherheitsleuten, Köchen etc. waren mehr auf die Abende und die Nächte eingerichtet, so wie es den Gewohnheiten von Churchill entsprach. Der wegen seiner Kinderlähmung behinderte Roosevelt hatte als Assistenten zusätzlich seine beiden Söhne dabei, die ihn stützten oder trugen. In den orientalisch dekorierten Luxusvillen zwischen tropischen Gärten wurden reichlich Cocktails getrunken. Churchill bevorzugte Cognac. Barkeeper reichten kubanische Zigarren. Roosevelt genoss die Spielfilmkulisse, war bester Laune und behandelte die komplexen Probleme mit frivoler Leichtfertigkeit.[135]

In London berät sich der Chef der Freien Franzosen mit seinen Ratgebern und schließlich leuchtet dem Symbol der Résistance doch ein, dass er sich selbst und seiner Bewegung sehr schaden würde, wenn er diese Gelegenheit verpasst. Ohne seine Bitterkeit, seinen Argwohn zu überwinden, erscheint de Gaulle am 21. Januar in Casablanca, in dem Hotel- und Villenkomplex Anfa, einem Hügel außerhalb der Stadt, den die US-Armee vollständig beschlagnahmt hat und massiv sichert. In einem amerikanischen Auto mit verblendeten Fenstern muss er sich vom Flughafen nach Anfa chauffieren lassen, so dass niemand ihn erkennen kann. Überall sieht er amerikanische Wachen mit Maschinenpistolen. de Gaulle fühlt sich »wie ein Gefangener«, schreibt der politische Schriftsteller Max Gallo.[136]

134 Ebd.

135 Ebd., S. 534.

136 François Kersaudy: de Gaulle et Roosevelt, Le duel au sommet. Perrin: Paris 2006,

Offiziere des Secret Service führen ihn an Stacheldrahtverhauen vorbei zu dem für ihn bestimmten Haus »Mirador«, neben der Villa Churchills. Zuerst bittet ihn ausgerechnet der Chef der Zivil- und Militärverwaltung Französisch-Nordafrikas Giraud zum Frühstück. »Bonjour mon Général, ich sehe, die Amerikaner behandeln Sie gut!« Nicht ohne Sarkasmus begrüßt de Gaulle seinen Rivalen Giraud. Danach explodiert er: »Viermal habe ich Sie um ein Treffen gebeten und jetzt empfangen Sie mich in diesem Stacheldrahtverhau zwischen Ausländern? Verstehen Sie nicht, dass das aus nationaler Sicht eine Schande ist?« Bevor er sich an den Tisch setzt, verlangt der Gaullist, dass die amerikanischen Secret Service Men, die das Haus Girauds bewachen, durch französische Soldaten ersetzt werden – und bleibt mehr als eine Stunde wartend stehen.[137]

Beim Lunch versucht Giraud, dem Gespräch eine persönlichere Note zu geben, und lässt sich nicht lange bitten zu erzählen (was jedes Kind in Frankreich weiß), wie er es geschafft hat, mit Hilfe eines französischen Geheimkommandos aus der deutschen Kriegsgefangenschaft in der Festung Königstein zu entkommen. de Gaulle fragt zurück, wie er denn in die Gefangenschaft geraten konnte.[138] Schließlich reden die beiden Generäle über ihre eventuelle Zusammenarbeit in Nordafrika und in der Zukunft. Giraud, der vor dem Krieg de Gaulles Vorgesetzter gewesen war, will weiterhin Chef von Politik und Militär bleiben und de Gaulle als seinen Stellvertreter akzeptieren, so wie Roosevelt es ihm am Vortag vorgeschlagen hatte. de Gaulle sieht das genau umgekehrt. So wird man sich nicht einig. Giraud hat im Gespräch mit dem Präsidenten nicht bemerkt, wie enttäuscht Roosevelt von ihm war, von dem Mann, den Murphy ihm empfohlen hatte. »Er ist eine Null!«, stöhnte Roosevelt, als Giraud

S. 208–217.

137 Max Gallo: de Gaulle, La solitude du combatant. Robert Laffont: Paris 1998, S. 297.

138 François Kersaudy: de Gaulle, S. 229.

kaum aus der Tür war, so berichtet Roosevelts Sohn Elliott.[139] Nach ihrem Frühstück bei Giraud trennen sich die beiden Generäle für den Moment kühl.

Als nächstes steht am Nachmittag ein Treffen mit Churchill auf dem Programm de Gaulles und es verläuft noch eisiger. »Ich wäre nicht gekommen«, erklärt der Gaullist, »wenn ich gewusst hätte, dass man mich auf französischem Boden mit amerikanischen Bajonetten umzingeln würde. Das ist ein besetztes Gebiet hier!«, ruft er seine Verbitterung heraus. Und Churchill, nicht weniger streitlustig, antwortet in seinem nicht sehr eleganten Französisch: »Wenn Sie weiter ein Hindernis sein wollen, werde ich nicht zögern, Sie zu liquidieren.« (»Si vous m'obstaclerez, je vous liquiderai.«)[140] Solche krachenden Auftritte zwischen den beiden misstrauischen Alphatieren sollte man nicht überbewerten. Sie kommen öfter vor. Dann schlägt der Premier eine Zusammenarbeit der französischen Generäle als gleichberechtigte Partner vor. Allerdings solle die Vichy-freundliche Entourage Girauds (unter ihnen ein ehemaliger Innenminister Pétains) im Amt bleiben. Für einen amerikanischen Sergeanten klinge das Angebot gut, lautet die Antwort, aber er (Churchill) könne das nicht ernst meinen. Mit Ministern und Beamten Pétains zusammenzuarbeiten, das ist für de Gaulle und seine Résistance vollkommen inakzeptabel, und Churchill weiß das sicher gut. Außerdem streitet de Gaulle den beiden Alliierten jedes Recht ab, über französische Angelegenheiten zu entscheiden. So geht auch dieses Gespräch ohne Kompromiss zu Ende.[141]

Am Abend des 22. Januar folgt der entscheidende Kontakt mit Roosevelt, das erste Treffen der beiden überhaupt. Der Präsident – immer bemüht, eine gute Figur zu machen – sitzt weiß gekleidet auf seinem Sofa, bietet dem ernst dreinblickenden General ein

139 Ebd.

140 Ebd., S. 219.

141 Ebd., S. 231f.

freundliches Lächeln und den Platz an seiner Seite. Sein Sohn Elliott ist zunächst anwesend sowie mehrere US-Diplomaten. Freundlich erklärt der Präsident, die Skizze, die Churchill vorgeschlagen habe, sei die Lösung des französischen Problems, weil sie von ihm selbst (Roosevelt) stamme. Er versucht es mit Charme, meinte de Gaulle danach, nicht mit Argumenten und macht klar, dass diese Position nicht mehr geändert werden könne.[142]

Das Protokoll der Begegnung ist nur eingeschränkt brauchbar. Der amerikanische Protokollant John McCrea hat Mühe, de Gaulle zu verstehen, weil dieser angeblich sehr leise spricht. Es liegt aber wohl daran, dass der Protokollant praktisch außerhalb des Salons sitzt und nur durch die einen Spaltbreit geöffnete Tür wahrnehmen kann, was drinnen gesprochen wird. Der General sitzt steif neben seinem Gastgeber auf dem Sofa und erblickt auf einer Art Galerie sich gegenüber eine kaum durch einen Vorhang verhüllte, auf ihn gerichtete Maschinenpistole. Der Mann, der sich in London als Don Quichote aufgeführt hat, wird in Casablanca wie ein Terrorist behandelt.

Während Roosevelt locker, aber unelegant die französische Sprache nutzt, bemüht sich de Gaulle um einige Höflichkeiten in Englisch, die ihm aber in der Fremdsprache schwerfallen. Das Protokoll verzeichnet praktisch nur die Erklärungen Roosevelts über seine Absichten in Nordafrika und die weitere Kriegführung. »Die Alliierten, die zurzeit auf französischem Boden für die Freiheit Frankreichs kämpfen«, sagt er, »üben ein politisches Mandat im Auftrag des französischen Volkes aus [...]. Wenn der Krieg beendet sei, könne das siegreiche Frankreich seine Souveränität wieder selbst ausüben, im Mutterland wie in seinem Empire.«[143]

Einmal unternimmt de Gaulle den Versuch, den Präsidenten zu unterbrechen mit dem Hinweis auf die französische Souveränität.

142 Ebd.

143 Charles de Gaulle: L' Unité, S. 79–80.

Er besteht auf seinem Vorrecht gegenüber Giraud. Den Präsidenten scheint das gar nicht zu irritieren, er fährt fort und erklärt de Gaulle, warum er ihn nicht unterstützen könne. Frankreich habe ihn ja gar nicht gewählt. Worauf de Gaulle antwortet, auch die Jungfrau von Orléans habe in einer tragischen Phase der Geschichte ihre Legitimität aus ihrer eigenen Handlungsweise gewonnen, weil sie es verstanden habe, nicht zu verzweifeln.[144] Dieser Hinweis leuchtet Roosevelt nun gar nicht ein. Nach etwa zwanzig Minuten erhebt sich der General und verlässt die Villa des Präsidenten mit wenigen Worten. Roosevelt erzählt später seinem Sonderbotschafter Murphy, die Begegnung mit de Gaulle sei unbefriedigend gewesen, weil dieser zu viel Bedeutung auf die Politik Frankreichs gelegt und vergessen habe, dass ein militärischer Sieg die Voraussetzung für jede politische Ordnung in Frankreich sei.[145] de Gaulle dagegen schreibt in seinen Erinnerungen, Roosevelt habe eine »paix americaine« (einen amerikanischen Frieden) für die Nachkriegszeit angesteuert, der die befreiten Länder – wie Frankreich – sich fügen sollten.[146]

de Gaulle trifft dann noch einmal den General Giraud, dem aber noch niemand gesagt hat, dass der amerikanische Präsident ihn für eine Null hält. So ist er genauso wenig bereit, seine weitreichenden Pläne und Ansprüche zu korrigieren wie de Gaulle, der erneut seine Vorstellung von der Befreiung und der Souveränität Frankreichs ausbreitet – ohne Ergebnis. Politisch ein Reaktionär, aber naiv, fehlte dem Militärführer Giraud jeder Kompass für politisches Handeln. Er folgte lediglich geschmeidig den Vorgaben von Roosevelts

144 FRUS: The Conferences at Washington 1941–1942, and Casablanca 1943, S. 695f.

145 François Kersaudy: de Gaulle, S. 234. Anders als Roosevelt verstand de Gaulle die Taufe eines fränkischen Königs vor mehr als tausend Jahren als den Beginn der französischen Nation. Die religiöse Wurzel und historische Präsenz seiner Nation bedeuteten ihm in der Krise Legitimität genug. Der US-Präsident dagegen orientierte sich an Meinungsumfragen und Mehrheiten und hat deshalb lange gezögert, in den Krieg gegen die Nazis einzutreten.

146 FRUS: The Conferences at Washington 1941–1942, and Casablanca 1943, S. 694ff.

Sonderbeauftragtem Murphy. Das hat Roosevelt immerhin begriffen und zu seinem negativen Urteil geführt, wie Jean Pierre Azéma untersucht und dokumentiert hat.[147] Aus de Gaulles Sicht sind weitere Gespräche mit Giraud sinnlos. Er teilt Macmillan mit, er wolle abreisen.

In der Nacht vom 23. auf den 24. Januar bemühen sich amerikanische und britische Diplomaten, zeitweise zusammen mit Präsident und Premierminister, um ein Abschlusskommuniqué, das zumindestens den Anschein einer Einigung nicht nur zwischen den angelsächsischen Staatsmännern, sondern auch zwischen den französischen Generälen herstellen soll. Am nächsten Vormittag geht der Personennahverkehr zwischen den Villen von Anfa weiter. In der Villa Roosevelts versammeln sich der Präsident, der Premier und die beiden französischen Generäle. Das Kommuniqué wird auf den Tisch gelegt, aber de Gaulle weigert sich, das eigentlich belanglose Papier zu unterschreiben. Er will keine Einigkeit simulieren, wo man sich grundsätzlich uneinig ist. Alle sind wütend auf de Gaulle, der das mit selbstsicherer Miene erträgt. Der Präsident bedauert in schönen Worten, dass er keine Einigung der französischen Seiten erreichen konnte. Churchill wiederholt seine Schmähungen und Bedrohungen gegen de Gaulle und fuchtelt mit dem Finger vor dessen Nase herum.

»Akzeptieren Sie wenigstens«, fragt dann Roosevelt, »zusammen mit mir und dem Premierminister an Ihrer Seite mit dem General Giraud fotografiert zu werden?« »Gern«, ist die Antwort. »Und würden Sie so weit gehen, dem General Giraud die Hand zu schütteln in unserer Gegenwart und vor den Kameras?« »I shall do that for you«, antwortet de Gaulle diesmal in perfektem Englisch. Roosevelt, wie immer der Presse gegenüber sehr aufgeschlossen, hält ein solches Foto vielleicht für wichtiger als ein Kommuniqué. Er lässt sich hin-

147 Charles de Gaulle: L' Unité, S. 97.

austragen, die anderen drei gehen in den Garten, wo vier Lehnstühle aufgebaut sind. Um zwölf Uhr ist eine Pressekonferenz anberaumt. Journalisten, Kameraleute und Fotografen sammeln sich in mehreren Reihen den Politikern gegenüber. Der Beobachter Hopkins (US-Diplomat) konnte sich in seinen Memoiren nicht entscheiden, wer wohl mehr verdutzt war von dieser Szene: die Journalisten oder die Feldherren. (Die Presseleute erfahren erst jetzt, dass der US-Präsident und der britische Premierminister sich in Marokko aufhalten. Welche Sensation!) Roosevelt bittet die beiden Generäle, sich die Hand zu schütteln. Sie stehen auf und tun, was von ihnen verlangt wird, mehrfach![148]

Giraud war 1940 der militärische Vorgesetzte von de Gaulle gewesen und nutzt die Gelegenheit, seinen Konkurrenten zu demütigen, indem er ihm statt ordentlicher Anrede »Bonjour Gaulle!« entgegenruft. Das ist das Niveau von Halbstarken und wird von dem frankophilen Churchill grinsend registriert. Danach erläutert Roosevelt den Journalisten das Konzept des »unconditional surrender« (bedingungslose Kapitulation), das die Alliierten beschlossen haben und den Achsenmächten nunmehr abverlangen wollen.

Ein Konzept über die Zukunft Frankreichs können die beiden alliierten Staatsmänner nicht vorlegen. Aus heutiger Sicht erscheint der »Krieg der Generäle«, der sich jetzt entwickelte, vielleicht lächerlich. Aber es ging nicht nur um die Eitelkeit und Konkurrenz zweier Männer, sondern um sehr unterschiedliche Optionen für die Zukunft der Franzosen.[149]

Es konnte in Casablanca nicht zur Sprache kommen, dass Roosevelts neuer Geheimdienst OSS begonnen hatte, eine der Résistance-Gruppen zu finanzieren, weil weder de Gaulle noch Giraud und wahrscheinlich auch Churchill nichts davon wussten. Der OSS

148 Jean-Pierre Azéma: Jean Moulin, S. 379.
149 François Kersaudy: de Gaulle, S. 246.

hintertrieb damit die Einigungsbemühungen des de Gaulle-Delegierten Moulin und zog den Gaullisten und dem Freien Frankreich den Teppich unter den Füßen weg. Auch Churchill wurde dadurch hintergangen, denn eine ältere Vereinbarung zwischen Briten und Amerikanern hatte vorgesehen, dass jede geheimdienstliche Tätigkeit auf dem Kontinent dem britischen SOE vorbehalten bleibt.

Den Streit darüber, wo die Alliierten die Achsenmächte nach der geplanten Landung in Sizilien angreifen wollten, in Süditalien oder an der Kanalküste, konnte Churchill für sich entscheiden. Die Landung in der Normandie wurde auf das Jahr 1944 verschoben. Die französischen Generäle durften sich an diesem Konferenzthema nicht beteiligen. Außerdem brachte die Konferenz von Casablanca weder für Frankreich noch für die Résistance wichtige Ergebnisse, wenn man davon absieht, dass de Gaulle seine Chance gewahrt hatte, am Befreiungsprozess seines Landes durch die Alliierten teilzuhaben. Nordafrika blieb im Besitz der Amerikaner. Nach dem Sieg von Stalingrad Anfang Februar 1943 und nach der Vertreibung der Deutschen aus Nordafrika durch die Alliierten war der Absturz des Deutschen Reiches politisch und materiell ins Nichts bereits am Horizont zu erkennen. Frankreich, von den Deutschen besiegt und gedemütigt, kämpfte in diesem Moment der Kriegswende noch um seine Identität, um seine Kontinuität als Kulturnation noch ohne jeden greifbaren Halt. Nichts war gesichert, alles konnte passieren. Die Résistance war geschwächt durch die amerikanische Weigerung, de Gaulle zu akzeptieren. Für ihn waren deshalb die Treuebekenntnisse von der Basis von noch größerer Bedeutung.

In seinen Memoiren nannte Churchill de Gaulles Auftritt in Casablanca wiederholt »stolz, hochmütig, allzu hochmütig«. Der Premierminister fühlte sich auch gegenüber Roosevelt bloßgestellt. Aber im Abstand einiger Jahre fügte er doch hinzu: »Aber immer wieder fand ich in ihm die Seele und den Geist, die auf jeder Seite der Weltgeschichte den Begriff ›Frankreich‹ prägten. Seine arrogante

Haltung verstand und bewunderte ich, während ich sie gleichzeitig ablehnte.«[150]

Unvollständig und wohl nur einseitig informiert über die Konferenz von Casablanca (wie sollte es anders sein?) richtete Rex/Moulin am 6. Februar an de Gaulle eine Art Glückwunsch: »Tous groupes politiques et résistants me chargent féliciter Général de Gaulle pour son attitude ferme à Casablanca.« (Alle politischen Gruppen des Widerstands beauftragen mich, den General de Gaulle für seine feste Haltung in Casablanca zu beglückwünschen.) Und weiter: »Wir vertrauen darauf, dass er keines der Rechte der France Combattante in den laufenden Verhandlungen aufgegeben hat […]. Er wird nie Konzessionen machen, die nicht zu den geheiligten Grundsätzen passen, für die wir kämpfen.«[151]

Eine Woche später erschien Moulin selbst in London, weil die Veränderungen seit November 1942 eine umfassende neue Ausrichtung seiner Arbeit notwendig machten. Die Schwächung de Gaulles und der France Libre in London musste auch Auswirkungen für Jean Moulin haben. Die einzelnen Gruppen erkannten, dass sie nunmehr eine Wahl hatten zwischen de Gaulle in London und Giraud in Algier. Moulin/Rex/Max wurde von einigen als Aufpasser de Gaulles verstanden, den man nicht wirklich gewählt hatte und der die Ausrüstung und Finanzierung, die man so dringend brauchte, bei weitem nicht in ausreichender Menge beschaffen konnte.

150 Zwei Jahre später, am 1. März 1945 im Umfeld der Jalta-Konferenz, zu der Frankreich nicht eingeladen wurde, sprechen der Sonderbotschafter Roosevelts Harry Hopkins und der Chef der französischen Nachkriegsregierung de Gaulle ausführlich und nunmehr fast gleichberechtigt über das schwierige französisch-amerikanische Verhältnis. Hopkins versichert de Gaulle zweimal, »dass das amerikanische Volk erschrocken war über das Ausmaß des französischen Zusammenbruchs im Jahr 1940«. Das sei für die Vereinigten Staaten das entscheidende Faktum. Der General will dies jedoch nicht als Maßstab gelten lassen. (Vgl. Ernst Weisenfeld: Geschichte Frankreichs seit 1945. Von de Gaulle bis zur Gegenwart. München 1997, S. 38.)

151 Winston Churchill: Der Zweite Weltkrieg, S. 738.

Zweite Reise nach London

Der britische SOE und France Libre in London verfügten über eine Anzahl kleiner Flugzeuge vom Typ Lysander, die auf unvorbereitetem Gelände starten und landen konnten, auf Feldern, Wiesen oder Landstraßen, auch nachts. Ideal für den Transport von Agenten und von Waffen waren sie aber auf hellen Mondschein angewiesen und konnten nur bei Vollmond und klarer Sicht fliegen. Die Vollmondphase war deshalb jeden Monat eine Zeit höchster Aktivität für die Résistance. Die Vollmondphase im Februar 1943 nutzte Moulin, um einer Einladung de Gaulles nach London zu folgen. Am 14. Februar 1943, einem Samstag, kletterte er nachts im Jura in eine der Lysander-Maschinen der Royal Air Force und flog in Begleitung des Chefs der Armée Secrète, Charles Delestraint (genannt Mars) nach London, wo General de Gaulle die beiden erwartete. Die militärischen Veränderungen in Nordafrika und die politischen Konsequenzen in Frankreich erforderten eine genaue Analyse und die Überprüfung des Auftrags, den Rex im Herbst 1941 bekommen hatte. de Gaulle nannte (in seinen Memoiren) seinen Delegierten in Frankreich jetzt »devenu impressionant de conviction et d'autorité, conscient que ses jours étaient comptés, mais résolu d'accomplir, avant de disparaitre, sa tache d'unification«.[152] ([Er ist] eindrucksvoll geworden in seiner Überzeugung und Autorität, wissend, dass seine Tage gezählt sind, aber entschlossen, vor seinem Tod seine Aufgabe der Vereinigung zu erfüllen.) Es fehlte de Gaulle nicht an Pathos und ebensowenig an Zuneigung zu Moulin.

Zunächst empfing de Gaulle Jean Moulin mit einer außerordentlichen Ehrung. Sie war ihm im Oktober bereits angekündigt worden. Er wurde am Tag nach seiner Ankunft in das Frogal House gebeten, das Haus, das de Gaulle und seine Frau in Hampstead für sich

152 François Berriot: Écrits et documents, Bd. II, S. 270.

privat gemietet hatten. Da der Aufenthalt von Rex in London absolut geheim bleiben musste, waren nur vier engste Freunde im Salon anwesend und nicht wie sonst üblich eine Militäreinheit mit großem Zeremoniell. »Mettez-vous au garde-à-vous« (In etwa: Nehmen Sie Hab-Acht-Stellung ein!), sagte de Gaulle zu Moulin, der sich dann ihm gegenüber wenige Schritte entfernt aufstellte. »Corporal Mercier, wir anerkennen Sie als unseren Kamerad für die Befreiung Frankreichs, in Ehre und durch den Sieg«,[153] so erinnerte sich der Augenzeuge Passy, und während der General seinem Delegierten den Orden an die Brust heftete, lief diesem eine Träne über das bleiche Gesicht, die Augen voller Stolz und festem Willen auf de Gaulle gerichtet. Da er sein Gesicht zu dem größeren Mann erheben musste, sah man für einen Moment die Narbe an seiner Kehle, die er sonst immer durch seinen Schal verborgen hielt. Keine Zeremonie dieser Art war bewegender als diese, schrieb de Gaulle. Moulin hatte die fast unbegrenzte Unterstützung und das volle Vertrauen von de Gaulle und damit aller Organe der France Combattante, auch angesichts der widerstrebenden Kräfte in der Résistance. Ohne das hätte er seine Aufgabe nicht erfüllen können. Der General schätzte ihn nicht nur als weitsichtigen, intelligenten und effektiven Mitarbeiter, er wusste auch, dass er sich auf Jean Moulin absolut verlassen konnte. In dem Brief vom 17. Oktober, der die Ordensverleihung ankündigte, schrieb de Gaulle: »Chef de mission d'un courage et d'un esprit de sacrifice exemplaires, a, en personne, établi la liaison entre les Forces françaises combattantes et les mouvements de Résistance en France…«[154] (Der Chef de Mission hat mit exemplarischem Mut und Opfersinn persönlich die Verbindung zwischen den Kräften des Kämpfenden Frankreichs und den Widerstandsbewegungen in Frankreich hergestellt.) Diesen Satz in der Perfektform zu äußern,

153 Charles de Gaulle: L'Unité, S. 110.
154 Jean-Pierre Azéma: Jean Moulin, S. 305f.

war zumindest ein Vorgriff auf das, was erst noch passierte oder passieren sollte. de Gaulle zögerte nicht, Moulin zu vertrauen und ihn zu verpflichten.

Am nächsten Tag begann eine lange Reihe von Sitzungen mit den Quasi-Beamten der Verwaltung des »Freien Frankreich« mit dem Ziel, den Auftrag für Rex neu zu formulieren. Die Besetzung der ehemals unbesetzten Zone machte es sinnvoll, den Auftrag Moulins auf die Nordzone auszudehnen. Moulin hatte das bereits am 2. Januar schriftlich vorgeschlagen[155] sowie er auch – diesen Vorschlag unterstützend – seine zahlreichen Freunde und Verbindungsstellen mit der Résistance in der besetzten Zone aufgezählt hatte.

Die politischen Umstände nach dem völlig unbefriedigenden Ergebnis der Kontakte mit Roosevelt und der Installierung von General Giraud in Nordafrika verlangten nach einem neuen und realistischeren Konzept für die Planung der Zukunft. Sehr detailliert wurde deshalb die Zusammenarbeit mit den Gewerkschaften und Parteien, soweit sie sich im Untergrund gegen die Besatzungsmacht und das Vichy-Regime engagierten, erörtert und es wurden Regeln bestimmt. Moulin hatte schon seit Dezember eine Zusammenarbeit mit all diesen Gruppen gewünscht. Im Januar hatte er sein Konzept der künftigen Arbeit nach London geschickt, das Projekt nämlich, einen Conseil de la Résistance (Rat der Résistance) zu bilden, der beide Zonen umfassen sollte.[156] Das entsprach nunmehr auch den Vorstellungen de Gaulles, der vorher andere Konzepte hatte.

Mit dem Chef des amerikanischen Geheimdienstes OSS in London, Admiral Stark, sprachen Moulin sowie der Chef der Armée Secrète, General Charles Delestraint, und die Vertreter des BCRA zweimal sehr ausführlich am 4. und am 10. März. Es ging um Sabotageakte und um die Aktionen der Einheiten der geheimen Armee,

155 Ebd., S. 304f.

156 François Berriot: Écrits et documents, Bd. II, S. 258.

150.000 Mann in beiden Zonen, während und nach der geplanten Landung der Alliierten in Frankreich. Es ging also um alles. Dabei schrieb der Adjutant des US-Admirals ein Protokoll, das wegen grober Ungenauigkeiten und Übertreibungen mangelnde Sensibilität des OSS verriet und den Unwillen der französischen Seite hervorrief. Neben anderen Fehlern beklagte sich Moulin bei de Gaulle, dass das OSS-Papier, das vielen Menschen in Washington zugänglich gemacht werden sollte, seinen Klarnamen Jean Moulin enthielt.[157]

Dass zur gleichen Zeit – wie oben berichtet – Allan Dulles in Bern mit den Beauftragten von Henri Frenay über Zusammenarbeit und amerikanische Finanzhilfe beriet, das wusste Moulin nicht, das erfuhr er auch nicht, obwohl sein Gesprächspartner Admiral Stark es gewusst haben muss. Man kann von einem Geheimdienst wohl kaum erwarten, dass er seine Kenntnisse ausbreitet, aber der Freundschaft zwischen Amerikanern und Gaullisten hat dieses Taktieren wohl eher nicht gedient.

Auch mit dem britischen Geheimdienst SOE und mit dem britischen Generalstabschef Alan Brooke wurden strategische Alternativen und Möglichkeiten erörtert. Moulin warnte vor einem dauerhaften Auftrag für General Giraud. Seiner Ansicht nach würde das die Gefahr eines Bürgerkriegs nach der Befreiung Frankreichs bedeuten, wenn nur noch Kommunisten und Rechtsextreme sich gegenüberstünden. Der SOE-Chef Piquet-Wicks widersprach dem offenbar nicht.[158] Danach wurde das Gespräch konkreter: Voraussetzung für alle Einsätze der Armée Secrète blieb die Lieferung von Waffen und anderer Ausrüstung in großem Maßstab, deutlich mehr als bisher. Diese Frage war aus Résistance-Sicht absolut vorrangig. Die Politik der Vichy-Regierung, in großer Anzahl junge Männer

157 Ebd., S. 263.
158 Ebd., S. 294ff.

zur Arbeit nach Deutschland zu schicken, brachte den Widerstandsgruppen im Land starken Zulauf. Es mussten also Verstecke gefunden, Nahrungsmittel organisiert, Waffen zu Übungszwecken beschafft werden, damit all die Freiwilligen am Tag der Landung der Alliierten mit Sabotageakten und kleineren, aber sorgfältig geplanten Aktionen die Besatzungsmacht lahmlegen konnten.

Aus britischer Sicht gab es jedoch andere Überlegungen. Je mehr bewaffnete Einheiten sich im Untergrund bildeten, was den deutschen Geheimdiensten nicht verborgen bleiben würde, desto mehr deutsche Soldaten mussten in Frankreich trotz des Krieges gegen die Sowjetunion stationiert bleiben, desto größer musste der deutsche Widerstand bei einer Invasion der Alliierten werden. Das war nicht in britischem Interesse. Also blieben die für die Résistance verfügbaren Mittel, die die Briten und Amerikaner beisteuern sollten, begrenzt.

de Gaulle unterschrieb am 21. Februar bereits die »nouvelles instructions« (die neuen Anordnungen), die Moulin nunmehr auszuführen hatte: Moulin/Mercier/Rex wird künftig der einzige Repräsentant de Gaulles und des Comité National Français für das gesamte Gebiet Frankreichs (in Europa) sein, hieß es dort.[159] Und das Commissariat à l'Interieur (quasi das Innenministerium) schrieb am 12. März an Brossolette und Passy, die in Frankreich unterwegs waren: »Rex a pleins pouvoirs pour toute décision concernant la zone occuppée aussi bien que non occuppée.«[160] (Rex hat Vollmacht für jede Entscheidung, die die besetzte Zone betrifft, genauso wie die unbesetzte.)

Da die Equipe in London nach der Konfrontation mit Roosevelt in Casablanca offenbar weiteres Eingreifen der Amerikaner nicht ausschließen wollte, wurde Moulin für den Fall, dass die Verbindungen

159 Ebd., S. 279.
160 Ebd., S. 312.

zu de Gaulle unterbrochen werden, ermächtigt, die Entscheidungen zu treffen, die er für notwenig hält. Moulin war jetzt Chef der Résistance in ganz Frankreich (ohne Algerien), niemandem außer de Gaulle verpflichtet.

Während der Chef in London weilte, geriet die Résistance zunehmend unter Druck. Auf Wunsch der Besatzungsmacht (Gauleiter Fritz Sauckel) beschloss Laval am 16. Februar ein neues Gesetz über den »service du travail obligatoire«, den Zwangsarbeitsdienst. Alle jungen Männer der Jahrgänge 1920/21/22 wurden zum Dienst verpflichtet, den sie in den Fabriken in Deutschland leisten sollten. Mehr junge Männer denn je wandten sich nun an die Résistance, um Verstecke und weitere Hilfe im Untergrund zu finden. Die Résistance-Gruppen waren außer Stande, diese Flut zu bewältigen. Telegramme und Botschaften aller Art wurden nach London geschickt. »Frankreich droht binnen zweier Monate alle gesunden jungen Männer zu verlieren«, hieß es da.[161] »Wir erwarten Ihre unmittelbare Entscheidung über Widerstand mit Gewalt«, schrieb d'Astier am 3. März an de Gaulle. »Die deportierten Franzosen fühlen sich von den Alliierten aufgegeben.«[162] Und Moulin, der noch in London war, las in einem Schreiben von d'Astier: »seul salut – résistance totale«.[163] (Die einzige Lösung ist der totale Widerstand.) In dem Zeitraum von Anfang Januar bis zum 16. März seien 207.046 französische Arbeiter nach Deutschland geschickt worden, musste Moulin Anfang April feststellen. Die Waffen, die seit Januar abgeworfen wurden, reichten allenfalls aus, um 2.700 Männer auszurüsten, wurde ihm gemeldet. Es gehe aber um 50.000 Résistance-Kämpfer – mindestens.

161 Jean-Pierre Azéma: Jean Moulin, S. 302.
162 François Berriot: Écrits et documents, Bd. II, S. 319.
163 Ebd.

Am 18. Februar 1943 fragte Goebbels im Berliner Sportpalast: »Wollt Ihr den totalen Krieg?« (Die Nazi-Führung hatte begriffen, dass sie nach den Niederlagen in Nordafrika und Stalingrad den Krieg nicht mehr gewinnen konnte ohne erhebliche zusätzliche Anstrengungen.) So gelangte das Wort »total« auch in den Kontext der Zwangsarbeit und des Widerstands. Für die Résistance wurde die Lage nicht einfacher dadurch, dass die kommunistische Partei Frankreichs ihr vorschlug, vorübergehend aus der Deckung zu kommen und in Fabriken und Nachbarschaften Gruppen zu organisieren, die sich der Déportation (so nannte man die Verschickung von Arbeitskräften in die deutsche Rüstungsindustrie) widersetzen sollten.[164] Dass die von den Alliierten Enttäuschten sich den Kommunisten zuwenden könnten, war eine der großen Sorgen nicht nur im Umfeld Moulins, sondern auch in London.

Ein Unglück verschärfte die Spannung zwischen der Résistance und den britischen Alliierten: Drei Transportmaschinen der Royal Air Force vom Typ Halifax wurden am 14. März von der deutschen Flak in der Nähe von Genf abgeschossen, sodass die Briten nur noch 15 Halifax für solche Zwecke in ganz Europa zur Verfügung hatten. (Unterstützt wurden zu dieser Zeit vor allem Guerillakämpfer auf dem Balkan.) Am 22. März teilte die britische Regierung de Gaulle mit, der sich mehrfach bei Churchill beklagt hatte, dass alle zusätzlichen Wünsche abgelehnt werden. »Weil eine vorzeitige Erhebung der französischen Résistance zur Vernichtung ihrer Kampfverbände führen würde, sodass diese dann den Alliierten bei der geplanten Landung in Frankreich fehlen werden.« Dagegen war de Gaulle machtlos. Er musste Rex/Max am 3. April die britische Entscheidung mitteilen[165] und der Résistance jede bewaffnete Revolte in naher Zukunft verbieten.

164 Ebd., S. 322.
165 Ebd., S. 333.

Die »Affaire Suisse«

Ende März 1943 verabschiedeten sich Jean Moulin und Charles Delestraint aus London »pour le combat et pour la mort« (in den Kampf und in den Tod), wie de Gaulle in seinen Memoiren schrieb.[166] Moulin/Rex kam aus London also nach Frankreich zurück mit größerem Auftrag und einem neuen Codenamen: Max. Von den Kontakten, die der Chef von Combat, Henri Frenay, zum amerikanischen Geheimdienst OSS in Bern aufbaute, während gleichzeitig de Gaulle vom Weißen Haus als Persona non grata behandelt wurde, davon erfuhr Max zunächst nichts. Die Kontakte liefen über Pierre Benouville, der am 4. April seinen Freund, den bekannten Fliegergeneral Davet, als ständige Mission in Genf platzierte, ein rechtsgerichteter Zirkel also von autoritären Generälen einschließlich einiger Monarchisten, mit Verbindung auch zu General Giraud in Algier. Das Unternehmen glich nicht nur einer Intrige gegen Moulin/Max, sondern – schlimmer noch – einem Putschversuch gegen de Gaulle. Frenay hoffte, um sich selbst herum einen zweiten Pol der Résistance aufzubauen. So wollte er mit amerikanischer Hilfe de Gaulle zumindest zu Verhandlungen zwingen und sich selbst aus der »inadmissible tutelle« (unerträglichen Bevormundung) lösen.[167] Das OSS-Büro in Bern war sich darüber durchaus im Klaren. Dulles schrieb am 10. April an seinen Chef Donovan: »Die Vertreter der Forces Françaises Combattantes métropolitaines (so hatte Frenay sich bezeichnet) haben den Wunsch geäußert, mit den Engländern und uns direkt zusammenzuarbeiten. Wir glauben, ihr Wunsch zeigt, dass sie sich von der Dominanz des Comité national français (de Gaulles) befreien wollen.«[168] In den Verhandlungen ging es um zehn Millionen Francs, die die USA monatlich an

166 Ebd., S. 336.
167 Charles de Gaulle: L'Unité, S. 111.
168 Jean-Pierre Azéma: Jean Moulin, S. 455.

Combat zahlen sollten, selbstverständlich nicht ohne Gegenleistung. Die Amerikaner erwarteten lebhafte Spionagetätigkeit und einen steten Fluss von Informationen.

Erst am 25. April erfuhr Jean Moulin von diesen Machenschaften. Bei der nächsten gemeinsamen Sitzung beschuldigte er Frenay, dem »General de Gaulle die Faust in den Rücken zu stoßen«.[169] Er handelte schnell und entschlossen. Dazu schickte er einen Boten nach Bern, um mehr über den Stand der Verhandlungen Frenay–Dulles zu erfahren. Nach London berichtete er am gleichen Tag, Frenay habe die Amerikaner um ein Flugzeug gebeten, damit er in Algier Kontakt mit Giraud und Eisenhower aufnehmen könne. »Question de confiance se pose«,[170] fuhr er fort. (Jetzt stelle sich die Vertrauensfrage.)

Sofort suchte Max auch das Gespräch mit den Führungen der drei großen Résistance-Gruppen des Südens. Während die Führung von Combat die »Affaire Suisse« eingefädelt hatte, wussten die beiden anderen, Libération und Francs-Tireurs, durchaus Bescheid. Sie sahen den Vorstoß von Frenay zwar kritisch, hatten es aber nicht für opportun gehalten, Moulin oder gar irgendjemanden in London darüber zu informieren. Das Führungsgremium von Combat aber sprach sich nunmehr gegen die Strategie von Frenay aus. Der Kommandant geriet in seinem eigenen Verband in die Minderheit, weil die christlich-demokratischen Elemente seinen Schulterschluss mit den autoritären Rechten und Monarchisten ablehnten.

Die Intrige verursachte so viel Aufregung, dass Moulin noch am 25. April de Gaulle um eine Bestätigung bat, dringend, dass London seinen Funkspruch erhalten hatte. In ihre französischsprachige Radiosendung am Abend sollte die BBC den Satz einbauen, »la vie n'est pas toujours facile«,[171] (das Leben ist nicht immer leicht),

169 Ebd., S. 454.

170 Ebd., S. 456.

171 François Berriot: Écrits et documents, Bd. II, S. 358.

ein verschlüsseltes Signal der Zustimmung de Gaulles zu Max. Am 17. Mai schrieb Max: »Nef (Frenay) vient de recevoir les 10 premiers millions des Americains.« (Frenay hat gerade die ersten zehn Millionen Francs von den Amerikanern bekommen.) Und: »Gleichzeitig ist es mir unmöglich, den elementarsten Bedürfnissen gerecht zu werden. Ich habe nichts mehr zur Verfügung [...].«[172]

Nach diesem Alarmruf zögerten die Londoner Franzosen keinen Moment, die Situation war brandgefährlich. Passy, der Chef des französischen Geheimdienstes BCRA, nahm Kontakt mit dem Chef des britischen Geheimdienstes MI6 auf. Dieser hatte keinerlei Interesse daran, dass die Amerikaner sich auf eigene Faust Geheimdienstinformationen aus Frankreich beschaffen. Für die Briten, die immer wieder als Bittsteller an amerikanische Türen klopfen mussten, war es der einzige Vorteil, dass sie über zuverlässige Informationen aus den von Deutschland besetzten Ländern verfügten. Diesen Vorsprung wollten sie keinesfalls verlieren. Der MI6-Chef arrangierte ein dreiseitiges Treffen mit dem Londoner Büro des OSS und den Franzosen vom BRCA. Die Sache wurde am 4. Mai erörtert und abschließend erledigt. Sie entschieden gemeinsam, dass künftig alle Hilfsleistungen für die Résistance über die Institutionen de Gaulles laufen sollten, wenn auch den einzelnen Widerstandsgruppen das Recht erhalten bleiben sollte, Kontakte mit wem auch immer aufzunehmen.

In der Sache war also entschieden. Der persönliche Streit oder die Wut des Combat-Chefs auf Moulin und auch auf de Gaulle, weil nicht ihm das Kommando über die Armée Secrète anvertraut worden war, wie er es verdient zu haben glaubte, sondern dem General Delestraint, diese Wut war nicht verschwunden. Aber de Gaulle versuchte, seinen Delegierten zu schützen, berief Henri Frenay nach London und nahm ihn anschließend mit nach Algier. Frenay

172 Ebd.

rechtfertigte sich gegenüber de Gaulle am 25. Mai, indem er betonte, er habe ihn Giraud gegenüber immer verteidigt, was wohl stimmte.

Das Verbindungsbüro von Combat in Genf hatte nun kaum noch eine Funktion. Von den 10 Millionen Francs pro Monat, die der OSS an die Résistance zahlen wollte, sprach fortan niemand mehr.

Zerreißproben vor dem Ziel

Als Rex/Max am 21. März aus London zurückkam, hatte er noch genau drei Monate zu leben. Das konnte er natürlich nicht wissen. Aber dennoch – auch für ihn – drängte die Zeit mehr denn je, weil man erstens davon ausging, dass noch im Jahr 1943 die Landung der Alliierten in Frankreich geschehen würde und deshalb eine zentrale Leitung aller militärischen Aktionen der Résistance gewährleistet sein müsse. Weil zweitens der Ermittlungsdruck von Vichy-Polizei und Gestapo zunahm – im Februar und März waren mehrere Résistance-Kämpfer entdeckt und verhaftet worden – und weil schließlich die inneren Widersprüche und Machtkämpfe zwischen Frenays Combat auf der einen Seite und Moulin/Delestraint auf der anderen Seite der Idee der Résistance wachsenden Schaden zufügten. Moulins Verhandlungsgeschick hatte wiederholt bewirkt, dass Frenay und d'Astier der von de Gaulle bestimmten Linie zustimmen mussten, wofür sie Moulin anschließend nicht dankbar waren, sondern ihn verantwortlich machten. Seit Langem wurde getuschelt und von den nach London reisenden Widerstandsführern dort offen vorgetragen, Rex sei ein Diktator.[173] Nun ist es gewiss unmöglich, aus dem Untergrund eine Befreiungsbewegung gegen eine Besatzungsmacht zu gründen und zu steuern, ohne gelegentlich Entscheidungen durchzusetzen, die nicht allen Beteiligten gefallen.

173 Ebd., S. 378.

Demokratisch und nach offener Diskussion aller Alternativen geht das nicht. Schnell entscheiden, kühn improvisieren und geheim halten, das waren die Bedingungen aller Aktivitäten im Untergrund. Das wurde auch prinzipiell eingesehen. Die Enttäuschten aber erhoben den Vorwurf, Moulin treibe persönlicher Ehrgeiz.

Der neue Auftrag, nunmehr die gesamte Résistance in ganz Frankreich zu steuern, schien die kritische Sicht zu bestätigen, während Max sich gleichzeitig als unfähig erwies, in London die notwendigsten finanziellen und militärischen Mittel zu beschaffen, was seine Position schwächte. Der britische Schriftsteller Patrick Marnham beschreibt die Lage Moulins nach seiner Rückkehr aus London so: »Despite the impressive new powers conferred on him by General de Gaulle he felt more vulnerable than ever. Manhès was under arrest; his own authority had been repudiated by the southern zone resisters; his organisation in both zones was under ever increasing Gestapo pressure, and it was his first visit to Paris since the break with Gilberte Lloyd.«[174]

Die größte Résistance-Gruppe in der besetzten (Nord-)Zone war nicht einverstanden mit der Ausdehnung von Moulins Mission auf »ihr« Gebiet. Der Chef von Libération-Nord, Pierre Brossolette (Codename: Brumaire), versuchte die Autonomie seiner Gruppe zu erhalten. Er hatte seit Langem eigene Kontakte nach London. Moulins Mann in der Nordzone, Henri Manhès, war am 3. März 1943 von der Polizei verhaftet worden.[175] Brossolette und die Seinen hielten diese Nachricht länger als zwei Wochen zurück, bis Rex wieder in Frankreich war. Es kam deswegen (und nicht nur deswegen) zu einem schrecklichen Auftritt in einer Wohnung an der Avenue des Ternes in Paris, als die äußerst angespannten Nerven versagten und Sicherungen durchknallten. Zwei intelligente, begabte, verantwor-

174 Patrick Marnham: The Death, S. 179.
175 Ebd., S. 183.

tungsvoll handelnde Männer, beide bereit, für Frankreich ihr Leben zu geben, benahmen sich wie Kinder: Moulin und Brossolette. Der Vorwurf von Rex: Brossolette habe vor Zeugen geäußert, Moulin treibe persönlicher Ehrgeiz und er habe in der Nordzone nichts zu suchen.[176] »Meine Äußerungen sind nach Inhalt und Form verzerrt wiedergegeben worden«, wehrte sich Brossolette.[177] Es wurde laut und leidenschaftlich: Sie schrien sich an. Die Logik ging verloren. Vier weitere Männer waren anwesend, unter ihnen Passy, der Geheimdienstchef der Londoner Gaullisten, und Pierre Meunier, der alte Freund Moulins. Passy versuchte zu besänftigen. »In den Nachbarwohnungen leben Deutsche!«, rief er. Nicht einmal das konnte die Streithähne beruhigen.

Es ging nicht nur um den Freund Manhès. Brossolette/Brumaire lehnte die Unterordnung unter Moulin ab, die de Gaulle vorgesehen hatte. Er schimpfte: »Sie wollten de Gaulle davon abhalten, mir die Verantwortung für die Nordzone zu übertragen, weil Sie die für sich selbst wollten. *Sie* sind der Ehrgeizling!« Antwort: »Aber ich habe gewonnen, ich komme zurück aus London, wo ich zum Mitglied des Nationalen Komitees ernannt wurde.«[178]

Brossolette wollte auch nichts davon hören, dass die alten Parteien und Gewerkschaften der Dritten Republik, sofern sie sich im Widerstand befanden, jetzt an den Strukturen, auch den Führungsstrukturen der Résistance, beteiligt werden sollten. Das war nach Lage der Dinge für de Gaulle und Moulin absolut notwendig. Brossolette kannte die »nouvelles instructions« von de Gaulle bereits, Passy hatte sie ihm aus London mitgebracht. Er war aber entschlossen, diese Anordnungen zu verweigern.

Jetzt nahm Passy Moulin an die Hand, zog ihn mit sich auf die Straße und sie gingen einige Schritte, damit man sich beruhigen sollte.

176 Daniel Cordier: Jean Moulin, S. 690.

177 Ebd., S. 691.

178 Pierre Péan und Laurent Ducastel: L'ultime mystère, S. 196f.

Das gelang aber nur kurz. In der Wohnung zurück beschimpften Moulin und Brossolette sich gegenseitig in einem Ton, der sie selbst erniedrigte. Es ging nicht nur weit unter ihr Niveau, es wurde ein Exzess! Moulin drehte schließlich Brossolette den Rücken zu und ließ seine Hose herunter. »Voilà comment je vous considère.« (Damit Sie sehen, was ich von Ihnen halte.)[179] Die Anspannung der letzten Wochen war so unerträglich geworden, dass sie mit einer peinlichen Entgleisung endete, einem Eklat. Die Anwesenden starrten entsetzt auf die Szene. Dann verlangte Brossolette eine Entschuldigung und Moulin fügte sich. Aber es kann keinen Zweifel geben: In der Sache hatte er recht. Schließlich – am Ende des Treffens – brachte Meunier Passy an die Tür und dieser flüsterte ihm zu: »Sie haben einen großen Chef, passen Sie gut auf ihn auf.« Ein Ergebnis hatte das Treffen am 2. April in der Avenue des Ternes nicht, außer dass Moulin die Zahl seiner unversöhnlichen Feinde vergrößert hatte.

Zwei Tage später allerdings tagte auf Wunsch von Rex unter seinem Vorsitz in Paris das Comité de coordination der Nordzone, das Brossolette gegründet hatte, das aber nach den neuen Anordnungen gar nicht mehr bestehen sollte. Moulin war in Bestform, Brossolette saß ihm erneut gegenüber, diesmal schweigsam. Das Komitee hörte den Vortrag Moulins mit Interesse an. Die Überzeugungskraft des Delegierten de Gaulles war so groß, dass kaum Einwände gegen die neuen Richtlinien erhoben wurden. Moulin musste allerdings Änderungen an der Liste der einzuladenden Parteien und Verbände für den Nationalen Rat der Résistance hinnehmen. Als Brossolette und Passy Mitte April nach London abflogen, nahm Moulin diese Zugeständnisse aber sofort zurück. Seine Rolle als Chef der Résistance in ganz Frankreich wurde akzeptiert. Er hatte sich durchgesetzt und meldete nach London: »Ai obtenu

179 Ebd.

accord complets Mouvements.«[180] (Habe die volle Zustimmung der Gruppen.)

Den Streit um die Zuwendungen der Alliierten für die Résistance hatte die amerikanisch-britisch-französische Geheimdienstkonferenz vom 4. Mai in London – wie oben berichtet – entschieden und auf mittlere Sicht beendet. Frenay aber setzte den Kampf gegen Moulin fort. Er schrieb einen ausführlichen Brief an die regionalen Chefs seiner Gruppe Combat, den er »Bericht über die Gegensätze zwischen Mars (General Delestraint von der Armée Secrète) und dem Comité Directeur« (von Combat) nannte. Dabei ging er so unvorsichtig vor, dass die Gestapo das Papier drei Tage nach seiner Versendung in der Hand hatte. Das war umso schwerwiegender, weil Frenay darin die gesamte Arbeit von Moulin und Delestraint in den abgelaufenen 18 Monaten beschrieben und kommentiert hatte.[181] Er ging sogar so weit, General de Gaulle anzugreifen, indem er ihm vor dem Comité Directeur vorwarf: »Le Général de Gaulle a agi avec légèreté et a commis une erreur en nommant Mars commandant en chef de l'A. S. sans restrictions ni reserves.«[182] (General de Gaulle hat leichtfertig gehandelt und einen Fehler gemacht, als er Mars/Delestraint zum Oberkommandierenden der Armée Secrète ernannte, ohne Einschränkungen oder Vorbehalte.)

Seine Ansprüche wirkten nun selbst im Führungsgremium von Combat überzogen. Die Mehrheit mochte ihm nicht mehr folgen. Das berichtete Moulin nach London. de Gaulle bat Frenay zu Konsultationen in sein Hauptquartier London, dann nach Algier. Damit war der Risikofaktor Henri Frenay zunächst unter Kontrolle.

Moulin erlaubte sich ein paar Tage der Entspannung. Er bat Colette Pons, die in Nizza seine Kunstgalerie managte, nach Paris zu kommen, um mit ihm zusammen einige Bilder für die Galerie

180 Ebd.

181 François Berriot: Écrits et documents, Bd. II, S. 349.

182 Ebd., S. 371.

auszusuchen. Moulin hörte nicht auf, Freund der Künste zu sein. Mademoiselle kam gern, sie wohnte bei ihrer künftigen Schwiegermutter, während Moulin eine private Unterkunft im Quartier Latin hatte. Gemeinsam kauften sie einige Gemälde, zwei von der noch lebenden Künstlerin Marie Laurencin. Das Thermometer stieg an diesem 22. April bereits auf 27 Grad, ein Frühlingstag! Die beiden schlenderten über die Champs-Élysées, als Colette plötzlich eine ehemalige Schulkameradin entdeckte, welche ihnen Arm in Arm mit ihrem deutschen Liebhaber entgegenkam. In wenigen Worten erklärte Colette Moulin, dass die Freundin den Deutschen schon vor dem Krieg an der Kunsthochschule in Paris kennengelernt hatte, dass dieser sich damals jedoch als Schweizer ausgegeben hatte. Jetzt war er nicht nur deutscher Soldat, er gehörte zur Gestapo. Während Colette und ihre Freundin einen Moment schwatzten, ging Moulin beiseite, schaute in Schaufenster. Als Colette sich verabschieden wollte, schlug die Freundin ihr vor: Warum kommst du nicht am Abend zum Essen, dann können wir uns besser unterhalten? Geht nicht, antwortete Colette, ich fahre heute Abend noch zurück nach Nizza. Die Freundin bestand darauf, aber vergeblich, Colette verabschiedete sich.

Sie erzählte Moulin von der Einladung und der dachte sofort an seinen Freund. Manhès muss gerettet werden, sagte er Colette, Du musst die Einladung annehmen! Halte deine Freundin auf und verabrede dich, bestimmte Moulin. Colette lief dem Paar hinterher und rief nun: Nizza kann einen Tag länger warten. Wenn es euch noch passt, dann komme ich heute Abend. Immer wenn ein Résistance-Kämpfer verhaftet wurde, fragte sich seine Gruppe, ob man ihn wohl durch einen Überfall oder einen Einbruch befreien könne. Gelegentlich gelang das. Solche Überlegungen schossen nun auch Moulin durch den Kopf.

Er erzählte seiner jungen Begleiterin, was er über Henri Manhès wusste, dass der nämlich an den SD (Sicherheitsdienst) übergeben worden war und in dessen Hauptquartier in der Avenue Foch verhört wurde. Man musste vermuten, dass er zudem gefoltert wurde, wenn er überhaupt noch am Leben war.

Colette traf ihre Schulfreundin und den Gestapo-Offizier am Abend in einem Privathaus zum Essen und man unterhielt sich über alte Zeiten, die Freunde von damals und die Probleme von heute. Schließlich fasste Colette sich ein Herz und fragte den Gestapo-Mann direkt nach Henri Manhès. Der machte sich zu allen Details, die sie ansprach, Notizen und es wurde ihr unheimlich. Er habe ein schrecklich schlechtes Gedächtnis, entschuldigte er sich, und müsse sich deshalb alles aufschreiben, was er sich merken wolle. Dann stand er auf und ging weg, um zu telefonieren. Nach wenigen Minuten kam er zurück und sagte: Sie brauchen sich keine Sorgen zu machen. Manhès sei nicht gefoltert worden, weil man all seine Papiere gefunden habe. »Haben Sie keine Angst«, sagte der Gestapo-Offizier. »Seine Frau und seine Tochter werden ihn besuchen können. Er wird nicht getötet!«[183]

Als sie das Haus verließ, traf sie sich erneut mit Moulin auf den Champs-Élysées, so hatten sie es verabredet, um ihm zu erzählen, was passiert war. Aber der reagierte vollkommen anders, als sie erwartet hatte. »C'est catastrophique!« (Das ist ja katastophal!), rief Moulin und konnte seine Stimme kaum mäßigen. »Nimm die Bilder und fahr so schnell wie möglich nach Nizza!«[184] Colette tat, was der Chef wollte. Sie reiste am nächsten Tag ab und sah Jean Moulin niemals wieder. Jahrzehnte später erzählte sie diese Geschichte dem Journalisten und Historiker Pierre Péan, als ob sie gestern passiert wäre. Es sei ein Tauschgeschäft mit dem Gestapo-Mann verabredet worden. Sie weigerte sich aber, Péan zu erzählen, worin das Geschäft bestanden haben sollte.

183 Ebd., S. 375.
184 Pierre Péan/Laurent Ducastel: L'ultime mystère, S. 214f.

Warum meinte Moulin, das sei eine Katastrophe? Die Nachricht, dass Manhès vom SD seit Wochen verhört wurde, war nicht neu für ihn und über die Verhörmethoden der Nazi-Polizei wusste er genug. Es muss ihm plötzlich klar geworden sein, dass er sich selbst und auch Colette durch das Gespräch mit dem Gestapo-Mann in höchste Gefahr gebracht hatte, dass er selbst die Verbindung zwischen dem ehemaligen Präfekten und Galeriebesitzer Moulin und der Untergrundbewegung Résistance hergestellt hatte. Hatte er sich in seinem Eifer in Abhängigkeit von einem Gestapo-Mann begeben? Mindestens hatte dieser nun einen Hinweis, eine Spur! Am Telefon hatte er die Spur vermutlich sofort an höhere Stellen weitergemeldet. Das war in der Tat »catastrophique«.

Das nächste Ziel für Moulin musste sein, den Conseil de la Résistance einzuberufen und funktionstüchtig zu machen. Es kennzeichnet seine Arbeitsweise, dass er zunächst Einzelgespräche mit den Résistance-Gruppenchefs, dann mit den einzuladenden Gewerkschaftsvertretern und mit den Sprechern der ausgewählten, im Untergrund engagierten Parteien führte. In seinem sehr ausführlichen Bericht vom 7. Mai direkt an de Gaulle, aus dem wir hier mehrfach zitieren, nennt er nach all den Problemen mit den Résistance-Gruppen die Zustimmung der Gewerkschaften und Parteien der Dritten Republik zu de Gaulle und der Exilführung in London als besonders bemerkenswert. Diese Zustimmung sei besonders wertvoll, weil sowohl »les communistes, les socialistes, les radicaux, les démocrates populaires«, wie auch »les républicains nationaux« zum ersten Mal zusammengefunden hätten.[185] Alle Vorbehalte seien überwunden. »L'accord est finalement réalisé.«[186] (Das Einverständnis ist endlich erreicht.)

185 Ebd.: Henri Manhès wurde von der Vichy-Polizei verhört, dann an die Gestapo übergeben, dort gefoltert und schließlich in das Konzentrationslager Buchenwald gebracht. Dort überlebte er den Krieg.

186 François Berriot: Écrits et documents, S. 376. Dieser Text befindet sich in den *Archives Nationales*, 72, AJ/233/II/11. Da Moulin keine Memoiren hinterlassen konnte,

Man hat diese etwas triumphierende Erfolgsmeldung für voreilig gehalten, denn eine gemeinsame Sitzung des Conseil de la Résistance hatte zu diesem Zeitpunkt noch gar nicht stattgefunden. Der optimistische Ton des Berichts erklärt sich aber einerseits aus den fast endlos erscheinenden Problemen im Vorfeld und andererseits setzt Jean Moulin selbst ans Ende dieses Schreibens einen mehr als nachdenklichen Akzent: »Je suis bien décidé à tenir le plus longtemps possible, mais, si je venais à disparaitre, je n'aurais pas eu le temps matériel de mettre au courant mes successeurs.«[187] (Ich bin fest entschlossen, mich so lange wie möglich zu behaupten, aber, wenn ich untergehen sollte, hätte ich nicht die Zeit gehabt, meine Nachfolger einzuweisen.) Jean Moulin spürte und wusste, dass die Vichy-Polizei ebenso wie die Gestapo ihm auf den Fersen war. Er musste jederzeit damit rechnen, gefasst zu werden. Etwas Grundsätzliches schriftlich zu fassen und nach London zu schicken, das konnte nur sinnvoll sein.

Unweit der Kirche St. Germain des Prés im 6. Arrondissement von Paris, 48, Rue du Four, fand am 27. Mai 1943 die erste Sitzung des Conseil National de la Résistance (CNR) statt. (An der Hauswand erinnert heute eine Plakette an das historische Datum.) Man traf sich in der bürgerlichen Wohnung von Pierre Corbin, einem ehemaligen Beamten aus dem Cot-Ministerium, im ersten Stock des Hauses. Im Salon saßen bei verschlossenen Gardinen und Vorhängen sechzehn Ratsmitglieder sowie als Präsident Jean Moulin. Sein Freund Pierre Meunier erwartete die Teilnehmer im Erdgeschoss, überprüfte ihre Identität und brachte sie einzeln in die Wohnung. Der andere Freund, Robert Chambeiron, bewachte Hauseingang und Treppenaufgang, sodass er bei der Sitzung selbst nicht dabei sein konnte. Die Sicherheit war so wichtig, wie das Risiko hoch.

---

wirkt diese Beschreibung seiner Arbeit bis heute als Vermächtnis und autobiographisches Zeugnis.

187 Ebd.

Weil allen Anwesenden klar war, dass dies ein historischer Moment war, verlief die Sitzung in einem fast feierlichen, staatsmännischen Ton. Moulin dankte allen, dass sie dem Appell de Gaulles gefolgt waren und weiter folgen wollten. Er nannte die drei Ziele der Résistance: den Krieg führen, dem französischen Volk seine Stimme zurückgeben und die republikanischen Freiheiten wiederherstellen. Er erklärte, warum er es für notwendig hielt, die politischen Parteien am Widerstand zu beteiligen, obwohl viele in der Résistance das ablehnten. Als der Kommunist Mercier und der Vertreter der prokommunistischen Bewegung Front National, Pierre Villon, darüber diskutieren wollten, ließ Moulin nur eine sehr kurze Debatte zu, was er mit der prekären Sicherheit der Konferenz begründete. Immerhin wurde eine kurze, bereits vorbereitete Erklärung einstimmig angenommen: eine Art Grundgesetz der Vereinigten Résistance. Die Erfolge der Alliierten in Nordafrika wurden gefeiert, das Primat von de Gaulle gegenüber Giraud wurde festgelegt. Frankreich wolle noch intensiver in den Befreiungskrieg eintreten, hieß es, und dabei alle Ressourcen seines Kolonialreichs einbringen. Um diese Ziele zu erreichen, sei so schnell wie möglich eine Regierung zu bilden, die in den Augen der Welt sicherstellt, dass sie ihr Prestige als Große Nation wiedergefunden hat, so etwa beschrieb der Bericht von Moulin an de Gaulle den Verlauf und das Ergebnis der Sitzung.[188]

Sein Biograph Cordier fügt Jahre später allerdings noch interessante Einzelheiten hinzu. Demnach hat der Kommunist Villon erklärt, er könne »nicht einverstanden« sein mit der Formulierung, die sich auf die Stellung de Gaulles bezieht. Seine Begründung: de Gaulle ist in London und Giraud allein kontrolliert die französischen Departements in Algerien. Solange das so bliebe, mache die Unterordnung Girauds unter de Gaulle keinen Sinn.[189] Die Argumentation

188 Ebd., S. 377.
189 Ebd., S. 398f.

war logisch, richtete sich aber praktisch gegen den General in London. Moulins Reaktion darauf war so heftig, dass Teilnehmer der Konferenz an die prekäre Sicherheit erinnerten, die keinen lauten Streit unter ihnen zulasse. Einen Moment lang schwiegen alle. Die Diskussion war damit beendet.[190] Das lange angestrebte Ziel war erreicht.

Die Wirkung dieser Sitzung war, dass de Gaulle seinen Anspruch auf die Macht in Frankreich festigen konnte und einen kaum mehr einholbaren Vorsprung vonr dem Rivalen Giraud erreichte. »J'en fus, à l'instant même, plus fort«, freute sich de Gaulle (Ich wurde im gleichen Moment stärker), während Washington und London zwar ohne Vergnügen, aber nicht ohne Weitsicht die Bedeutung der Entscheidung erkannten.[191] Seine eigenen Rivalen innerhalb der Résistance hatte der Delegierte de Gaulles mit dieser Gründungskonferenz jedoch nicht beseitigt, sondern vielleicht sogar ihre Entschlossenheit befördert. Wer Moulin aus dem Weg räumen wollte, brauchte angesichts des Verfolgungsdrucks der Vichy-Polizei und der Gestapo nicht selbst ein Messer in die Hand zu nehmen; ein kleiner Leichtsinn, ein unüberlegtes Wort, ein anonymer Hinweis, eine Ausflucht in einem brutalen Verhör genügten, um den Delegierten de Gaulles zu vernichten. Das Schicksal seines Freundes Manhès und anderer vor Augen war Jean Moulin sich der Brisanz seiner Risiken absolut bewusst. Er spielte nicht mit seinem Leben, er riskierte es für Frankreich.

190 Daniel Cordier: Jean Moulin, S. 710.
191 Ebd., S. 711.

Roosevelt und seine »Braut«

Obwohl die Fronten nach der Konferenz von Casablanca sehr verhärtet waren, führten Macmillan und Murphy in Algier ihre Verhandlungen unermüdlich weiter. Ihr Ziel blieb eine Zusammenführung des von den Amerikanern gewünschten Generals Giraud mit der Résistance und dem Apparat der France Combattante, mit oder ohne den General de Gaulle. Auch Churchill versuchte wiederholt, Einfluss auf de Gaulle zu nehmen. Aber weder der Gaullist noch das Freie Frankreich in London noch die Résistance wollten sich von den USA einen Kommandanten aufzwingen lassen. Das begriffen langsam immer mehr amerikanische Beamte, die den Kurs von Roosevelt vorsichtig infrage zu stellen begannen. John McCloy, Unterstaatssekretär im Verteidigungsministerium, erklärte nach einer Reise durch Nordafrika, es sei an der Zeit, den Vichy-freundlichen Kurs des Präsidenten zu korrigieren und die Résistance zu unterstützen, die fast vollständig auf der Seite de Gaulles stehe.[192] Roosevelt will davon jedoch nichts hören. Er erläutert dem Staatssekretär im Pentagon, Stimson, McCloy brauche sich nicht um Nordafrika zu kümmern, weil er (Roosevelt) bei der Konferenz in Casablanca alles, was dem General Eisenhower Sorgen machen könnte, selbst geregelt habe.

Ähnlich wie McCloy beginnt das State Department, die Frankreichpolitik des Präsidenten kritisch wahrzunehmen. Das Weiße Haus stützt sich mehr auf Staatssekretär Welles, das ist seit Langem bekannt, und umgeht den Außenminister Hull. Inzwischen aber nutzt Roosevelt seinen Sonderbotschafter Murphy und umgeht sowohl das Pentagon als auch das State Department. Wozu man eigentlich noch Minister brauche, fragt Staatssekretär Stimson den Präsidenten

192 Charles de Gaulle: L'Unité, S. 122.

am Telefon.[193] Doch Roosevelt bleibt stur, Murphy bleibt bei seiner Linie, Giraud sieht sich als Sieger und glaubt, er könne Chef einer künftigen, französischen Nachkriegsregierung werden.

Deshalb kostet es Macmillan viel Mühe und Ausdauer, bis er Ende April den Fünf-Sterne-General zum Einlenken bewegen kann, zumindest ein wenig. Giraud erklärt sich einverstanden mit einer gleichberechtigten Co-Präsidentschaft zusammen mit dem Zwei-Sterne-General de Gaulle. Er lädt diesen zu einem Treffen in Nordafrika ein, entweder in der ostalgerischen Oasenstadt Biskra, weit entfernt von Algier, oder in einem Gebäude des amerikanischen Flughafens bei Marrakesch. de Gaulle soll einen der beiden Treffpunkte aussuchen.

Wieder eine Konferenz in der Isolierung? Oder gar eine Falle unter amerikanischer Kontrolle? de Gaulle weist den Vorschlag empört zurück. Dabei geht es sowohl um die merkwürdige Auswahl des Treffpunkts als auch um den sachlichen Inhalt. Weiß der General Giraud nicht, dass ein Militärkommandeur – und was sonst sollte er sein wollen? – in der Demokratie seinen Auftrag von der zivilen Autorität bekommt, der er dann Rechenschaft schuldet? Das fragt man sich in London bei der France Libre. Am zweiten Mai schreibt de Gaulle sein Nein zu dem Plan und zu den Konferenzorten, weil der stets Misstrauische einen Hinterhalt Girauds vermutet.[194] Von diesen Orten aus könnte er weder unbeobachtet mit seinen Ratgebern in London kommunizieren, noch die Konferenz verlassen, weil er kein eigenes Flugzeug hat. Als Treffpunkt kommt für de Gaulle nur Algier in Frage. Das Pokern geht weiter.

Robert Murphy schreibt nach Washington, de Gaulle wolle nach Algier kommen, wo die Stimmung zu seinen Gunsten besser werde, sodass er dadurch Druck machen könne. Eine schnelle, entschlos-

193 François Kersaudy: de Gaulle, S. 281.
194 Ebd.

sene Entscheidung gegen de Gaulle sei nun notwendig. Die Briten müssten das verstehen. Der Öffentlichkeit zu erzählen, Giraud sei plötzlich Demokrat geworden und de Gaulle Faschist, das werde wohl schwierig, so Murphy. Auf der anderen Seite sei aber die britische Regierung dabei, eine Organisation zu unterstützen, die den Vereinigten Staaten gegenüber feindlich eingestellt sei.[195]

Mit diesem Kenntnisstand reist Churchill im Mai 1943 nach Washington, um mehrere Tage mit Roosevelt zu konferieren. Er ist genervt von den Forderungen des Franzosen, die von der Ablehnung aller britischen Vorschläge begleitet werden. Er ist angewiesen auf die Zustimmung und Hilfe der USA im militärischen Bereich, sodass er politisch nachzugeben bereit ist.

»Das Verhalten der Braut macht weiterhin alles noch schlimmer«, schreibt ihm Roosevelt in einem Memorandum. »Er ist besessen vom Messianismus. Er bildet sich ein, das französische Volk unterstütze ihn, aber das bezweifle ich.« Das Comité français de la Libération nationale (CFLN) müsse umgebildet werden, einige Leute sollten es verlassen, andere hinzukommen. »Was mit de Gaulle geschehen kann, weiß ich nicht. Vielleicht möchten Sie ihn zum Gouverneur von Madagaskar ernennen.«[196]

Churchill hat ein offenes Ohr für die Argumente des Präsidenten und seines Außenministers, den er am 13. Mai trifft. Er selbst habe die größten Probleme mit de Gaulle, versichert er. Aber der Mann sei Symbol der französischen Résistance und deshalb könne man ihn trotz seines schwierigen Charakters nicht fallenlassen.[197] Roosevelt übergibt daraufhin Churchill weitere Schriftstücke, die er von amerikanischen Diplomaten aus London erhalten hat, mit Zitaten

195 Ebd., S. 284.

196 FRUS: Europe, 1943, S. 109.

197 Ebd., S. 111f. Roosevelt wählt tatsächlich wieder das Wort »Braut«, diesmal nicht mündlich zwischen zwei Cocktails, sondern in einem Dokument, das er Memorandum nennt.

von Äußerungen de Gaulles, die sich gegen Washington richten, was den US-Präsidenten besonders empört. Sein Schützling Giraud in Algier riskiere sogar, von Gaullisten ermordet zu werden, behauptet der Präsident.

Nach mehr als einer Woche unter amerikanischem Druck gibt Churchill nach. Er ist bereit, de Gaulle zu opfern und den Kurs seiner Frankreichpolitik vollkommen umzudrehen. Am 21. Mai schreibt er seinem Stellvertreter in der britischen Regierung, Attlee, und an Außenminister Eden in London ein Telegramm: »Ich bitte meine Kollegen, jetzt eilig die Frage zu prüfen, ob wir de Gaulle als politische Kraft vernichten sollten und dies vor dem Parlament und auch gegenüber dem französischen Volk erklären. de Gaulle hat seine Chance in Nordafrika verpasst. Nach meiner Ansicht interessiert er sich nur für seine persönliche Karriere. Wir werden in diesem Fall dem CFLN sagen, dass wir nicht mehr mit ihm zusammenarbeiten und es nicht mehr finanzieren, solange de Gaulle ihm angehört.«[198] Der Premier bat Eden und Attlee, so schnell wie möglich das Kabinett zusammenzurufen und diese Entscheidung herbeizuführen. Das sei für die guten Beziehungen zu den Vereinigten Staaten von absolut vitalem Interesse.[199] Das Memorandum Roosevelts und die Dokumente des Außenministeriums ließen Churchill folgen. Er erwog, selbst einen Brief an de Gaulle zu schreiben, um ihm zu erklären, warum die früheren Zusicherungen von britischer Seite nicht mehr gültig sein könnten. Tatsächlich schien Churchill zu glauben, was Roosevelt ohne nahe Kenntnisse der Widerstandsszene auch glaubte: dass man die gaullistische Bewegung von de Gaulle trennen könne.

Während der Premier in Washington erfolgreich bearbeitet wurde, taten Macmillan und Murphy in Algier ihre Pflicht, das heißt, sie

198 Ebd., S. 116f.

199 François Kersaudy: de Gaulle et Churchill, la mésentente cordiale. Perrin: Paris 2010, S. 291.

arbeiteten weiter an einem Plan, der die beiden Generäle wenn nicht versöhnen, so doch zur gemeinsamen Aktion zusammenführen sollte. Sie spürten, dass die Stimmung in Algerien und darüber hinaus sich mehr und mehr zugunsten von de Gaulle und den Gaullisten änderte. Wenn französische Schiffe in amerikanischen oder britischen Häfen landeten, ging regelmäßig ein Teil der Mannschaft von Bord, um sich der France Combattante anzuschließen. In Algerien wechselten ganze Regimenter auf die Seite der Gaullisten.[200] Das erleichterte es Macmillan, zwei wesentliche Zugeständnisse von dem sich sträubenden Giraud zu erreichen: 1.) de Gaulle sollte nun doch nach Algier eingeladen werden. 2.) Die beiden Generäle sollten gleichberechtigte, sich abwechselnde Co-Vorsitzende des Exekutivkommittees sein und jeweils zwei weitere Mitglieder benennen.[201] Das war nun endlich die Gleichstellung, zu der de Gaulle schon länger bereit war. Diese Vereinbarung übermittelte Macmillan am 17. Mai nach London und de Gaulle antwortete: »Ich glaube, nichts Wesentliches trennt uns mehr. Ich bitte Sie, das dem General Giraud auszurichten, und dass ich damit rechne, unsere Zusammenarbeit im Dienst an Frankreich aufzunehmen mit einem Gefühl der Hochachtung für ihn.«[202] Das war nicht das Ende des Zweikampfs, aber ein wichtiges Etappenziel.

Als die britische Allparteien-Regierung um neun Uhr am Abend des 23. Mai zu einer Sondersitzung zusammentrat, lagen die Nachrichten aus Algier und die Telegramme von Churchill, die eine grundsätzliche Kursänderung verlangten, auf dem Tisch. Die Nachricht aus Algier nahm die Runde mit Freude und Erleichterung zur Kenntnis. Die Papiere aus Washington erregten hingegen Erstaunen. Die von Churchill vorgeschlagene Politik sei aus mehreren Gründen nicht praktikabel, so notierte Außenminister Eden anschließend in

200 Ebd., S. 292.
201 Ebd., S. 280.
202 FRUS: Europe, 1943, S. 119f.

sein Tagebuch: 1.) Die beiden Generäle haben sich endlich geeinigt. Das war unser Ziel seit der Konferenz von Casablanca, dem sie beide (Roosevelt und Churchill) zugestimmt haben. 2.) Wir wurden informiert, dass die Mitglieder des CFLN unter keinen Umständen auf ihren Plätzen bleiben werden, wenn de Gaulle ausgeschlossen wird. 3.) Wenn wir de Gaulle ausschließen, würde man uns dann nicht vorwerfen, dass wir uns in eine rein französische Angelegenheit einmischen und Frankreich wie ein anglo-amerikanisches Protektorat behandeln?[203]

Niemand in der Runde sprach sich für einen Bruch mit de Gaulle zu diesem Zeitpunkt aus. Churchill erhielt von Eden eine eindeutige Antwort: negativ. Roosevelts Strategie gegen de Gaulle und die Résistance war damit vollständig gescheitert. de Gaulle hatte sein Ziel erreicht. Nur die Geheimhaltung der diplomatischen Post bewahrte den Präsidenten und den Premier vor einer Blamage, die die Presse beider Länder sicher weit verbreitet hätte. In der Öffentlichkeit galt Giraud, den auch Roosevelt als »Null« bezeichnet hatte, wegen seiner undemokratischen, autoritären Haltung ohnehin als nicht akzeptabel.

In seinen Memoiren befasste sich Churchill ausführlich mit seiner Reise nach Washington im Mai 1943, diese Episode verschwieg er jedoch komplett.

Am 30. Mai landet de Gaulle auf dem Flughafen Boufarik außerhalb von Algier, um vorerst von dort aus zu regieren. General Giraud holt ihn und seinen Stab ab, Soldaten sind angetreten, die *Marseillaise* wird gespielt. Diesmal wird de Gaulle in einem französischen Auto in die Stadt gefahren. Giraud fragt ihn: »Sie wollen sicher gleich morgen den General Eisenhower sehen?«

»Nicht im Leben!«, ist die Antwort.[204]

203 Ebd., S. 124f.

204 François Kersaudy: de Gaulle et Churchill, S. 296f.

In den nächsten Tagen konstituiert sich das Exekutivkomitee der beiden Generäle – nicht ohne neue Konflikte. Das Organ bezeichnet sich als zuständig für das französische Mutterland, für alle französischen Überseegebiete und deren Ressourcen. Das politische Zentrum der Gaullisten in Carlton Gardens, eine Art von Exilregierung der Franzosen in London, hört schrittweise auf zu bestehen. Die britische Regierung stellt ihre Zahlungen ein. Das Exekutivkomitee darf sich nicht Regierung nennen, darauf hatten die Alliierten bestanden, und soll nach der Befreiung Frankreichs durch eine demokratisch gewählte Regierung abgelöst werden.

In seinem Grußschreiben nennt Jean Moulin trotzdem das neue Gremium in Algier »Gouvernement unique« (Einheitsregierung). »Confiance totale« (das vollständige Vertrauen) zu de Gaulle wird erneut versichert, während er an Giraud »Glückwünsche« ausrichten lässt.[205] Der Konflikt Giraud–de Gaulle ist aber nicht beendet und auch nicht der Konflikt Frenay–Moulin. Der OSS-Chef Donovan in Washington und sein Vertreter Dulles in Bern stützen weiter Frenay und auch Giraud, um die Résistance der Kontrolle de Gaulles zu entziehen.[206] Giraud erhofft sich von der gemeinsamen Verwaltung in Algier die Integration seiner Anhänger im Mutterland in die Armée Secrète (AS) der Résistance, und Frenay sieht für sich die Chance, über eine Neuordnung der AS doch noch eine wesentliche Rolle in dieser Militäreinheit zu übernehmen, die er für seine eigene hält.

Aber de Gaulle, alarmiert von Moulin, ordnete bereits in einem Telegramm vom 14. Mai an Rex an: »Alle Befehle an die Armée Secrète und die Entscheidungen über Abwürfe von Waffen und Geld können nur von mir in London zusammen mit den Allierten beschlossen werden.«[207] Dieses Telegramm war das einzige an Rex/Moulin, das de Gaulle jemals persönlich unterzeichnet hat. Das zeigt,

205 Ebd., S. 299.

206 François Berriot: Écrits et documents, Bd. II, S. 427.

207 Daniel Cordier: Jean Moulin, S. 762.

wie wichtig ihm dieser Vorgang ist. Er will sich weder von den Amerikanern noch von ihren französischen Freunden oder Opportunisten abdrängen lassen.

Giraud aber kalkuliert: Wenn de Gaulle sich erst auf eine Co-Präsidentschaft mit ihm (Giraud) in Algier eingelassen hat, dann wird er die Hälfte seiner Autorität auch im französischen Mutterland verlieren. So hofft er, eine neue Balance zu schaffen, die ihn seinen alten Zielen näherbringen würde. Er setzt darauf, dass die ehemaligen Vichy-Beamten, mit denen er sich umgeben hat, ebenso wie die Vichy-treue Geheimpolizei in Algier ihn unterstützen werden, so die Analyse von Daniel Cordier.[208]

Frenays Aussichten sind Anfang Juni 1943 nicht schlecht. Am 15. Juni reist er nach London, wo er d'Astier und Levy auf seine Seite ziehen will, damit die Fronde gegen Moulin endlich das Heft in die Hand bekomme. Die Abreise erweist sich jedoch als schwerwiegender Fehler. Ereignisse in Frankreich machen seine Pläne obsolet. Erst Anfang August kann er in Algier erscheinen, nachdem de Gaulle dort in seinen ersten zwei Monaten die Machtverhältnisse vollkommen zu seinen Gunsten umgedreht hat.

208 Ebd., S. 765f.

Kapitel III: Caluire – die Katastrophe

Konferenz beim Zahnarzt

Unter den vielen Museen und Gedenkstätten für die Résistance und ihren Gründer Jean Moulin in Paris, Chartres, Lyon, Bordeaux, St.-Andiol etc. ragt eine besonders heraus: der zentrale Ort des Dramas des französischen Widerstandes – eine eher bescheidene Villa in Caluire, einem Vorort an der nördlichen Peripherie von Lyon. 1943 war hier die Praxis eines jungen Zahnarztes, Frédéric Dugoujon, der mit dem Widerstand sympathisierte. Der knapp 30-Jährige hatte kurzfristig sein Haus an der Place Castellane für ein geheimes Treffen zu Verfügung gestellt, das sehr schnell organisiert werden musste, um dringende Entscheidungen zu treffen. Am Montag, den 21. Juni 1943 nachmittags, während der Zahnarzt im Erdgeschoss seine Patienten behandelte, wollten sich im ersten Stock die Verschwörer treffen.

Die Sprechstundenhilfe hatte den Auftrag, die Männer der Résistance nach oben in den Salon der Privatwohnung zu bringen, aber sie kannte die meisten nicht persönlich, so wenig wie der Arzt selbst. Dugoujon war der Gestapo noch nicht aufgefallen, sein Haus wurde also nicht überwacht. Das Treffen von einem halben Dutzend Männern musste soweit keinen Verdacht erregen. Das Haus liegt neben dem Gebäude, in dem damals das Bürgermeisteramt von Caluire residierte. Die Place Castellane ist von drei Seiten bebaut, an der vierten Seite öffnet sich ein parkähnliches Grundstück zu einem steilen Abhang hin, zum Tal der Saône. In diesen Park, der Villa gegenüber, wurde vor Jahren ein Denkmal für Jean Moulin gebaut: Man sieht seine überlebensgroße Gestalt zwischen

Haus des Dr. Dugoujon in Caluire. © *D. L. S.*

Marmorstelen halb versteckt, mit breitem Hut vorsichtig um die Ecke schauend, und versteht, warum der Sekretär und Biograph des Résistance-Helden, Daniel Cordier, sein Buch im Untertitel *La République des catacombes* nannte. Das Denkmal, das Haus, der Blick ins Tal sind heute zu besichtigen, nicht der einzige, aber der wichtigste authentische Schauplatz der Geschichte des französischen Widerstands.

Die deutsche Sicherheit in Lyon, etwa vierzig Männer von Gestapo und SS, arbeitete rücksichtslos und effektiv, unterstützt von einer großen Zahl französischer Hilfskräfte, Spionen, Informanten, Denunzianten. Nach der Befreiung Nordafrikas durch die Alliierten befürchteten deutsche Militärstrategen in Berlin und Paris, der nächste anglo-amerikanische Coup könnte die französische Mittelmeerküste treffen. So verschärften sie ihre Anstrengungen, im Hinterland Widerstandsgruppen aufzuspüren. Eine Reihe von Untergrundkämpfern der Résistance wurde festgenommen, verhört, in Konzentrationslager gebracht oder auch ermordet. Der Historiker Henry Rousso nennt die Zahl von 87.000 Personen, die aus Frankreich in die Konzentrationslager gebracht wurden, zwei Drittel von ihnen Angehörige der Résistance.[209] Diese Zugriffe der Gestapo rissen tiefe Lücken in den Apparat der Résistance und Wunden in die Seele. Moulin selbst hatte unter dem Namen Monsieur Marchand ein kleines Zimmer in der Stadtmitte gemietet mit Blick auf einen Platz im Zentrum, den Place Raspail. Das Haus hatte mehrere Treppen sowie mehrere Ein- und Ausgänge, was ihm Fluchtmöglichkeiten gab. Er zahlte seine Miete pünktlich, brachte keine Frauen mit ins Haus, übernachtete aber oft außerhalb, die Vermieterin war zufrieden. Dass ihr bescheidener Mieter Chef der französischen Résistance war, davon hatte sie nicht die geringste Ahnung.

209 Henry Rousso: Frankreich unter deutscher Besatzung, S. 108.

Denkmal Jean Moulin in Caluire. © D. L. S.

Wiederholt verlor Jean Moulin Freunde und wertvolle Mitkämpfer. Trotz persönlicher Trauer war er gezwungen, Lücken rasch zu schließen. Absolut notwendige Sicherheitsvorkehrungen erschwerten jede Aktivität. Alle Adressen, Briefkästen und Zusammenkünfte mussten noch besser als bisher getarnt werden; dabei war es wichtig, Hektik zu vermeiden, damit die Kontrolle nicht verloren ging. Dann traf Moulin der bisher schlimmste Schlag: Sein Freund, General Charles Delestraint (genannt Mars oder Vidal), Chef der Armée Secrète, wurde am 9. Juni an der Métro-Station La Muette in Paris von der Gestapo verhaftet. Wahrscheinlich ist er verraten worden. Im Gefängnis von Fresnes verhörte ihn der Gestapo-Chef der Südzone Barbie. Danach wurde Delestraint in ein Straflager im Elsass gebracht und schließlich in das KZ Dachau. Am 19. April 1945 erschoss ihn dort der SS-Offizier Bongartz auf Befehl des Gestapo-Chefs in Berlin Ernst Kaltenbrunner.

Moulin erfuhr von der Festnahme am 12. Juni. Er musste sofort handeln, um zu verhindern, dass das Kommando der Geheimarmee in die Hände der Fronde geriet. Und er musste mit de Gaulle und den Granden der Résistance Einverständnis über den neu zu bestimmenden kommandierenden General herbeiführen, damit die Autorität des Nachfolgers nicht von Anfang an bezweifelt werden konnte. Zuerst aber war de Gaulle zu informieren. Am 15. Juni schrieb er ihm einen Brief, der sein letzter Brief an den Chef der France Combattante bleiben sollte:

»Mon Général,
notre guerre à nous aussi est rude.
J'ai le triste devoir de vous annoncer l'arrestation, par la Gestapo, à Paris de notre cher Vidal (Delestraint).
Les circonstances? Une souricière dans laquelle il est tombé, avec quelques-uns de ses nouveaux collaborateurs.«[210]
(Mein General,
unser Krieg ist rau auch für uns.
Ich habe die traurige Pflicht, Ihnen die Verhaftung unseres lieben Vidal durch die Gestapo in Paris mitzuteilen.
Die Umstände? Eine Falle, in die er geraten ist, zusammen mit einigen seiner neuen Mitarbeiter.)

210 François Berriot: Écrits et documents, Bd. II, 428f.

»Die Gründe? Vor allem die heftige Kampagne, die Charvet (Frenay) gegen ihn und gegen mich geführt hat, welche den Konflikt wörtlich in die Öffentlichkeit getragen hat und die deshalb die Aufmerksamkeit (der Gestapo) einzig auf uns gezogen hat. Alle Papiere von Charvet (Frenay), das wissen Sie, sind regelmäßig in den Händen der Gestapo gelandet.« Moulin fuhr fort in seinem Brief an de Gaulle: »Es gibt nur einen Ausweg: Sie schicken uns dringend, das heißt im jetzt bevorstehenden Vollmond, einen Offizier, der die Nachfolge von Vidal übernehmen kann [...]. Ich habe die Verhaftung von Vidal bis jetzt geheim gehalten. Aber es ist nicht eine Minute zu verlieren. Noch kann alles repariert werden. Aber es ist notwendig, dass niemand in London oder in Algier über die Sache informiert wird, vor allem nicht die Chefs der einzelnen Gruppierungen.«

Moulin wollte auf diese Weise das Heft in der Hand behalten, aber es ist fast sicher, dass die Chefs der Fronde schneller auf dem Laufenden waren, als Rex glaubte; der weitere Verlauf könnte darauf schließen lassen. Moulin rief Vertreter der Résistance-Gruppen zu einer Konferenz in Caluire zusammen. Sie war für den Nachmittag des 21. Juni gegen 14 Uhr angesetzt. Da nicht alle gleichzeitig kamen und einige sich auch deutlich verspätet hatten – wie auch Moulin selbst –, geschah es, dass die Assistentin Marguerite Brossier fünf Männer nach oben in die Privatwohnung führte, zwei andere aber, wie auch Jean Moulin, im Wartezimmer zwischen den Patienten Platz nahmen. Der Raum war voll besetzt, denn es war Montag und der Arzt verabredete keine Termine. Rex war zum ersten Mal in diesem Haus. Die kleine Villa hatte keinen zweiten Ein- und Ausgang, obendrein war der kleine Garten von einer hohen Mauer eingefasst.

Als gegen 15 Uhr zwei oder drei Mannschaftswagen des deutschen Sicherheitsdienstes (schwarze Citroëns) vor dem Haus hielten, saßen die Widerstandskämpfer in der Falle. Unter dem Kommando von Klaus Barbie, Chef der Abteilung IV des SD in Lyon, umstellten etwa zehn Deutsche das Haus. Sie ließen nach Aussage des Zahnarztes fünf oder sechs Frauen gehen, die offensichtlich krank waren, alle anderen nahmen sie fest:

- den Arzt Dr. Dugoujon, Mademoiselle Marguerite sowie mehrere Patienten,
- Jean Moulin, den sie nicht erkannten,
- zwei Vertreter der Gruppe Libération-Sud, Raymond Samuel-Aubrac und den Englischlehrer André Lassagne,
- zwei Vertreter der Gruppe Combat, Henri Aubry und René Hardy,
- den Colonel Albert Lacaze für die Armée Secrète,
- den Colonel Schwarzfeld für eine kleine Widerstandsgruppe in Lyon
- und Bruno Larat, einen jungen Rechtsanwalt aus London, der die Führung um Moulin verstärkte.[211] Schwarzfeld und Larat kamen später in den deutschen Straflagern ums Leben.

René Hardy trug als einziger keine festen Handschellen, als er aus dem Haus geführt wurde, sondern nur eine Art Gurt um die Hände. Er konnte sich befreien und – obwohl vier- oder fünfmal hinter ihm hergeschossen wurde – über das benachbarte Parkgrundstück den steilen Hang hinab in das Tal der Saône entkommen. Er erschien mit einer Wunde am Arm (die er sich wahrscheinlich zur Tarnung selbst beigebracht hatte) in einem Krankenhaus des Roten Kreuzes, wurde dort ärztlich versorgt, erhielt Besuch von Barbie und konnte nach einigen Tagen erneut durch einen Sprung aus dem Fenster flüchten.

Französische Historiker haben jedes Detail dieses Dramas erforscht, Zeugen ausfindig gemacht und befragt, jedes nur erdenkliche Dokument gefunden und hin- und hergewendet, besonders Daniel Cordier verdanken wir eine sehr ausführliche Beschreibung der

211 François Berriot: Écrits et documents, Bd. II, S. 428f.

Katastrophe von Caluire.[212] Auf deutsche Zeugen wurde allerdings weitgehend verzichtet, weil die deutschen Sicherheitsleute ohnehin als »Lügner und Kriegsverbrecher« untauglich erschienen, diese dramatischen Momente der französischen Geschichte zu dokumentieren. Besonders Klaus Barbie erzählte später immer neue Versionen seiner Aktionen, vor allem mit dem Ziel, nicht für den Tod von Jean Moulin verantwortlich gemacht zu werden.

Da dieses Drama von Verrat und nationaler Ehre nach 1945 in die Mühlen des Kalten Krieges geriet und bis heute innenpolitische Sprengkraft hat, war es jahrzehntelang sehr schwer, nicht emotional, unparteiisch, nur an Fakten orientiert über dieses Thema zu sprechen. Man ist sich heute in Frankreich aber einig, dass Jean Moulin verraten wurde. Man hat auch eingesehen, dass der Verfolgungsdruck der Vichy-Treuen und der deutschen Sicherheitsbehörden so groß war, dass die Résistance-Spitze dem irgendwann einfach nicht mehr standhalten konnte. Anders ausgedrückt: dass Moulin nicht hauptsächlich Opfer innerfranzösischer Rivalitäten wurde, sondern vor allem Soldat war, ein Kämpfer, der für die Freiheit Frankreichs »gefallen« ist.

Auch in den gut zugänglichen Archiven der Bundesrepublik recherchierten die französischen Historiker. Da die deutsche Justiz aber in ihrer bekannten Nazi-Blindheit der 1940er und 1950er Jahre den Tod von Jean Moulin als Körperverletzung mit Todesfolge einstufte und nicht als Mord, galt dieser Fall in Deutschland bald als verjährt. Das Ermittlungsverfahren gegen Klaus Barbie hat die Staatsanwaltschaft München am 22. Juni 1971 eingestellt.[213] Am 23. April 1975 stellte das Amtsgericht Augsburg einen neuen Haftbefehl gegen Barbie aus wegen eines einzelnen Mordes an einem französischen Widerstandskämpfer namens Kemmler. Dieser

212 Jean-Pierre Azéma: Jean Moulin, S. 474.

213 Daniel Cordier: Jean Moulin, la République des Catacombes.

Haftbefehl blieb jedoch wirkungslos, weil Barbie sich in Bolivien in Sicherheit gebracht hatte.

Der Name Moulin kommt im Bundesarchiv in Ludwigsburg nicht vor, das Dokumente der deutschen Nazi-Prozesse verwahrt. Dennoch ist eine Zeugenaussage vorhanden, die in unserem Kontext bedeutsam ist. Der Zeuge kannte nur Jean Moulin nicht, weder den Namen noch das Gesicht, so wenig wie Klaus Barbie ihn kannte, dessen Stellvertreter der Augenzeuge war: der SS-Offizier Harry Stengritt.

Der Zeuge Harry Stengritt

Stengritt ist der einzige Deutsche außer Barbie, der an der Razzia in Caluire beteiligt war, dessen Aussage schriftlich vorliegt und der nicht a priori als verlogen gelten muss.[214] Sicher war ihm klar, dass ein Prozess gegen ihn und die gesamte SS- und Gestapo-Truppe von Lyon bevorstand. Er hat sich in seinen Aussagen nicht selbst belastet. Vielleicht hat er seine eigene Rolle beschönigt, vermutlich hat er Details »vergessen«, aber seine Aussagen zum Hergang und Hintergrund der Razzia in Caluire wurden vorher oder nachher von französischen Zeugen bestätigt.

Im Gegensatz zu dem brutalen SS-Schergen Barbie besaß sein Stellvertreter, der Oberscharführer Stengritt, eine gewisse Bildung, er sprach fließend Französisch und Englisch, er hatte Lebensart und verstand viel von dem subtilen Geschäft der Spionage und Spionageabwehr. Er baute listig ein Netz von Spionen und Informanten auf. Nach dem Krieg, 1954, verurteilte ihn ein Militärtribunal in Lyon

214 Bundesarchiv Ludwigsburg, B 162/30162. – Von den 28 Mitarbeitern der Bundesanwaltschaft waren 1953 22 ehemalige Mitglieder der NSDAP, wie der Historiker Friedrich Kießling bei einem Symposium zum Staatsschutz-Strafrecht im Juli 2019 in Karlsruhe offenbarte. (Wolfgang Janisch, *Süddeutsche Zeitung*, 4. Juli 2019)

zum Tode, weil er einer kriminellen Vereinigung angehört hatte. Doch das Urteil wurde bald in eine erst lebenslängliche, dann in eine 15-jährige Gefängnisstrafe abgemildert. Als der Bundespräsident Heuss ein persönliches Schreiben an den französischen Staatspräsidenten de Gaulle richtete, wurde Stengritt begnadigt. Eine Bluttat wurde ihm persönlich nicht vorgeworfen.

Am 13. Dezember 1948 verhörte der Polizeibeamte Albert Meyer als Vertreter der Staatsanwaltschaft in Württemberg und im Auftrag der französischen Militärregierung Stengritt zu seiner Tätigkeit als SS-Mann in Frankreich. An die Razzia in Caluire konnte er sich gut erinnern. Einige Tage zuvor hatte er René Hardy kennengelernt, der bereits ein eigenes Zimmer im Hauptquartier der Gestapo hatte. Barbie hatte ihn (Stengritt) beauftragt, Hardy zu bespitzeln. »Hardy arbeitete für Barbie«,[215] versicherte Stengritt dem Staatsanwalt in Tübingen, aber Barbie vertraute ihm wohl nicht. Wenige Tage später, am 20. Juni 1943, beobachte er auf der Morand-Brücke über die Rhone ein Treffen von Hardy mit einem Mann namens Thomas (alias Aubry) und einer etwa 40-jährigen Frau (Madelaine Raisin-Larousse), die seine Assistentin sein musste. Die Assistentin hatte die Aufgabe, Hardy einen Umschlag mit einem hohen Geldbetrag zu übergeben und Papiere, die sie kopiert hatte. Wie Madame Raisin 1950 im Prozess gegen Hardy aussagte, handelte es sich bei den Kopien um die Sabotagepläne der französischen Eisenbahn SNCF für den erwarteten Fall einer Landung der Alliierten.[216] Hardy fragte, wer die Pläne gemacht habe. Und Aubry antwortete: »Ich!« »Sehr gut!« Hardy schien zufrieden. Barbie saß nur wenige Meter entfernt auf einer Bank in der Mauer, schien eine Zeitung zu lesen, beobachtete jedoch genau und verstand, was gesprochen wurde. Die drei Widerständler gingen ein wenig auf und ab und stießen dann

215 Bundesarchiv Ludwigsburg, B 162/3399, Bd. 5, S. 33–39.
216 Bundesarchiv Ludwigsburg, B 162/3399, Bd. 5, S. 34.

auf einen weiteren Bekannten: den Rechtsanwalt Gaston Deferre aus Marseille (später Innenminister in der Regierung Mitterands). Madame Raisin erinnert sich, sie habe Hardy auf einen Mann aufmerksam gemacht, der hinter einer weit aufgeschlagenen Zeitung saß. Aber Hardy hatte darauf nicht reagiert.

Am nächsten Tag, dem 21. Juni, war Stengritt dabei, als die Führungsgruppe von fünf oder sechs Résistance-Chefs in Caluire verhaftet werden sollte. »Ich erinnere mich, dass das Gebäude von unseren Agenten in Zivil umstellt wurde«, fuhr Stengritt fort.[217] Barbie sagte ihm, Hardy habe ihm die geheime Konferenz verraten. Genaueres wussten weder Barbie noch Stengritt. »Ich persönlich wurde von Barbie beauftragt, mich um Hardy zu kümmern, eine Festnahme vorzutäuschen und ihn im geeigneten Augenblick entkommen zu lassen… Als wir auf der Straße bei den Wagen angekommen waren, flüsterte ich Hardy ins Ohr ›Los!‹, indem ich eine kleine Bewegung machte. Hardy rempelte mich an und floh sehr schnell.« Er sei dann später mit Barbie zusammen in dem Krankenhaus gewesen, wo Hardy sich von seiner Verwundung erholte. Dort sei der Mann offensichtlich nicht gefangengehalten worden.

Stengritt hatte bereits eine Woche vor diesem Tübinger Verhör, am 13. Dezember 1948, in Paris bei dem Prozess gegen René Hardy ausgesagt und war diesem gegenübergestellt worden. Hardy behauptete, ihn nicht zu kennen.

217 François Berriot: Écrits et documents, Bd. II, S. 675.

René Hardy, der Verräter

Was war der Grund für den Verrat? Hatte Hardy sich in eine 20-jährige Schönheit verliebt, die offenbar auf ihn angesetzt worden war, eine Freundin von Stengritt? So erzählt es Pierre Péan, der als zuverlässig geltende investigative Reporter, nachdem er das Testament einer etwas zweifelhaften Dame einsehen konnte, die sich rühmte, den Mann verführt zu haben, der dann Jean Moulin an die Nazis verriet. Hardy hatte eine starke Position innerhalb der Résistance, weil er Chef der Résistance-Fer war, innerhalb von Combat, der gut organisierten Widerstandsgruppe der französischen Eisenbahner, die ihn in die Führungsgruppe um Rex entsandt hatte. Auf die Eisenbahner wartete eine zentrale Rolle bei der geplanten Landung der Alliierten, denn sie sollten durch Sabotage den Schienenverkehr im ganzen Land lahmlegen. Dazu gab es einen ausführlichen Plan, über den Hardy verfügte. Für die Gestapo war er also ein äußerst interessantes Objekt. Es ist vielfach bezeugt, dass Hardy seit Januar 1943 eine Beziehung zu der sehr hübschen 20-jährigen Lydie Bastien hatte, die zugleich oder vorher ein Verhältnis mit Harry Stengritt pflegte. Man hatte sich am 23. Januar in einem Café in Lyon kennengelernt. Aber Péan hat keinen anderen Beleg für seine publikumswirksame These als das Testament der etwas ins Zwielicht geratenen und zu wohlhabenden Männern neigenden Lydie, die ihr Geheimnis jahrzehntelang gehütet haben will, um es dann ihrem Testamentsvollstrecker anzuvertrauen, der es nach ihrem Tod preisgeben sollte.[218] Es bleiben Zweifel.

Frenay, der Chef von Combat und wichtigster Rivale von Moulin, hatte vor seiner Abreise nach London im Juni seinem Stellvertreter Aubry den Auftrag hinterlassen, »wenn Sie in meiner Abwesenheit ein schwerwiegendes Problem haben, dann ist mein bester Mitstrei-

218 Bundesarchiv Ludwigsburg, B 162/3399, Bd. 5, S. 34.

ter, an den Sie sich wenden und mit dem Sie diskutieren können, Didot (Hardy)«.[219] Hardy war also Vertrauensmann von Frenay.

Eindeutig klar ist, dass René Hardy der Verräter war. Er ist in der Nacht vom 7. zum 8. Juni bei der Fahrt von Lyon nach Paris von der Gestapo aus dem Zug geholt worden – bei einer Kontrolle, die nicht allen Fahrgästen galt, sondern nur ihm und einem Begleiter. Die Fahrkarten will Lydie Bastien gekauft haben, zwei, denn eigentlich sollte sie mitfahren. Sie hat Hardy allein fahren lassen und ihn dann an die Gestapo verraten, behauptet sie. Es stiegen zwei französische Mitarbeiter der Gestapo in den Zug: Jean Multon (genannt »Lunel«), der selbst erst kürzlich die Seite gewechselt hatte, und sein »Agentenführer« Robert Moog. Multon kannte Hardy und so war es für die beiden leicht, den Mann aus der SNCF-Résistance festzunehmen. Barbie persönlich verhörte Hardy im Gefängnis von Fresnes. Zwei Tage später wurde General Delestraint in Paris verhaftet.

Der Zusammenhang klingt plausibel, aber die Rolle einer Femme fatale nach Art der Mata Hari ist gar nicht nötig, um das Verhalten des Widerständlers Hardy zu erklären. Ein Verhör durch Klaus Barbie mit seinen bestialischen und demütigenden Foltermethoden reicht vollkommen aus, um einen Mann zum Verrat zu bewegen. Einmal Verräter (an General Delestraint), einmal in ein Lügengebäude verstrickt, einmal Verhaftung und Verhör, verschwiegen oder abgestritten, ist er dann außerstande, zu seinem alten Leben zu rückzufinden, weil er erpressbar geworden ist. Reicht das nicht als Motiv?

Stengritt, in seinem Verhör in Tübingen, schwieg über Lydie Bastien. Das Protokoll verzeichnet auch nicht, dass nach ihr gefragt worden ist.

Am 21. Juni 1943 hat die Gestapo es in Caluire leicht, Hardy in die Villa des Zahnarztes zu folgen. Barbie beauftragt eine Frau,

219 Pierre Péan: La Diabolique de Caluire.

Hardy auf dem Weg nach Caluire nicht aus den Augen zu lassen und schnellstens zu berichten, wohin er geht.

Es bleibt allerdings die Frage, wie Hardy überhaupt dorthin kommen konnte. Er hatte keine Einladung zu der Konferenz und hätte nicht dabei sein dürfen. Er hätte nichts von dem Treffen wissen dürfen, das verlangen die einfachsten Regeln jeder konspirativen Untergrundtätigkeit. Es müssen also noch mehr Verräter oder extrem Leichtsinnige am Werk gewesen sein. Offensichtlich gehörte Aubry, der Hardy mitgebracht hat, zu ihnen.

Als André Lassagne von der Gruppe Libération-Sud mit seinem Fahrrad an dem Café erscheint, wo er mit Aubry verabredet ist, trifft er neben Aubry auch auf Hardy und fragt ihn, wieso er gekommen sei, er sei doch gar nicht eingeladen. Hardy antwortet, er wolle gar nicht an der Konferenz teilnehmen, sondern lediglich vorher einen Moment mit Moulin sprechen wegen einer Angelegenheit, die den Bahnservice betreffe.[220]

Zu dritt erreichen sie die Villa und Mademoiselle Marguerite weist sie nach oben in den Salon, denn sie kennt den Lehrer Lassagne. Colonel Lacaze wartet dort bereits und Dr. Dugoujon schickt Bruno Larat, den er in seinem Wartezimmer entdeckt, ebenfalls hinauf. In der Wartezeit zeigt Hardy eine Pistole herum und behauptet, damit wolle er verhindern, jemals wieder in die Hände der Deutschen zu fallen. Den anderen bleibt das rätselhaft. Mit einer Pistole bei einem Treffen von Verschwörern zu erscheinen, ist aber wiederum ein schwerer Verstoß gegen die einfachsten Regeln der Sicherheit.[221]

Der sonst immer pünktliche Moulin und Aubrac kommen erst um 14 Uhr 45 an, deshalb hält Marguerite sie für normale Patienten und bittet sie in das Wartezimmer. Es ist die Gestapo, die das Warten auf zwei Etagen schlagartig beendet. Die Türen werden aufgerissen:

220 François Berriot: Écrits et documents, Bd. II, S. 602.
221 Daniel Cordier: Jean Moulin, S. 837.

»Haut les Mains!« (Hände hoch!), schallt das Kommando durch die Zahnarztpraxis. Revolver in den Händen der SS-Leute verschaffen dem Befehl Nachdruck. Einer der Deutschen wendet sich an Aubry mit Stößen und Ohrfeigen. »Du siehst ja nicht mehr so fröhlich aus wie gestern auf der Morand-Brücke, du erinnerst dich wohl nicht, dass ich dort auf der Bank saß und meine Zeitung las.«[222] Das muss Barbie gewesen sein, wie wir aus dem Verhör von Stengritt wissen. Die fünf im Salon Verhafteten werden einzeln in einen Nebenraum gestoßen und dort mithilfe des abgebrochenen Beins eines Stilmöbels geschlagen und verhört. Wer sind Sie? Wie heißen Sie? Was machen Sie hier? Wer sind die anderen Kerle? Die Verhafteten werden durchsucht, alles, was sie bei sich tragen, Ausweise (echte und gefälschte), Uhren, Stifte, Portemonnaies etc., wird ihnen abgenommen und zunächst auf ihr jeweiliges Taschentuch gelegt. Hardy wird nicht anders behandelt, er behauptet später, er habe heldenhaft geschwiegen.

Im ersten Moment hat Moulin noch den Vorteil, dass er sich im Wartezimmer zwischen den Patienten befindet. Er zieht einen Brief aus der Tasche, ein Empfehlungsschreiben eines Arztes aus Marseille gerichtet an Dr. Dugoujon.[223] Mehr Vorsichtsmaßnahmen hat er nicht treffen können, obwohl er seit Wochen auf eine derartige Katastrophe gefasst ist. Er trägt einen Ausweis mit dem falschen Namen Mercier bei sich.

Der Tumult im Hause Dugoujon dauert über eine Stunde und lockt auf der Straße Passanten an, wird auch in der benachbarten Mairie (dem Bürgermeisteramt) bemerkt. Die SS-Leute (in Zivil) schicken die Zuschauer weg. Aber die Menschen auf dem Platz verstehen: Hier greift die Gestapo zu.

Außer Hardy werden alle Gefangenen zunächst in die École de Santé Militaire gebracht, die seit einigen Tagen erst der neue Sitz

222 Ebd., S. 839.
223 Ebd., S. 840f.

von SD und Gestapo ist. Der Zahnarzt Dugoujon erinnert sich später, dass er zusammen mit Moulin, Aubrac und dem Colonel Schwarzfeld (oder dem Bäcker Fischer, einem Flüchtling aus dem Elsass, der draußen vorbeikam und zufällig in die Aktion geriet) im gleichen Auto sitzend und von drei SS-Leuten bewacht von einem ihrer Fahrer den Berg hinab ins Zentrum von Lyon gefahren wurde.[224]

Klaus Barbie, der Folterer

Wer Barbie kennengelernt hat, musste bald feststellen, dass dieser mit Vergnügen Menschen folterte. Fast übereinstimmend berichten darüber deutsche Täter wie französische Opfer. Ferdinand Palk etwa, der sich als Freund von Barbie bezeichnete, sprach am 16. Dezember 1964 von willkürlichen Erschießungen, die Barbie befahl oder selbst vornahm.[225] Auch Harry Stengritt erinnerte sich, dass Barbie willkürliche Hinrichtungen von Résistance-Kämpfern angeordnet hatte.[226] Darüberhinaus genoss es Barbie, Menschen leiden zu sehen. Mehrere Zeugen berichten, er habe sich kaum für ihre Antworten interessiert, die hätte er längst vorher gekannt. Dem Sadisten sei die Qual seiner Opfer ein Selbstzweck gewesen und Vergnügen. »Er steigt in den Keller hinunter, wo die Gefangenen liegen, angekettet und blutend«, erzählt die Zeugin im Barbie-Prozess von 1987, Madame Lise Lesèvre, »und tritt ihnen in Gesicht und Unterleib. Er will, dass sie in der Trance ihres Schmerzes doch noch reden. Er lacht dabei.«[227] Der Exzess-Täter erwarb sich den Titel »Schlächter von Lyon«. Die Haager Landkriegsordnung und die Genfer Konvention interessierten ihn nicht. In der Nazi-Hierarchie

224 Ebd., S. 845.
225 Ebd., S. 848.
226 Bundesarchiv Ludwigsburg, B 162/3403.
227 Ebd., B 162/3399, Bd. V, S. 39.

stand er nicht besonders hoch, und die Verhaftung von Moulin blieb auch aus Nazi-Perspektive sein größter Erfolg.

Am späten Nachmittag des 21. Juni 1943, als der SS-Konvoi mit seinen Gefangenen in der École de Santé ankommt, werden sie in einen Kellerraum gebracht und in zwei Gruppen geteilt. Diejenigen, die Barbie sicher für »Terroristen« hält, müssen stehen, die Hände auf dem Rücken gefesselt. Die, die nur verdächtig sind, dürfen sitzen, ihnen werden die Handschellen abgenommen. Zu diesen gehört Moulin, ebenso wie der Zahnarzt und seine Helferin. Barbie hat eine Vermutung, nicht mehr, dass der Chef der Résistance unter seinen Gefangenen ist, aber er kennt weder sein Gesicht noch seinen richtigen Namen. Nur der Decknahme »Max« ist ihm bekannt. So fragt er jeden seiner Häftlinge: »Bist du Max?« Keiner bejaht das. Doch während er tritt und schlägt, kommt ein SS-Mann herein und sagt auf Französisch: »Max est parmi eux.«[228] (Max ist einer von ihnen.) Jubel bei Barbie, Freude bei seinem Untergebenen! Umso heftiger schlagen sie die Gefangenen. »Bist du Max? Nein? Wer ist Max?« Aubry und Lassagne bestreiten, einen »Max« zu kennen.[229] »Doch, den kennt ihr! Er ist der Delegierte des Generals de Gaulle in Frankreich. Es ist nicht lange her, da hat Radio London das mitgeteilt«, hört Aubry von seinem Folterer Barbie. »Er ist hier, um die gesamte Résistance zu kommandieren.« Hätte Barbie gewusst, dass der Résistance-Chef Max identisch war mit dem ehemaligen Präfekten Jean Moulin, dann hätte er ihn leicht an seinem unveränderlichen Kennzeichen, der Narbe an der Kehle, erkennen können. Das wusste Barbie nicht, also hat der Pariser Gestapo-Mann, der Ende April in Paris mit Colette Kontakt hatte, Max vielleicht doch nicht verraten?

228 Marcel Ophüls: Hôtel Terminus, Zeit und Leben des Klaus Barbie. MGM, Los Angeles 1988 (Dokumentarfilm). Herausgeber des Transkripts: Filmkunst und Kinokultur Essen e.V., S. 20, sowie Peter Hammerschmidt: Deckname Adler. Klaus Barbie und die westlichen Geheimdienste. Frankfurt a. M. 2014, S. 47f.

229 Daniel Cordier: Jean Moulin, S. 849.

Die Gestapo weiß sonst offenbar alles, auch die Armée Secrète ist ihr bekannt, diesen Eindruck hatten die Gefangenen von Barbie. Sie wissen, dass sie den Chef der Résistance gefangen haben, aber sie wissen nicht, wer von ihren Gefangenen dieser Mann ist. Das Folterverhör wird bis um 23 Uhr fortgesetzt. Danach bringt ein Lastwagen die Gefangenen in das Gefängnis Montluc, auch Jean Moulin, der bisher nur als verdächtig gilt. Mit dem Namen Jacques Martel wird er in die Bücher des Gefängnisses eingetragen.

Am nächsten Morgen, am 22. Juni, gehen die Verhöre weiter. Barbie martert vor allem Aubry, Larat und Lassagne; diese drei – soweit ist er sich sicher – gehören bestimmt zur Résistance, verfügen über alle Informationen und müssten also ihren Chef verraten können. Der Körper von Aubry ist von den gestrigen Misshandlungen bereits angeschwollen und schwarz, berichtet Colonel Lacaze nach dem Krieg vor dem Militärgericht in Paris.[230] Unter neuen Schlägen gibt er am Ende seiner Kräfte den Folterern seine eigene Adresse bekannt. Gegen Mittag wird Aubry allein zum Gefängnis Montluc zurückgebracht. Er wird an Haken in einer Mauer festgebunden und gefragt: »Willst du jetzt euer Hauptquartier nennen?« »Kenne ich nicht«, antwortet er. Vier Soldaten treten an, legen auf das Kommando des verhörenden SS-Manns ihre Gewehre an und schießen – daneben. Es folgen drei weitere Scheinhinrichtungen, um den Mann mental zu zermürben. Danach kommt ein schwerer Schlag von hinten auf den Kopf und Henri Aubry fällt in Ohnmacht.

Kaum hat Barbie die Adresse von Aubry in der Hand, fährt er unverzüglich mit Stengritt dorthin. Aubry ist erst seit wenigen Wochen in Lyon und wohnt zur Untermiete. Die beiden SS-Männer durchsuchen sein Zimmer, befragen die Wirtin und legen sich auf die Lauer. Nach kurzer Zeit kommt Madelaine Raisin-Larousse mit zögerndem Schritt auf das Haus zu. Sie hat bereits erfahren, dass

230 Ebd.

Aubry und Moulin seit dem Vorabend nicht mehr aufgetaucht sind. Sie befürchtet das Schlimmste. Während sie vor dem Haus steht, kommt Stengritt aus dem Garten, tippt ihr auf die Schulter, fragt, was sie wolle und nimmt ihr die Handtasche ab. Er hat sie vor zwei Tagen auf der Brücke mit Hardy und Aubry gesehen, sie ihn aber nicht. Er nötigt sie, mit hineinzukommen, und drinnen wird sie mit Barbie konfrontiert. »Alors, la petite secrétaire de Thomas (Aubry), on vous a!« (Aha, die kleine Assistentin von Thomas, wir haben Sie.)[231] Sie erkennt auch ihren eigenen Koffer, der aus ihrer Wohnung verschwunden ist, mit Dokumenten wie dem Sabotageplan der SNCF sowie Fotos und Geld. Sie begreift, dass die Spitze der Résistance in die Fänge der Gestapo geraten ist, aber nun lügt sie tapfer: Sie behauptet, von nichts zu wissen und niemanden zu kennen. Das Geld habe sie in der Lotterie Nationale gewonnen. Darüber kann Barbie nur lächeln. Er bringt sie in das Gefängnis Montluc. In der nächsten Nacht gegen 1 Uhr weckt Barbie sie auf und hält ihr ein Foto von Jean Moulin hin. »Ist das Max?«, fragt er.[232] Sie hat den Eindruck, die Deutschen kennen schon die Antworten auf die Fragen, die sie stellen.

Sie kennen jetzt auch die kleine Wohnung, die Moulin alias Marchand am Place Raspail bewohnt. Am 23. Juni kommt die Gestapo, durchsucht sein Zimmer und nimmt, wie die überraschte Wirtin später erzählt, so gut wie jede bewegliche Habe mit. Die Wirtin erfährt nur, dass ihr Mieter verhaftet ist, sonst nichts. Sie wagt nicht, weiter zu fragen. Erst nach der Befreiung im September 1944 erfuhr Madame von Antoinette Sachs, dass sie Jean Moulin, den Chef der Résistance, beherbergt hatte.

Es war Bénouville, der Freund von Frenay und sein Verbindungsmann zum OSS in Bern, der Hardy nach Caluire geschickt hatte.

231 Ebd., S. 850.

232 François Berriot: Écrits et documents, Bd. II, S. 676f.

Hardy sollte in der Konferenz beim Zahnarzt für die Nachfolge des verhafteten Generals Delestraint an der Spitze der Armée Secrète eine Entscheidung im Sinne von Jean Moulin verhindern. Bénouville hatte deshalb angeordnet, dass Hardy und Aubry nach der Sitzung zu einem Treffpunkt kommen, um ihm zu berichten. Da sie nicht kamen, wusste er, dass etwas schiefgegangen war. Dennoch nahm er am späten Abend einen Zug nach Toulouse, wo er am Dienstag verabredet war und dann von den Verhaftungen erfuhr.

Bei der Résistance in Lyon nahm Claude Bouchinet-Serreulles das Heft in die Hand, der dienstälteste Offizier. Er war erst vor wenigen Tagen aus London gekommen und eine Art Adjutant von Rex. Die Résistance erschien plötzlich wie ein Schiff, dem der Sturm Masten und Segel weggerissen hat, schrieb Serreulles. Sie war nicht darauf vorbereitet, dass ihr Gründer, ihr Mentor, ihr Kommandant ausfallen könnte.[233] Serreuilles meldete die Nachricht nach London. Am 24. Juni entzifferte der Chiffrierdienst des BCRA folgende Botschaft: »Von Sophie (Sereulles): Pendant réunion C.D. Zone Sud police a arreté hier tous les participants soit Rex, Luc (Larat), Thomas (Aubry) … j'assure provisoirement interim – vous prie désigner successeur Rex.« (Während eines Treffens des Direktionskomitees der Südzone hat die Polizei gestern alle Teilnehmer verhaftet, d.h. Rex, Luc, Thomas … ich führe inzwischen provisorisch die Geschäfte weiter – bitte Sie, einen Nachfolger für Rex zu bestimmen.)[234] Sereulles hatte Moulin damit keineswegs aufgegeben. In dem gleichen Telegramm schrieb er, dass die Widerständler an einem Plan arbeiten, Moulin zu befreien.

Auch de Gaulle erhält dieses Funktelegramm am 24. Juni in Algier. Er liest es und bleibt in sich zusammengesunken auf seinem Stuhl sitzen. Wer könnte ein Interesse daran haben, den Résis-

233 Ebd.

234 Ebd., S. 520.

tance-Chef an die Deutschen zu verraten? Er geht sie alle durch: Die Amerikaner? Die Briten? Die Kommunisten? Oder Rivalen aus dem eigenen Lager? Er will jetzt nicht spekulieren. Er ruft seinen Adjudanten und diktiert ihm ein Telegramm nach London: »Il faut que tout, tout, répète-t-il sois mis en œuvre pour tenter de faire évader Rex et Mars, que toutes les forces disponibles soient mobilisées à cette fin.«[235] (Es muss alles getan werden, alle verfügbaren Mittel müssen mobilisiert werden, um zu versuchen, Rex und Mars zu befreien.)

Zunächst brauchte man in Lyon jedoch genaue Kenntnis über das, was in Caluire geschehen war. Die Patienten aus der Praxis des Zahnarztes hatten jedoch den Deutschen versprechen müssen, über die Umstände der Aktion in Caluire zu schweigen. Sie schwiegen also. Zwei Polizisten der Vichy-Polizei, die mit der Résistance zusammenarbeiteten, versuchten, die Situation im Gefängnis Montluc und bei der Gestapo zu erkunden, wie zum Beispiel Transportwege und -zeiten zwischen den beiden Orten. Die Informationen blieben aber zu dürftig für die Planung eines Überfalls. Vor allem aber kam keine Hilfe von den Gruppierungen der Résistance. Sereulles klagte bitter: »Obwohl die Gruppen seit Monaten Hunderttausende Francs aus dem Budget der Résistance erhalten haben, waren sie nicht in der Lage, uns auch nur einen Mann, ein Auto oder eine Waffe zu liefern.«[236] Trotz großer Hartnäckigkeit von Sereulles konnte kein Versuch unternommen werden, Moulin zu befreien. Ohne irgendjemanden zu entschuldigen, dürfen wir heute hinzufügen, dass ein solcher Akt außerordentlich riskant gewesen wäre und dass jeder Fehlschlag das Leben aller Beteiligten gekostet hätte.

Am zweiten Tag nach der Verhaftung wurde Moulin offenbar noch unverletzt bei der Morgentoilette gesehen, aber um den

235 Daniel Cordier: Jean Moulin, S. 852.
236 Max Gallo: de Gaulle, S. 344.

25. Juni herum, so schreibt Daniel Cordier, hat Henri Aubry ihn den Henkern wohl verraten,[237] wenn man eine Aussage unter schwerster Folter denn Verrat nennen will. Bereits am 23. Juni (Mittwoch) abends wurde er mit einem großen Verband um den Kopf gesehen und in den folgenden Tagen musste er gestützt oder getragen werden. Barbie hat später behauptet, nur er selbst habe Moulin verhört und niemand habe ihn gefoltert. Moulin habe vielmehr selbst immer wieder versucht, mit dem Kopf gegen die Wand zu stoßen oder die Treppe herunterzustürzen, um den Tod zu finden, damit er nicht aussagen könne. Barbie war aber ein begabter Lügner und vor allem daran interessiert, nicht als Mörder des französischen Helden Moulin erkannt zu werden. Deshalb soll hier die Aussage eines Mithäftlings genannt werden, der gezwungen wurde, Moulin in Montluc, in seiner Gefängniszelle 130, zu rasieren: Christian Pineau, ebenfalls Gefangener der Gestapo, schrieb am 24. Juni in seine dürftigen Aufzeichnungen:

»Rasage malade« (etwa: einen Kranken rasiert), das sei ein Befehl der Deutschen gewesen, erinnert er sich. Der Mann sei als Folge der Folter bewusstlos gewesen. »Kann ich Wasser und Seife bekommen?«, fragt Pineau den Wachhabenden. »Sofort.« »Warum diese makabre Koketterie angesichts eines zum Tode Verurteilten?«, denkt Pineau sich still. »Warum diese Morgentoilette nach den Schrecken der Folter?« Er führt das auf eine spezielle Nazi-Mentalität zurück, die ihm unerklärlich ist. Dann öffnet Max plötzlich die Augen, schaut mich an, ich bin sicher, dass er mich erkennt. »Boire«, murmelt er (Trinken). Ich wende mich an den Wachhabenden. »Etwas Wasser bitte!« Der zögert kurz, dann nimmt er die Schale mit Seifenwasser, kippt sie aus und bringt frisches Wasser vom Kran. In diesem Moment beuge ich mich über Max, flüstere ihm Worte des Trostes zu, banale, dumme!

237 Daniel Cordier: Jean Moulin, S. 856.

> Er antwortet mit fünf oder sechs Worten auf Englisch, die ich nicht verstehen kann. Er trinkt aus der Schale, die ich ihm halte, dann verliert er wieder das Bewusstsein.[238]

Die Szene im Nordhof des Gefängnisses dauert an, weil die Deutschen sich zurückziehen und ihre Gefangenen offenbar vergessen haben. Erst nach Einbruch der Dunkelheit holt der Unteroffizier Pineau zurück in seine Zelle. Moulin bleibt bewusstlos auf der Bank liegen.

Barbie hatte Foltermethoden entwickelt, die er selbst in seinem Exil in Bolivien dem Gelegenheitsjournalisten Robert Wilson gegenüber einräumte: »Moulin starb nicht in meinen Händen. Ich gab ihm einen Test mit Heißwasser. Die SS heißes … heißes … Wasser!«[239] Kochendes Wasser im Wechsel mit Kaltwasser; die Badewannenfolter führte zu schwersten Verbrennungen und entsetzlichen Schmerzen. Sie gehörte zum täglichen Verhörinstrumentarium in Barbies Kellern, neben Peitschen, Knüppeln und der bloßen Faust.

Die Gestapo in Lyon hatte über ihre Absichten und Erfolge an ihre Vorgesetzten in Paris zu berichten. Karl Bömelburg empfing

238 Ebd.

239 Zit. n. Laure Moulin: Jean Moulin S. 360, sowie Paul Burlet: L'agonie de Jean Moulin, www.traces-de-l'histoire.fr, Zugriff am 27. September 2019. Eine Biografie von Christian Pineau findet sich im Archiv des Musées de l'Ordre de la Libération. (Christian Pineau, ein Schwiegersohn des Dichters Jean Giraudoux und selbst Kinderbuchautor, konnte die Barbie-Truppe über seinen Namen und seine wahre Bedeutung für die Résistance täuschen. Dennoch wurde er im Dezember 1943 nach Buchenwald gebracht, wo er mit anderen französichen Intellektuellen eine Zelle des stillen Widerstands aufbauen konnte, wie Stéphane Hessel berichtet: »Wie ich Buchenwald und andere Lager überlebte«, 22.1.2011/la-feuille-de-chou.fr./Archives/17769, Zugriff am 27. September 2019. Am 11. April 1945 wurde Pineau in Buchenwald von den Alliierten befreit. Zurück in Paris, machte ihn de Gaulle zum Minister. Er gehörte vielen Regierungen in mehreren Ministerien an, zum Schluss als Außenminister von 1956 bis 1958. In dieser Eigenschaft führte er für Frankreich die Verhandlungen über die Römischen Verträge zur Gründung der Europäischen Gemeinschaft, die er dann zusammen mit Maurice Faure unterzeichnete.)

ihre Berichte und gab weitere Anweisungen. Er selbst informierte seinen Chef, den Leiter des Reichssicherheitshauptamtes in Berlin, Ernst Kaltenbrunner. Dieser wiederum hatte den Reichsaußenminister Ribbentrop von den deutschen Polizeiaktivitäten in Frankreich zu unterrichten. Die Genannten erfuhren mehr und sie erfuhren es schneller, als die Résistance sich vorstellen mochte. Vor Ende Mai wusste man in Berlin genau über die Armée Secrète Bescheid, am 29. Juni meldete Kaltenbrunner, in Lyon sei die Spitze der Résistance bei einer Konferenz verhaftet worden, noch ohne den Namen Moulin zu nennen. Ein weiteres Dokument des SD (Abteilung Marseille) wurde nach der Vertreibung der Deutschen in einem »toten Briefkasten« gefunden (obwohl diese Zeit genug hatten, alle Unterlagen ihrer Büros zu vernichten). Dieses Papier, »le rapport Flora«, von dem noch zu sprechen sein wird, offenbart: Didot (Hardy), Sabotage-Chef der SNCF und Doppelagent in Lyon, habe die Festnahme von Jean Moulin bei einer Konferenz der Résistance in Lyon ermöglicht.[240] Der Name ist falsch geschrieben, das Datum stimmt nicht ganz. Mündliche Weitergabe der Fakten könnte dafür die Ursache sein. Soviel aber ist klar: Barbie handelte nicht auf eigene Faust. Das Nachrichtensystem der Nazis funktionierte.

»Villa Bömelburg« in Neuilly

An Karl Bömelburg, seinen Vorgesetzten in Paris, meldete Barbie am Telefon, dass er den Chef der Résistance gefangen habe und dass dieser mit Klarnamen Jean Moulin heiße. Mehr hatte er nicht aus ihm herausbekommen. Bömelburg ordnete an, Barbie solle seinen Gefangenen nach Paris bringen. Das geschah wohl am 28. Juni,

240 Walter Jelen: Die »Geständnisse« des Klaus Barbie, In: Aufbau (deutschsprachige Wochenzeitung). New York, 30. November 1984.

wieder einem Montag. (Andere Quellen nennen den 25. Juni oder den 2. Juli.) Der Sekretär und Biograph von Moulin, Daniel Cordier, äußert sich hier sehr vorsichtig, weil diese Informationen alle von Deutschen stammen, die sich nach dem Krieg im Verhör äußern mussten, sich aber nicht belasten wollten. Am Abend gegen 20 Uhr sei er in Lyon abgefahren, teilte Barbie mit, Moulin im Auto bewusstlos, aber noch einmal von einem Arzt versorgt und am Schädel verbunden. Gegen 2 Uhr morgens sei er in Paris angekommen. Zwei Ärzte hätten sie erwartet und ein Bett sei für Moulin vorbereitet gewesen, sagte Barbie aus.

Ein anderer deutscher SS-Angehöriger in Paris, der Gestapo-Dolmetscher Ernst Misselwitz, erinnert sich, bei der Ankunft sei Moulin erschöpft und krank gewesen. Er habe gehört, dass Bömelburg Barbie Vorwürfe machte, der ihn misshandelt hatte. Man dürfe keinen Mann so zurichten.[241]

Nahe am westlichen Stadtrand von Paris, nahe auch am Hauptquartier von SS, SD und Gestapo in der Avenue Foch Nr. 84, hatten die Nazis in Neuilly eine Villa beschlagnahmt, in der Avenue Victor Hugo Nr. 43, die sich als Klinik und Gefängnis für prominente Häftlinge eignete. Hier ließ Bömelburg Gefängniszellen und Foltereinrichtungen einbauen und Gefangene verhören und foltern. Er war der Chef aller, die mit der Deportation der Juden aus Frankreich in den Osten zu tun hatten. Er war ebenfalls zuständig für alle Gaullisten und Kommunisten, die die französische Polizei ihm übergeben musste. Es wird berichtet, dass Bömelburg abends oft üppig feierte und gern kleine Geschenke annahm. Wegen der Folterkammern und der prominenten »Gäste« wurde das Haus bald »Villa Bömelburg« genannt.[242]

241 Jean-Pierre Azéma: Jean Moulin, S. 494.

242 Daniel Cordier: Jean Moulin, S. 859, und Verhörprotokoll Misselwitz: MJM (Musée Jean Moulin, Paris) 2012.13.8.38.

Hier ließ er Jean Moulin einquartieren. Ein weiterer Gestapo-Dolmetscher, Heinrich Meiners, wurde dem Résistance-Chef Anfang Juli zugeteilt. Meiners bescheinigten seine französischen Opfer nach dem Krieg, er sei »hart, aber nicht grausam« gewesen, anders als Barbie.[243] Meiners erinnerte sich, als er selbst am 14. Oktober 1946 durch die französische Militärverwaltung in der französischen Zone Deutschlands verhört wurde, der Gefangene habe einen merkwürdigen Eindruck gemacht: Er habe erst wie tot dagelegen, sich dann aufgerichtet, sei durch das Zimmer gegangen und habe sich dabei an Möbeln und Wänden abstützen müssen. Er sei niedergedrückt gewesen, habe sich den Bauch oder die Nieren gehalten, und es schien, als habe er nicht mehr lange zu leben. Er wirkte verängstigt, sein Anzug schien ihm zu groß. Ein anderer Wachmann soll Meiners gesagt haben: »Er ist eine hohe französische Persönlichkeit, Jean Moulin, ein ehemaliger Präfekt.«[244] Der Zustand Moulins hielt die Gestapo-Leute nicht davon ab, ihn weiter zu foltern.

Auch zwei Mithäftlinge in der Villa bekamen Jean Moulin noch zu Gesicht. Aubry –inzwischen ebenfalls in Paris – sah ihn auf einer Klappbahre liegend und meinte, er sah aus wie im Koma, atmete nur mühsam und bewegte sich nicht. Barbie sei hereingekommen und habe vor Bömelburg die Hacken zusammengeschlagen, lauter als nötig. Bömelburg rauchte eine Zigarette nach der anderen und soll zu Barbie gesagt haben, »Ich hoffe, dass sie einen Ausweg finden.«[245] Wer war gemeint mit »sie«? Die in Berlin, im Reichssicherheitshauptamt? Und was für einen Ausweg? Einen, der nicht Barbie die Schuld am Tod von Moulin anlastet? Das alles bleibt unklar.

243 Wenige Wochen später, im August 1943, waren auch der frühere Staatspräsident Albert Lebrun und der ehemalige französische Botschafter in Berlin André François-Poncet »Gäste« Bömelburgs in diesem Haus.

244 François Berriot: Écrits et documents, Bd. II, S. 749.

245 Daniel Cordier: Jean Moulin, S. 860, und Verhörprotokoll Heinrich Meiners, MJM: 2006.00.167.

Einen oder zwei Tage, bevor der sterbende Moulin nach Deutschland verschickt wurde, sah ihn noch der Englischlehrer Lassagne von der Gruppe Libération Sud, der ebenfalls in Caluire gefasst worden war. »Moulin war sehr schwer gefoltert worden«, sagte er im Prozess vor dem Militärgericht in Paris gegen Hardy aus. »Er war nicht mehr zu erkennen. Nur seine Augen bewegten sich noch. Den Kopf in Verbände gehüllt, wirklich sterbend. Der verhörende SS-Mann (Heinrich Meiners) fragte mich (Lassagne): ›Kennen Sie Max?‹ In diesem Moment bemerkte ich, wie Jean Moulin mir mit den Augen ein Zeichen gab, ein negatives. Ich sagte: Nein!«[246] Lassagne wunderte sich, dass die Deutschen den Résistance-Chef nicht in ein Krankenhaus eingeliefert hatten. Er nannte für diese Begegnung den Zeitraum zwischen dem 10. und dem 13. Juli 1943. Wenn das stimmt, dann haben die Nazi-Behörden ein falsches Datum für den Tod von Jean Moulin angegeben. Von nun an ist jedoch kein Datum im Leben und Sterben des Résistance-Chefs mehr sicher.

Endstation Frankfurt Hauptbahnhof

Jean Moulin war so hinfällig und geschwächt, dass eine Ambulanz notwendig war, um ihn zum Gare de l'Est (Ostbahnhof) zu bringen. In dem regulären Personenzug Paris–Berlin war ein Spezialabteil für ihn reserviert. Ein Krankenpfleger und ein Polizist sollten ihn nach Berlin begleiten. Was dort mit ihm geplant war, bleibt Gegenstand von Vermutungen.[247] Mit ihm reisten der »SS-Krankenpfleger« (Millitz) und Ernst Misselwitz, der Gestapo-Agent.

An einem Sonntag in der ersten Julihälfte, an das exakte Datum konnte er sich nicht erinnern, wurde der Kriminalkommissar Johan

246 Daniel Cordier: Jean Moulin, S. 860f.

247 François Berriot: Écrits et documents, Bd. II, S. 706.

Meiners von der Sicherheitspolizei in Frankfurt zum Hauptbahnhof gerufen, so berichtete Meiners in seinem Verhör nach dem Krieg.[248] Die Leiche eines Mannes sei aus dem Zug Paris–Berlin geholt worden, der kurz vor der Ankunft des Zuges in Frankfurt gestorben war.

Da in einem solchen Fall der Grund des Todes offiziell festgestellt werden müsse, habe er sich an die Polizeistation des Bahnhofs gewandt. Dort erwartete ihn der Krankenpfleger der SS (Millitz), der den Sterbenden begleitet hatte. Der Leichnam lag in einer Zelle des Polizeireviers auf einer Pritsche, da in dem Büro viele Leute ein und aus gingen. Ein zweiter Begleiter (Misselwitz), so erfuhr Johan Meiners, soll sich zum Büro der Gestapo in die Lindenstraße begeben haben. Meiners blickte den Leichnam prüfend an und erkannte, dass der Verstorbene extrem gelitten haben musste. Das Alter war schwer zu schätzen, etwa 30 bis 40 Jahre, meinte der Kommissar.[249]

Der zweite Begleiter kam zurück und wenig später ein Anruf von der Gestapo. »Ich bekam den Befehl, in dieser Sache nichts zu unternehmen, weil es sich um eine Angelegenheit der Geheimpolizei handele«, gab Meiners zu Protokoll. Seine Absicht sei es gewesen, den Leichnam für eine Autopsie zum gerichtsmedizinischen Institut bringen zu lassen, damit die Todesursache festgestellt werden konnte. Er habe das Notwendige schon angeordnet. Wegen des Telefonbefehls habe er aber nichts mehr unternommen, sondern einen Bericht geschrieben und seinem Dienstleiter vorgelegt. Was danach mit dem Leichnam passierte, wisse er nicht. Er erinnere sich deshalb so

248 Es war ein Zufall, dass fast gleichzeitig mit der Festnahme der Résistance-Spitze in Caluire in Warschau der Chef der polnischen Heimatarmee Stefan Rowecki den Nazis in die Hände fiel, ebenfalls durch Verrat. Das geschah am 30. Juni 1943. Rowecki wurde erst in Warschau verhört, dann nach Berlin gebracht, im Hauptquartier von SD und SS erneut verhört und gefoltert, danach im Konzentrationslager Sachsenhausen eingesperrt und schließlich am 2. August 1944 nach Ausbruch des Warschauer Aufstandes umgebracht. Offensichtlich dachten Himmler und vielleicht weitere Nazi-Größen daran, sich durch ihre Gefangenen Optionen offen zu halten.

249 MJM: 2006.00.166.

genau an diesen Tag, weil der Krankenpfleger, als er seinen Namen hörte, ihm sagte, dass er auch seinen Sohn (Heinrich Meiners) in Paris kennt. Deshalb habe er ihm Grüße für seinen Sohn aufgetragen.[250] Heinrich Meiners sagte aus, der Befehl, den Leichnam nicht zu untersuchen, sondern zurückzuschicken, sei per Fernschreiben aus Paris gekommen. Laure Moulin hielt die Zeugenaussage, die Johan Meiners für den Hardy-Prozess machte, für vollkommen korrekt, während sie zu den Angaben seines Sohnes Heinrich meint, da sei wohl Richtiges und Falsches vermischt worden.[251]

Diese Aussage des Kriminalsekretärs Meiners, die sich heute im Archiv des Musée Jean Moulin in Paris befindet, beweist, dass Moulin nicht in Metz gestorben ist, wie in vielen Darstellungen behauptet wird, sondern in Deutschland. Für die deutschen Sicherheitsbehörden nun nutzlos geworden, wollten sie mit seinem Tod plötzlich nichts mehr zu tun haben. Der Leichnam wurde ohne Autopsie, ohne Polizeiprotokoll nach Metz zurückgeschickt, das damals unter deutscher Verwaltung war. Eine deutsche Behörde in Metz schrieb nunmehr eine Todesanzeige, in der außer dem Namen nichts stimmte.

Nachdem der Pfleger Millitz nach Paris zurückgekehrt war, übergab er Misselwitz einen Totenschein für Jean Moulin und wenige Tage später ein offizielles Papier, dessen Herkunft undefinierbar bleibt, das aber feststellt, die Asche von Jean Moulin befinde sich in einer Urne mit der Nummer 10137, die im Columbarium des Pariser Friedhofs Père-Lachaise untergebracht sei. Das Pariser Jean Moulin-Museum zeigt in seiner ständigen Ausstellung ein Dokument, das vom Deutschen ins Französische übersetzt wurde. Es ist die Anordnung, den Leichnam von Jean Moulin am Gare de l'Est aus dem Zug zu holen und ihn unmittelbar anschließend zu verbrennen.[252]

250 Ebd.
251 Ebd.
252 Laure Moulin: Jean Moulin, S. 403f.

Laure

Im Besitz der Friedhofsverwaltung befindet sich – wie Nachforschungen von Laure Moulin ergaben – der auf diese Urne bezogene schriftliche Hinweis »venant d'Allemagne – 12. juillet 1943«[253] (aus Deutschland kommend – 12. Juli 1943). Die ältere Schwester von Jean Moulin, Laure, lebte im Sommer 1943 mit ihrer Mutter zusammen in deren Haus in St.-Andiol bei Avignon. Laure wusste um die Mitte Juli, dass ihr Bruder in Caluire verhaftet worden war. Sie versuchte, die Nachricht vor ihrer alten Mutter geheim zu halten, diese aber war bereits beunruhigt, weil die gewohnten Lebenszeichen ihres Sohnes ausblieben. Dann bat die Leiterin der Poststelle sie um ein Gespräch in ihrer Privatwohnung und zeigte ihr eine Anordnung, datiert auf den 16. Juli, die sie erhalten hatte. Sie sollte alle für Jean Moulin bestimmten Briefe, Zeitungen oder weitere Lieferungen an eine Kontrollstelle in Marseille weiterleiten. Daraus konnte Laure schließen, dass die Gestapo die Identität ihres Bruders entdeckt hatte.

Nachdem die beiden Frauen wie gewohnt Ende September nach Montpellier zurückgekehrt waren, erschien dort am 19. Oktober an ihrer Haustür ein Bote der Gestapo aus Montpellier. Er glaubt, die Mutter von Jean Moulin vor sich zu haben, und erklärt Laure, dass der ehemalige Präfekt gestorben sei. Das sei bei einem Transport geschehen, erklärt er auf die Frage von Laure nach dem Grund. Ein Herzstillstand sei die Ursache.[254]

Laure Moulin war nicht die Frau, die eine solche Nachricht einfach hinnimmt. Wenige Tage später reist sie nach Paris. Sie fragt sich energisch durch bis zum Hauptsitz von Gestapo und SD in der Avenue Foch Nr. 82–86 und lässt sich auch dort nicht abweisen. Am 25. Oktober steht sie vor einem SS-Mann in Zivil (Heinrich

253 MJM: 2012.13.8.38.

254 Laure Moulin: Jean Moulin, S. 371.

Meiners, wie sie später erfährt), der ihr höflich erklärt, er sei zuständig für diesen Fall, er habe alle Unterlagen auf seinem Schreibtisch, aber er dürfe ihr keine Auskunft geben. Er verspricht aber, ihr Informationen nach Montpellier zu schicken, sobald sein Chef das erlaubt. Da sie weiter auf Antworten besteht, sagt er, der Tod sei bei einem Transport vom Gefängnis in die Klinik eingetreten. Ein Arzt habe den Herzstillstand festgestellt. Auf weitere Fragen räumt er ein, Moulin sei nicht in einem normalen Gefängnis gewesen, sondern in einer privaten Villa. Dort habe er eine »traitement d'honneur«, eine »Ehrenbehandlung« erfahren. Das Todesdatum will der Offizier nicht nennen. Laure besteht darauf, wenigstens zu erfahren, wo sein Grab ist. »Aber er wurde nicht begraben«, sagt der SS-Mann, »er wurde eingeäschert.« Die Urne würde man später der Familie übergeben. Dafür brauche es aber eine Sondergenehmigung. »Als Privatmann verstehe ich ihre Trauer, aber ich bin deutscher Offizier und meine Pflicht kommt zuerst.« Er schließt seine persönliche Bemerkung: »Ihr Bruder glaubte seine Pflicht zu tun, aber – Sie verstehen – er arbeitete gegen uns.« Sein letztes Wort, an das Laure sich erinnert: »Ich verbeuge mich.«[255]

Vom Tod ihres Bruders ist sie so betroffen, dass sein Schicksal sie nie mehr loslassen wird. Sie trifft die alten Freunde Moulins, Meunier und Chambeiron, in einem Pariser Café und erzählt, was sie erfahren hat. Danach reist sie nach Hause. Vor ihrer Mutter erfindet sie Ausreden über den Verbleib des Bruders.

Sie wundert sich, als sie am 2. Mai 1944, zehn Monate nach seinem Tod, eine amtliche Todesnachricht erhält, der Präfekt Jean Moulin, wohnhaft in Metz, sei am 8. Juli um zwei Uhr in Metz gestorben. Die Urkunde trägt das Datum des 3. Februar 1944. Mit dem Dokument in der Hand gelingt es ihr am 8. Mai 1944, wiederum in der Avenue Foch, bis zu dem zuständigen Schreibtisch vorzudringen.

255 Ebd., S. 405.

Laure und Jean Moulin. © Fam. Moulin.

Der Beamte Meiners ist nicht mehr da. Sie will wissen, wo die Urne ihres Bruders ist und wird in eine andere Straße zu dem Offizier Misselwitz geschickt. Dieser fragt ungehalten, warum sie sich nicht bei der Gestapo in Montpellier erkundigt habe. Ein Offizier in der Avenue Foch habe ihr im Oktober versprochen, dass man ihr die Urne übergeben würde. Nun, nach der Ausstellung der Sterbeurkunde, solle man ihr die Urne geben. Misselwitz, zunehmend ungeduldig: Der Offizier, mit dem sie im Oktober gesprochen habe, hätte das nicht versprechen dürfen. »Wenn er Ihnen das gesagt hat, dann hat er gelogen.«

»Ich dachte, ein höherer Offizier…«

»Was Sie denken, ist egal.«

»Der war wenigstens höflich.«

Schließlich verspricht Misselwitz, seine Vorgesetzten zu fragen, ob man ihr entgegenkommen könne. »In dem Fall werden Sie in Montpellier benachrichtigt, aber kommen Sie nicht wieder!«[256]

Beharrlich fragt Laure weiter: Sie fände es »erstaunlich«, dass ihr Bruder in Metz gestorben sein soll. Der Beamte, mit dem sie im Oktober gesprochen habe, hätte durchblicken lassen, er sei in Paris gewesen.

»Aber er war nicht da!«, erklärt Misselwitz, nunmehr barsch. Ende des Gesprächs!

Zwei Wochen später, am 25. Mai, kommt ein deutscher Beamter aus Paris an die Tür von Laure Moulin in Montpellier. »Ihr Antrag wurde erwogen«, sagt er, »aber man kann ihn erst nach dem Ende der Feindseligkeiten annehmen. Sie wissen, wir haben Krieg.«[257] Ein absolut einmaliger Vorgang! Vielleicht eine verspätete Ehre für Jean Moulin, den Chef der französischen Résistance? Das fragt sich Laure. Nach der Befreiung Frankreichs von den Nazis fährt sie nach

256 Ebd., S. 363.
257 Ebd., S. 365.

Metz und schaut mit dem neuen Bürgermeister in das Sterberegister der Stadt, die jetzt wieder französisch ist. Dort findet sie die Papiere, die sie schon kennt sowie die Urkunde des Chefarztes Beschke, der behauptet, er habe eine Autopsie vorgenommen und eine »Herzlähmung« festgestellt. Ein deutscher Meldebeamter namens Hick habe handschriftlich auf der Todesanzeige hinzugefügt »à la gare centrale« (am Hauptbahnhof).[258]

Am Hauptbahnhof welcher Stadt? Frankfurt? Metz? In Metz wird der Bahnhof nicht »gare centrale« genannt, sondern »gare Metz-Ville«. Paris hat keinen Hauptbahnhof.

Die deutschen Sicherheitsbehörden, SD, SS und Gestapo erlebten im Sommer 1944, wie die Alliierten sich ihnen von der Normandie und ab August von der Côte d'Azur aus unaufhaltsam näherten. Weitere deutsche Gewalttaten konnten die bevorstehende sichere Niederlage nicht mehr verhindern. Umso wichtiger wurde es auch für kleinere Übeltäter, alle Spuren ihrer Tätigkeiten zu vernichten. Barbie und Co. leisteten erneut gründliche Arbeit. Kaum ein Dokument, kein Bericht, kein Notizzettel sollte zurückbleiben und später gegen sie verwendet werden. In Lyon wurden sämtliche Unterlagen verbrannt. Dass später noch der erwähnte Bericht »Flora« einer untergeordneten Dienststelle in Marseille gefunden wurde, war nicht mehr als ein Zufall. Bleiben sollten allerdings die Fälschungen, die sie wie in Metz an der Urkunde über den Tod von Jean Moulin vorgenommen hatten. Die Nazis verabschiedeten sich aus Frankreich wie aus dem Leben von Jean Moulin mit einer Lüge. Jedoch behielten sie nicht das letzte Wort.

258 Ebd., S. 366f.

René Hardy II

Die Résistance sollte sich von dem Doppelschlag – Verhaftung ihrer militärischen Spitze am 9. Juni und ihrer politischen Führung am 21. Juni 1943 – nicht mehr richtig erholen. Frenay setzte durch, dass einer seiner Leute das Kommando über die Armée Secrète bekam: Pierre Dejussieu. de Gaulle war im Machtkampf mit Giraud, den er letztlich gewann, so eingespannt, dass er auf der Seite der Résistance kaum noch eingriff. Als er (zurück von einem Militäreinsatz in Tunesien) verspätet erfuhr, dass Moulin verhaftet worden war, wollte er keinen Nachfolger ernennen. Die Résistance sollte sich von sich aus auf einen neuen Chefkoordinator einigen.

Es begann eine Zeit der unkoordinierten Planungen, der chaotischen Konkurrenzen, der doppelten Hierarchien sowie der Konflikte zwischen der rechtsgerichteten Fronde und den Kommunisten im Untergrund. Jean Moulins große Leistung, die konkurrierenden Kräfte des Widerstandes wenigstens kurzfristig vereinigt zu haben, wurde eine schöne Erinnerung an die Vergangenheit. Schließlich wählten die Granden der Résistance im September 1943 mit Mehrheit Georges Bidault als Nachfolger Moulins, einen Mann, der damals als Christdemokrat galt. Bidault entstammte der Gruppe Combat, hatte aber mit Moulin gut zusammengearbeitet. Er verstand sich weniger als Delegierter de Gaulles, sondern mehr als Sprecher der föderierten Widerstandsgruppen in Frankreich.[259]

Dennoch gelang es de Gaulle nach der Invasion der Alliierten im Juni in der Normandie, sich aus Algier kommend als Befreier zu präsentieren. Er hatte schon von Algier aus für die 17 Regionen je einen »Commissaire de la République« ernannt, einige sogar mit Stellvertretern, damit die Allierten keinen Vorwand hatten, eine

259 Ebd., S. 367. – Bidault wurde nach dem Krieg Minister und zweimal Premierminister. Er rebellierte aber, als de Gaulle Algerien in die Unabhängigkeit entließ.

Militärregierung einzusetzen, wie sie es in Italien, später auch in Deutschland und anderen Ländern taten. Das war de Gaulles vielleicht wichtigstes Ziel, das er auch mit Jean Moulin geteilt hatte.

Als de Gaulle am 14. Juni 1944 in Bayeux (Normandie) französischen Boden betrat, wurde er von der Bevölkerung mit so leidenschaftlichem Jubel begrüßt,[260] dass General Eisenhower vor Staunen vollkommen verblüfft war. Eisenhower berichtete Präsident Roosevelt darüber in einer Weise, dass dieser seinen Widerstand gegen de Gaulle vorübergehend reduzierte. Der Held der Résistance, Symbol der Einheit Frankreichs, erschien in jeder befreiten Stadt und machte einen der örtlichen Résistance-Kämpfer zum Verwaltungschef. So nahm er selbst die Staatsgeschäfte in den befreiten Regionen in die Hand. Er brachte seine provisorische Regierung aus Algier mit, der auch Frenay angehörte, und am 31. August 1944 zogen sie in die Pariser Ministerien ein. Seiner neugeborenen Republik gelang, was er so hartnäckig gefordert und erkämpft hatte, nämlich mit am Tisch der Sieger zu sitzen. Frankreich blieb nicht länger Objekt der Alliierten, sondern sicherte sich (mit nicht uneigennütziger Unterstützung Churchills) eine Besatzungszone in Deutschland, einen Sektor in Berlin, die Fortführung des französischen Empire in Übersee und sogar einen ständigen Sitz mit Vetorecht im Sicherheitsrat der Vereinten Nationen, also den Status einer Großmacht.

Das Verdienst durften sich Gaullisten und Kommunisten teilen, während die Anhänger Pétains gut daran taten zu schweigen. Auf der anderen Seite war das Land in einer chaotischen Lage: Die Vichy-Politiker und -Beamten mussten aussortiert, sie und alle weiteren Agenten der Kollaboration entdeckt und vor Gericht gebracht, verbliebene Résistance-Gruppen entwaffnet, die Zerstörungen des Krieges in der Infrastruktur beseitigt und nichts weniger als eine

260 Jean-Pierre Azéma: Jean Moulin, S. 516.

neue Verfassung musste gefunden werden, ohne die Fehler der Dritten Republik zu wiederholen.

Das alles geschah im größten denkbaren Chaos. In den Departements Bouche-du-Rhône und Limousin herrschten bürgerkriegsähnliche Zustände. Es waren Kommunisten und Rechtsradikale, die sich bekämpften. Die Gefängnisse des Landes waren weit überbesetzt von Schuldigen und Unschuldigen, denen man nichts beweisen konnte. Verwaltung und Justiz waren weit überfordert.

Der greise Pétain wurde verurteilt und auf ein Inselchen verbannt. Laval wurde verurteilt und hingerichtet. In Nürnberg wurden die wichtigsten deutschen Verbrecher vor ein zu diesem Zweck geschaffenes internationales Gericht gestellt, die meisten verurteilt, einige hingerichtet. Viele Gestapo-Agenten aber kamen davon, weil sie jetzt auf Rechnung und unter dem Schutz der Vereinigten Staaten arbeiteten, so wie etwa Klaus Barbie.

Nicht alle Rechnungen wurden also sofort beglichen. Aber auf der französischen Tagesordnung stand jetzt auch die Rechnung des Mannes, der Jean Moulin verraten hatte: die des René Hardy. Denn man erinnerte sich mit Empörung der Verhaftung und des Todes von Jean Moulin. Zu viele wussten, dass René Hardy darin verwickelt war. Wie andere ehemalige Résistance-Kämpfer hatte auch Hardy versucht, sich in der neuen Regierung einen Posten zu sichern. Er arbeitete ab September 1944 bereits im Pariser Ministère des Prisonniers, Déportés et Réfugiés (Ministerium für Kriegsgefangene, Verschleppte und Flüchtlinge) unter dem neuen Minister Henri Frenay. Aber am 12. Dezember 1944 erschienen zwei Polizisten in seinem Büro und verhafteten ihn.

Nach der Befreiung kam am 15. September 1944 auch die Freundin von Jean Moulin, Antoinette Sachs, aus der Schweiz zurück, wohin sie ein Jahr vorher wegen der Judenverfolgung auf dem Territorium der Vichy-Regierung hatte fliehen müssen. Sie unternahm sofort alles, um ihren Freund zu finden, von dem sie zunächst nur erfahren konnte, dass er in Caluire verhaftet worden war. Sie nahm Kontakt auf mit Laure Moulin, die zu diesem Zeitpunkt noch nicht alle Hoffnung aufgegeben hatte, dass ihr Bruder überlebt haben könnte und dass die Gestapo vielleicht nur ein böses Spiel mit ihr trieb. Die beiden Frauen hatten das gleiche Ziel und wandten viel Energie auf, um Beweise zu finden. Beide waren überzeugt von der Schuld René Hardys. Antoinette recherchierte in Lyon und Caluire, sammelte zahlreiche Belege und notierte, was sie erfuhr: 1.) dass das Treffen in der Villa Dugoujon verraten worden war, 2.) dass ein Versuch, Moulin im letzten Moment zu warnen, gescheitert war, 3.) dass René Hardy zwei Wochen vorher von der Gestapo verhaftet worden war und 4.) dass er in Caluire entkommen konnte. Für sie war die Sache eindeutig, sie wandte sich in Paris an die gerade neu gebildete Direction de la surveillance du territoire (DST), die Spitze der nationalen Polizei im Innenministerium. Der Chef dieser Behörde, Roger Wybot, war zunächst misstrauisch, dann aber überholte ein anderer Vorgang die Anzeige von Antoinette Sachs.

Wie berichtet, hatte man schon im September in Marseille durch Zufall den Bericht »Flora« aus den internen Geheimakten der Gestapo gefunden, unterschrieben von dem SS-Mann Ernst Dunker, dem Pendant in Marseille zu Klaus Barbie in Lyon. Dieser Bericht führte in zwei Listen mehr als 120 Klarnamen und Adressen von Résistance-Mitgliedern in mehreren südfranzösischen Departements auf, zusammen mit ihrer Funktion innerhalb des Widerstandes und den Daten ihrer Verhaftung. Dort fand sich auch ein Hinweis auf sechs Doppelagenten, einer von ihnen: René Hardy (genannt Didot) der am 7./8. Juni im Zug nach Paris verhaftet worden sei. Dann folgt die Information:

»Didot (pseudonyme), Chef national ›sabotage des trains‹ des MUR, qui, par la suite, en qualité d'agent double de l'EK (Einsatz-Kommando) de Lyon, permit l'arrestation, à l'occasion d'une rencontre à Lyon le 25 juin 1943, de Moullin [sic!] Jean, alias Max, alias Régis, Délégué personel du général de Gaulle, président du comité directeur des MUR. En même temps que de cinq chefs des Mouvements unis.«[261] (Didot, nationaler Chef der Eisenbahn-Sabotage der MUR [Vereinigte Bewegungen der Résistance] der in der Folge als Doppelagent des Einsatzkommandos von Lyon bei einer Konferenz in Lyon am 25. Juni 1943 die Verhaftung von Jean Moullin, alias Max, alias Régis, des persönlichen Delegierten von General de Gaulle und Präsident des Direktions-Komitees der MUR ermöglicht hat, gleichzeitig mit fünf weiteren Chefs der vereinigten Bewegungen.)

Obwohl dieses interne Papier der Gestapo mit einem nicht korrekten Datum und dem Schreibfehler im Namen Moulin und auch einigen später hinzugefügten Anmerkungen kein offizielles Dokument sein kann, halten die französischen Historiker dieses Papier jedoch für das zentrale und überzeugende Beweisstück in der Causa Hardy. Didot/Hardy hat Moulin verraten, das steht fest. Als dieses Papier im Dezember 1944 der provisorischen Regierung in Paris vorgelegt wurde, ließ sie Hardy umgehend verhaften. Die Staatsanwaltschaft recherchierte, die Unterlagen von Antoinette Sachs erleichterten die Suche nach der Wahrheit. Aber Hardy bestritt jede Schuld, er habe nichts mit den Deutschen zu tun gehabt. Er sei nicht Didot gewesen.

Henri Frenay, früher Chef der Gruppe Combat und jetzt Minister, hielt sich mit Äußerungen zurück. Er hatte eher die Verlobte von Hardy, Lydie Bastien, in Verdacht, ein doppeltes Spiel zu spielen. Ihr misstraute er schon lange. Sie war groß, schlank, mit langem schwarzem Haar und ausdrucksvollen Augen. »Diese Frau ist

261 François Kersaudy: de Gaulle et Churchill, S. 370.

beunruhigend«, schrieb Frenay in seinen Memoiren. »Sie ist zu schön. Ein Frauentyp, von dem ein Regisseur träumt, um mit ihr als Protagonistin einen Spionagefilm zu drehen.«[262] Auf Frenay blieb ihr Charme jedoch wirkungslos.

Nach der Verhaftung ihres Verlobten begann auch Lydie Bastien, in Lyon und Caluire zu recherchieren. Sie tat, was sie konnte, um Hardy zu entlasten. Sie suchte den Zahnarzt auf, der ihr erklärte, Hardy sei schuldig. Schließlich erschien sie sogar bei Frenay, der sie am Tisch eines Bistros geduldig anhörte und ihr dann auf den Kopf zu sagte: »Lydie, meine Überzeugung steht fest – wenn es in dieser Sache einen Schuldigen gibt, dann sind Sie es.« Sie brach in Tränen aus, er stand auf und ging.[263]

Der Verrat an Jean Moulin und die Verhaftung von Hardy bewegten die Stimmung in dem eben erst befreiten Land. Pierre Cot, aus Amerika zurück, veröffentlichte im Juni 1945 einen längeren Zeitungsartikel über die Leistung Jean Moulins für die Résistance und damit für Frankreich, wodurch dieser überhaupt erst einem größeren Publikum bekannt wurde. Die Gesellschaft war zerrissen zwischen mindestens drei Polen: den Kommunisten, der stärksten Résistance-Gruppe Combat und den gemäßigten demokratischen Parteien. de Gaulle musste im Januar 1946 zurücktreten, nachdem er die Unterstützung der Kommunisten verloren hatte. Es wurde kein Vorteil für die Sache der Moulin-Partei und auch nicht für die Wahrheitsfindung, dass sich die kommunistische Zeitung *Humanité* mit Verve in die Debatte warf und Hardy für einen Verbrecher erklärte, bevor ein Gerichtsverfahren eröffnet war. Frenay, der zuständige Minister für Kriegsgefangene und Deportierte, wurde von kommunistischer Seite beschuldigt, die Verräter zu decken. Ein Skandal lag

262 Jean-Pierre Azéma, Jean Moulin, S. 494f.
263 Pierre Péan/Laurent Ducastel: L'ultime mystére, S. 304f.

in der Luft. Unter den Fenstern seiner Privatwohnung in der Pariser Rue Guynemer versammelten sich im Juni 1945 75.000 ehemalige Kriegsgefangene, angeführt vom Chef der PCF, Jacques Duclos, und verlangten den Rauswurf von Frenay aus der Regierung. Der Angriff der *Humanité* auf Hardy zielte also eigentlich auf den rechtsgerichteten Minister Frenay. Die Befreiung hatte noch keineswegs zu einer nationalen Versöhnung geführt.

Der Prozess gegen Hardy sollte in Paris stattfinden, als Richter wurde Berry benannt. Hardy – mehr als ein Jahr in Untersuchungshaft im Gefängnis von Fresnes, Zelle 367 – erhielt erst regelmäßig, dann immer weniger Besuch von Lydie Bastien und wurde schließlich ganz von seiner Freundin verlassen, was er nur mit Schmerzen ertrug. Er wählte sich als Verteidiger Maître Maurice Garçon, einen Staranwalt, einen »ténor du barreau« (Tenor an der Schranke), wie man sagte, einen Maître, der bereits André Malraux und Louis Aragon vor Gericht vertreten hatte, nicht irgendjemand also.

Antoinette Sachs spürte, als sie das erfuhr, wie ihr die Sache entglitt. Auch bei den Behörden fand sie nur begrenzte Unterstützung. Sie bat wiederholt um die Erlaubnis, den deutschen Richter Ernst Roskothen aufzusuchen, der in einem französischen Kriegsgefangenenlager einsaß. Roskothen hatte als Richter am deutschen Militärtribunal in Paris den Fall Barbie/Moulin bearbeitet, war jedoch ohne jede Chance geblieben, die von der SS bestimmten Abläufe zu beeinflussen.[264] Antoinette erreichte jedoch, dass Roskothen zu den beiden Hardy-Prozessen verhört wurde.

Auf der anderen Seite kamen nach dem Sieg über Deutschland etwa eine Million französischer Kriegsgefangener und im April und Mai 1945 etwa 700.000 Zwangsarbeiter zurück. 70.000 jüdische Deportierte und 30.000 Angehörige der Résistance hatten in

264 Ebd.

den deutschen Konzentrations- und Vernichtungslagern ihr Leben verloren.[265]

Zu denen, die die Heimat jetzt wiedersahen, gehörte General Charles Delestraint; zurückkamen auch Henri Manhès aus Buchenwald, André Lassagne aus Flossenbürg, Raymond Aubrac und Henri Aubry, die (mit Ausnahme von Manhès und Aubrac) zusammen mit Moulin in Caluire verhaftet worden waren. Lassagne und Aubry waren fest von der Schuld Hardys überzeugt und unterstützten sofort Antoinette Sachs und Laure Moulin bei ihren Recherchen.

Lassagne schrieb für Antoinette einen Brief, der Hardy schwer belastete: »Die Entscheidung für die Konferenz wurde erst am Abend des 19. Juni getroffen«, heißt es da. »Ich habe Max und Aubrac den Ort erst am 20. mitgeteilt. Und mit Aubry habe ich einen Treffpunkt vorher vereinbart, ohne den Konferenzort zu nennen. Aubry kam begleitet von Hardy. Es gab also für die Entdeckung des Treffens durch die Gestapo nur zwei Wege: Max und Aubrac folgen oder Hardy folgen.«[266]

In seinem Gefängnis bei Kälte und schlechter Ernährung erkrankte Hardy ernsthaft, musste durch eine Ambulanz in ein Sanatorium gebracht werden, in das Dorf Saint-Martin-du-Tertre. Drei verschiedene Gutachter untersuchten ihn und hielten ihn für sterbenskrank. Der Prozess, der für den Juni 1946 anberaumt war, musste verschoben werden.

Das hatte für Hardy einen großen Vorteil: Weil er im Krankenhaus lag, blieb ihm eine Gegenüberstellung mit dem Doppelagenten erspart, der ihn im Juni 1943 im Zug nach Paris verhaftet hatte, Jean Multon (Lunel). Multon wurde im Juli 1946 zum Tode verurteilt und im September hingerichet. Er hatte zwar ebenfalls gegen

265 Ernst Roskothen hat sich auch nach Einschätzung französischer Historiker bemüht, nicht die Nazi-Methoden, sondern humanes Recht anzuwenden. Es gelang ihm, mehreren Menschen das Leben zu retten. Nach dem Krieg wurde er Richter in Essen.

266 Patrick Marnham: The Death, S. 223.

Hardy ausgesagt, konnte nun aber nicht mehr als Zeuge befragt werden.

Zum Nachteil für Hardy musste sich jedoch auswirken, dass im Laufe der Prozessvorbereitungen 1946 im ehemaligen Sitz des Auswärtigen Amtes in Berlin in der Wilhelmstraße (sowjetischer Sektor) ein Brief gefunden wurde, den der Chef des Reichssicherheitshauptamtes (RSHA) Kaltenbrunner am 29. Juni 1943 an den Außenminister von Ribbentrop gerichtet hatte. Kaltenbrunner berichtet von der Verhaftung der Spitze der Résistance in Caluire, ohne allerdings den Namen Moulin zu nennen, der ihm zu diesem Zeitpunkt noch nicht bekannt gewesen sein mag. Allerdings wird erwähnt, dass »Max« zu der Sitzung eingeladen habe. Ein Einsatzkommando der Sicherheitspolizei habe mit Hilfe von Hardy alias Didot die Konferenz überraschen können, sodass alle Teilnehmer verhaftet werden konnten.[267] »Hardy alias Didot« steht in diesem Dokument, es war also bewiesen, dass es sich bei beiden Namen um dieselbe Person handeln musste.

Auch die Aussagen von Heinrich Meiners, Johan Meiners und Misselwitz, die im Jahre 1946 in Deutschland von der Polizei der jeweiligen Besatzungsmacht verhört wurden, lagen dem Gericht vor, sodass Laure Moulin und Antoinette Sachs jetzt sicher wussten, dass Jean Moulin in Deutschland nahe Frankfurt an den Folgen der Nazi-Barbarei gestorben war. Der Prozess begann am 20. Januar 1947 in Paris. Zu ihrer und zur allgemeinen Überraschung war Antoinette Sachs nicht als Zeugin geladen, so wenig wie Lydie Bastien. Ernst Dunker, der Gestapo-Chef von Marseille, dessen »Flora« genannter Bericht eine zentrale Rolle spielen sollte, konnte nicht erscheinen, weil zur gleichen Zeit sein eigener Prozess in Marseille begann.[268]

267 Pierre Péan/Laurent Ducastel: L'ultime mystère, S. 341.
268 Jean-Pierre Azéma, Jean Moulin, S. 193f.

Der Staatsanwalt Sudaka bezeichnete Hardy als des Verrats schuldig. Der Verteidiger Maître Garçon aber betonte, dass der Angeklagte als unschuldig zu gelten habe, solange die Schuld nicht bewiesen sei. Schlüssel der Vorwürfe war, dass Hardy am 7./8. Juni aus dem Zug heraus von der Gestapo verhaftet worden war. Hardy bestritt das immer wieder. Er habe niemals mit den Deutschen zu tun gehabt.

Einer der Zeugen schlug vor, die Aussagen der deutschen Offiziere zu hören. Darauf meldete sich der Staatsanwalt mit einem imperativen »Non! Je me refuse.« (Nein! Ich weigere mich.) Weniger als drei Jahre nach der Befreiung vom Nazi-Terror hielt die französische Öffentlichkeit diese Haltung für normal oder zumindest für verständlich. Verhörprotokolle der Deutschen wurden nicht zugelassen. Damit waren wesentliche Bausteine der Anklage aus dem Weg geräumt.

Der 1,91 Meter große Strafverteidiger Garçon entfaltete nun sein ganzes Können, eine Reihe von Zeugen unglaubwürdig erscheinen zu lassen, sie in Widersprüche zu verwickeln, zu verunsichern, zu entmutigen, ein »Tenor im Gerichtssaal« eben. Als Laure Moulin befragt wurde, sagte sie: »Ich bin schockiert, mit welcher Leichtfertigkeit man hier mit der Erinnerung an meinen Bruder umgeht.«[269] Die Moulin-Partei musste jetzt das Schlimmste befürchten. Am 24. Januar 1947 wurde Hardy freigesprochen wegen Mangels an Beweisen. Das konnte nur geschehen, weil deutsche Beweisstücke (etwa der »Flora-Report«) nicht zugelassen worden waren. Das Gericht hätte sich andernfalls politisch in Schwierigkeiten gebracht.

Aber auch die eigentlich überraschende Tatsache, dass Hardy an der Besprechung in Caluire teilgenommen hatte, obwohl er gar nicht eingeladen worden war, schien niemanden zu interessieren.

269 Ernst Dunker wurde vom Militärtribunal in Marseille am 21. Januar 1947 zum Tode verurteilt und am 6. Juni 1950 hingerichtet. Er wurde im Hardy-Prozess nicht verhört.

Der Richter versicherte Laure im privaten Gespräch, dass er die Folgen eines anderen Urteils nicht hätte aushalten können.[270] Fehlte dem Richter der Mut zur Wahrheit? War er nicht unabhängig?

Die Partei der Freunde Moulins war nicht nur enttäuscht, sie war zornig und wütend. Die Gruppe um Combat, Frenay und Hardy sowie das Militär jubelten. Das Urteil fand ein überschäumendes Echo in der Presse. Da die kommunistische Zeitung *Humantité* Hardy schon vor dem Prozess verurteilt hatte, geißelte sie jetzt das Gericht. Das führte dazu, dass Moulin in der öffentlichen Wahrnehmung zu Unrecht weiter nach links gerückt wurde, als er es verdiente. In Colombey-les-Deux-Églises, wohin sich General de Gaulle nach dem Verlust der Macht im Januar 1946 zurückgezogen hatte, beobachtete man das Verfahren gegen Hardy erst mit Interesse, dann mit Bitterkeit:

»Le procès a laissé entièrement dans l'ombre les principales questions posées, des questions auquelles la justice, en d'autres temps, eut trouvé ou essayé de trouver les réponses. Tout ce qu'on peut dire, sans trop de risque de se tromper, c'est que les ténèbres de cette affaire cachent des abimes d'infamie [...]. Les camarades de la Résistance en sont arrivés à cette infamie, à cette extrémité d'infamie de livrer leur frères. Pourquoi? Pour arriver les premiers à la liberation! Ils ont fait cela. Ils ont fait alors que les Allemands avaient le genou sur leur gorge, ils l'ont fait par les Allemands.«[271]
(Der Prozess hat die sich stellenden, grundsätzlichen Fragen vollkommen im Dunkeln gelassen, Fragen, auf welche die Justiz zu anderen Zeiten Antworten gefunden oder wenigstens gesucht hätte. Alles, was man sagen kann, ohne Risiko, sich zu irren, ist, dass die Hintergründe dieser Affäre Abgründe der Infamie verbergen.

270 Pierre Péan/Laurent Ducastel: L'ultime mystère, S. 380ff.
271 Ebd., S. 387.

> Die Kameraden der Résistance sind zu dieser Infamie gekommen, zu dieser äußersten Infamie, ihre Brüder zu verraten. Warum? Um als erste bei der Befreiung anzukommen! *Sie* haben das getan. *Sie* taten das, als die Deutschen das Knie auf ihrer Kehle hatten, sie taten es durch die Deutschen.)

Damit hat de Gaulle die These in die Welt gesetzt oder die bestehende These befeuert, dass innerfranzösische Rivalitäten Ursache der Katastrophe von Caluire und des Todes von Moulin waren. Bemerkenswert ist aber, dass der General sich nicht festlegte, ob er die rechtsgerichtete Fronde meinte oder die Kommunisten und ihre Freunde (etwa Aubrac). Haben die scharfen Terrormaßnahmen der Nazis, verbunden mit der Leichtfertigkeit einiger Résistance-Kämpfer (etwa Hardy, aber auch Frenay) und den zwangsläufig nur notdürftigen Sicherheitsvorkehrungen der Résistance-Spitze nicht schon gereicht, um diese festzunehmen? Das Urteil des Gerichts über Hardy ist sicher zu kritisieren. Richter und Staatsanwalt hätten besser recherchieren, sorgfältiger abwägen und vielleicht mutiger entscheiden müssen. Aber das ist heute leicht gesagt.

Das Urteil konnte den Streit nicht beenden. Radio und Zeitungen berichteten ausführlich. Ein Schaffner der SNCF, Alphonse Morice, fand in seiner Zeitung ein Foto von Hardy und erkannte den Mann, dessen Verhaftung durch die Gestapo er am späten Abend des 7. Juni 1943 im Zug bei Chalon miterlebt hatte. Er meldete die Sache seinem Vorgesetzten. Die beiden Gestapo-Männer seien zusammen mit Hardy/Didot gegen 1 Uhr in der Nacht in Chalon ausgestiegen. Der Schaffner schrieb einige Zeilen über die Verhaftung in sein Bordbuch. Den frei gewordenen Schlafwagenplatz des Verhafteten habe Morice sofort an einen anderen Fahrgast verkaufen können. Darüber hatte die SNCF einen kleinen, sonst unbedeutenden Beleg sowie das Bordbuch in ihren Akten sorgfältig aufgehoben. Das hätte man auch vor dem ersten Prozess gegen Hardy leicht feststellen können.

Sogar ein Mitreisender aus dem Schlafwagenabteil wurde gefunden, der sich erinnerte, wie die Deutschen mit einer Waffe im Anschlag Hardy aus dem Zug geholt hatten.

Eine neue Sensation! Der Polizeichef und der Innenminister wurden informiert, die Presse schlug Alarm. Hardy war in dem zentralen Streitpunkt des Prozesses der Lüge überführt. Der Freispruch aus Mangel an Beweisen – eine Luftnummer! Einmal freigesprochen jedoch konnte Hardy in der gleichen Sache nicht noch einmal vor Gericht gestellt werden, das verbot das Gesetz grundsätzlich, so überlegten auch die Juristen der Regierung. Damit Regierung und Justiz sich nicht völlig blamierten, kamen die Experten der Regierung auf eine andere Idee: Hardy sollte unter anderer Anklage vor ein anderes Gericht gestellt werden, ein Militärtribunal.

Zunächst wurde Hardy (der sich nach Deutschland abgesetzt hatte) gesucht und verhaftet. Er schrieb ein langes Geständnis, in dem er zugab, am 7./8. Juni 1943 im Zug verhaftet worden zu sein, danach mit den Nazis zusammengearbeitet zu haben. Aber Jean Moulin und das Treffen in Caluire habe er nicht verraten, darauf bestand er.

Die Regierung veröffentlichte eine Stellungnahme, neue Diskussionen zerissen die Öffentlichkeit, Laure Moulin und Antoinette Sachs schöpften neuen Mut. Hardy musste am 25. März 1947 erneut im Gefängnis Fresnes Platz nehmen, diesmal für drei Jahre. Sein Verteidiger Maître Garçon sagte der Zeitung *Le Monde* (am 28. März 1947), wie entsetzt und enttäuscht er über seinen Mandanten Hardy sei. Er habe die Verteidigung nur übernommen, weil er von der Unschuld des Mannes überzeugt gewesen sei. Diesmal werde er die Verteidigung nicht übernehmen können, schrieb er seinem Mandanten – um es dann dennoch zu tun.[272]

Die kommunistische Zeitung *Humanité* stellte eine Serie von Fragen, die für viele, nicht nur für das Gericht, peinlich sein mussten,

272 Pierre Péan/Laurent Ducastel: L'ultime mystère, S. 388.

etwa: Was alles hat Hardy noch zu verbergen? Wie konnte er zweimal den Deutschen entkommen? Warum wurde Lydie Bastien nicht als Zeugin vorgeladen? Warum wurde der SS-Mann Dunker, der den »Flora-Bericht« geschrieben hatte, dem Angeklagten René Hardy nicht gegenübergestellt? Die Kommunistische Partei griff Hardy und seine Hintermänner, wozu sie weite Teile der Résistance-Gruppe Combat zählte, so scharf an, dass der Eindruck entstehen konnte, Moulin sei einer der ihren gewesen.

Diese Fehleinschätzung machte sich wiederum Henri Frenay zunutze, Gründer und Chef der rechtsgerichteten Gruppe Combat, indem er von Moulin als »L'énigme« (dem Rätsel) sprach und schrieb. Er ging so weit, ihn als Kryptokommunisten zu bezeichnen, obwohl er wusste, dass das falsch war. Die Causa Hardy/Moulin wurde also zu einem politischen Streitfall, der von den Stimmungen des Kalten Krieges befeuert wurde. Durch Polemik und Emotionen geriet die Suche nach der Wahrheit unter die Räder und mit ihr die Erinnerung an den Gründer der Résistance.

Das Militärtribunal versuchte, redlicher zu arbeiten als vorher das Zivilgericht. Diesmal wurde Hardy angeklagt, den Sabotageplan der SNCF an den Feind verraten zu haben. Darauf stand die Todesstrafe.

Alle erreichbaren deutschen Dokumente wurden hinzugezogen und nicht nur das: Klaus Barbie, der wusste, dass er in Frankreich als Kriegsverbrecher gesucht wurde, hatte sich in die amerikanische Zone der Bundesrepublik zurückgezogen und arbeitete jetzt für den US-Geheimdienst CIC. Dieser erlaubte der französischen Justiz, Barbie für den neuen Prozess zu verhören, aber nur in der amerikanischen Zone und nach der französischen Zusicherung, dass er anschließend weiter für die Amerikaner arbeiten dürfe. Barbie hatte seinen neuen Vorgesetzten viel von seiner Erfahrung im Kampf gegen die Kommunisten im Untergrund erzählt, sodass diese ihn für unentbehrlich hielten. Drei Verhöre in Gegenwart amerikanischer Soldaten fanden statt: in Frankfurt am 14. Mai 1948, in München am 18. Mai und am 18. Juli 1948. Barbie konnte sich vollkommen sicher fühlen und antwortete entspannt auf alle Fragen des französischen Kommissars Bibes: Er habe Hardy nach der Verhaftung und dem Verhör am 7./8. Juni 1943 für die Gestapo angeworben. Dafür habe er die Genehmigung des RSHA (Reichssicherheitshauptamtes) in Berlin beantragt. Die Zustimmung habe er schnell erhalten – mit der Einschränkung, das darin liegende Risiko müsse er (Barbie) auf die eigene Kappe nehmen.

Hardy habe ihm alsdann das Treffen in Caluire verraten, er habe ihm auch den Klarnamen von Max genannt: Jean Moulin. Den Sabotageplan für das Eisenbahnnetz habe er ihm aufgeschrieben. Die zweite Flucht aus dem deutschen Krankenhaus in Lyon habe er mit Hardy zusammen inszeniert. Sein Stellvertreter Stengritt habe den Flüchtenden auf der Straße aufgelesen und zu seiner Verlobten Lydie Bastien gefahren. Einige Tage später habe die Gestapo Hardy einen neuen Personalausweis und Geld gegeben.[273]

Es versteht sich, dass man die Einlassungen des Kriegsverbrechers Barbie nicht für »bare Münze« nehmen darf, aber da auch der »Flora-Bericht« und Aussagen von Stengritt damit übereinstimmen und vor allem die aller überlebenden Augenzeugen von Caluire, sind sie vielleicht nicht falsch. Der Historiker Jean-Pierre Azéma schätzt, »die deutschen Dokumente, so wenig perfekt sie sein mögen, wiegen schwer im Sinne von Hardys Schuld«.[274] Nach menschlichem Ermessen war Hardy nach diesen Aussagen und schriftlichen Belegen so gut wie verurteilt.

Am 27. April 1950 wurde der Prozess eröffnet. Die Leidenschaften hatten sich beruhigt, die Presse war weniger aufgeregt als vor drei Jahren. Aber die Taktik des Gerichts, den Verrat der Sabotagepläne zur Hauptsache zu machen, ging nicht auf. Das Drama

273 Ebd., S. 401
274 Ebd., S. 411ff.

von Caluire stand wiederum im Mittelpunkt. Erneut erniedrigte der Strafverteidiger Maître Garçon die Zeugen der Anklage in beschämender Frechheit. Laure Moulin unterbrach er und entzog ihr das Wort mit der Bemerkung, sie sei in Caluire nicht dabei gewesen. Sein wichtigstes Argument aber war, dass die Aussagen der Deutschen verlogen seien, unzulässig und ein Angriff auf die Ehre Frankreichs. Das Plädoyer machte Eindruck.

Das Militärgericht war mit sieben Richtern besetzt. Vier davon – also die Mehrheit – stimmten für schuldig, drei für unschuldig. Nach den Regeln der Militärtribunale musste ein Schuldspruch aber mindestens zwei Stimmen mehr haben als das Votum für Unschuld. Den Unterschied machte aber nur eine Stimme. So wurde René Hardy wiederum nicht verurteilt. Frei verließ er den Gerichtssaal.

Das Urteil machte erneut Skandal. Es ließ die Freunde Moulins ratlos zurück. Hardy offensichtlich schuldig, aber zweimal freigesprochen! Wer beschützte ihn? Wer stand dahinter? Wer hatte ein Interesse, Moulin zu beseitigen? Musste es sich hier nicht um eine Verschwörung rechtsgerichteter Kreise handeln? Die Gesellschaft nahm diese Nicht-Antwort auf eine fundamentale Frage der neuen Republik, der Vierten, schließlich hin. Was auch sonst.

Antoinette Sachs jedoch konnte sie nicht hinnehmen. Jean Moulin war Inhalt und Zweck ihres Lebens geworden. Sie suchte, bis sie einen weiteren Zeugen in der Schweiz fand, in St. Gallen: Gottlieb Fuchs. Er sprach fließend Deutsch und Französisch und war während des Kriegs als Dolmetscher bei den Deutschen beschäftigt, erst bei der Wehrmacht, dann am Rot-Kreuz-Krankenhaus in Lyon und schließlich bei der Gestapo. Er wurde Zeuge bei einem der letzten Folterverhöre von Barbie gegen den bereits schwer zugerichteten Moulin. Fuchs schilderte Antoinette, wie jähzornig der Gestapo-Mann schlug und schimpfte und dabei immer mehr in Rage geriet. Als er schließlich von seinem Opfer abließ, um zu gehen, habe er geäußert: »Wenn dieser Hund nicht bis morgen tot ist, nehme ich ihn mit nach Paris und erledige ihn dort.«[275] Für die Verurteilung von Hardy brachte diese Aussage allerdings nichts.

Der Barbie-Prozess

Der Fall des Kriegsverbrechers Barbie soll hier nur insoweit dargestellt werden, wie er Jean Moulin betrifft. Seine zahlreichen monströsen Verbrechen, die vor allem der Historiker (und Rechtsanwalt) Serge Klarsfeld aufgedeckt hat, sind Gegenstand anderer Darstellungen. Seine Arbeit für die US-Geheimdienste endete 1951 und Barbie war sich der Gefahr bewusst, schließlich doch noch vor ein Gericht gestellt zu werden. Er flüchtete mit amerikanischer Hilfe und Unterstützung aus dem Vatikan wie vor ihm viele andere über die sogenannte Rattenlinie nach Südamerika. Dort begann er ein neues Leben zunächst als Geschäftsmann unter dem Namen Klaus Altmann. Dazu nahm er auch die bolivianische Staatsbürgerschaft an.

In der Zwischenzeit verurteilten ihn Gerichte in Frankreich dreimal in Abwesenheit wegen seiner Gräueltaten gegen die Zivilbevölkerung und gegen die Résistance zum Tode: 1947, 1952 und 1954. In jüngster Zeit hat Peter Hammerschmidt herausgefunden, dass Barbie ab 1966 auch für den Bundesnachrichtendienst arbeitete. Diesmal, unter dem Namen Adler, lieferte er mindestens 35 Berichte aus Südamerika und empfing ein festes Monatshonorar.[276] Dem Diktator Boliviens, Hugo Banzer, diente er sich schließlich erfolgreich als Bekämpfer von »Terroristen« im Untergrund an, bis Beate und Serge Klarsfeld ihn dort Anfang der 1970er Jahre fanden. Danach scheiterten mehrere Versuche, den deutschen Verbrecher zu

275 Jean-Pierre Azéma: Jean Moulin, S. 496; Pierre Péan/Laurent Ducastel: L'ultime mystère, S. 438f.
276 Peter Hammerschmidt: Deckname Adler.

entführen oder umzubringen, ein Versuch sogar des israelischen Geheimdienstes Mossad 1980.

Als die Demokratie nach Bolivien zurückkehrte, nahm die Polizei Barbie/Altmann am 19. Januar 1983 fest – wegen Steuerhinterziehung. Es war jetzt möglich, seine Auslieferung zu beantragen. Die Bundesregierung unter Kanzler Helmut Kohl tat das nicht, weil sie keine neue Diskussion in der Öffentlichkeit über die Nazi-Verbrechen wollte. Die französische Regierung unter Präsident François Mitterand beantragte die Auslieferung. Am 4. Februar 1983 kam Barbie nach Lyon zurück. Robert Badinter, der französische Justizminister, ordnete an, dass Barbie im Gefängnis Montluc einquartiert wurde, wo er vor 40 Jahren seine Opfer gequält hatte. Der Justizminister war Sohn des Kürschners Badinter aus Lyon, den Barbie zusammen mit 84 weiteren Juden nach Sobobor und Auschwitz hatte abtransportieren lassen.

Zweiundvierzig Jahre nach Kriegsende stellte sich vor dem Prozess die Frage nach der Verjährung. Sie wurde verschärft durch die Behauptung des Strafverteidigers Maître Jacques Vergès, der Angeklagte habe von dem Schicksal, das den Juden im Osten bevorstand, gar nichts wissen können. Die Kreise der ehemaligen Résistance und der Juden reagierten mit heller Empörung auf diese Behauptung. Da kam eine Entscheidung des Pariser Kassationsgerichts gerade rechtzeitig. Der Begriff »Verbrechen gegen die Menschlichkeit« wurde neu definiert bzw. erweitert. Alle »unmenschlichen Taten und Verfolgungen, die im Namen eines Staates [...] verübt werden: Nicht nur an Personen wegen ihrer Rasse oder Religion, sondern auch an Gegnern dieser Politik.« Sie alle sind von Verjährung ab sofort ausgeschlossen.[277] Das Gericht folgte damit einer Entscheidung des französischen Parlaments von 1964, dass Verbrechen gegen die Menschlichkeit auch nach zwanzig Jahren nicht verjäh-

277 Roger de Weck, *Die Zeit*, 15. Mai 1987.

ren dürfen.[278] Damit wurden alle Verbrechen Barbies (zum Beispiel auch das an den 44 jüdischen Kindern von Izieu) strafbar, die zu diesem Zeitpunkt in Deutschland als verjährt galten, auch die »Körperverletzung mit Todesfolge« an Jean Moulin.

Rechtsanwalt Vergès traf die französische Seele dennoch empfindlich mit seiner Behauptung, alle Verbrechen der Gestapo in Frankreich seien gering im Vergleich zu den Verbrechen Frankreichs während des Algerien-Krieges. Barbie wurde für die Deportation von 842 Menschen verantwortlich gemacht, hinzu kamen zahlreiche Ermordungen und willkürliche Hinrichtungen. Er wurde zu lebenslänglicher Haft verurteilt. (Die Todesstrafe war inzwischen abgeschafft worden.) Vier Jahre später starb er in »seinem« Gefängnis in Lyon.

Der Historiker Henry Rousso teilte die Nazi- und Holocaust-Prozesse, die in Frankreich geführt wurden, in zwei Wellen ein, eine erste bald nach dem Krieg, die Einzelfälle zu entscheiden hatte und zugleich Bühne der großen nationalen Kontroversen wurde. Dazu gehörten die Verfahren gegen Hardy und die Verfahren in Abwesenheit von Barbie. Die zweite Welle, die deutlich später einsetzte, zu welcher auch der Barbie-Prozess von 1987 gehörte, habe die Funktion, dem Land aus der Distanz Klarheit darüber zu verschaffen, was ihm passiert war. Es sei nicht Aufgabe des Historikers, mit der Brille von heute den Staatsanwalt oder den Richter über die Geschichte zu machen.[279] Die französischen Historiker stimmen in ihrem Urteil über Leben und Tod Jean Moulins weitgehend überein sowie auch in der Frage nach dem Verräter; bei dessen Motiven bleiben allerdings Unterschiede. Der britische Journalist und Schriftsteller Marnham hat mit seinem Buch über Moulin jedoch einen

278 Henning Meyer: Der Wandel der französischen Erinnerungskultur des Zweiten Weltkriegs am Beispiel dreier Erinnerungsorte: Bordeaux, Caen und Oradour-sur-Glane. Bordeaux/Augsburg 2006, S. 509.

279 Henry Rousso: La hantise du passé, S. 110.

Agententhriller verfasst, der zu anderen Ergebnissen kommt. Nicht Hardy, also ein vielleicht beauftragter Täter aus der rechten Szene, habe Moulin verraten, sondern Aubrac (Klarname: Raymond Samuel), der den Kommunisten mindestens nahestand. Er habe sich in einer ähnlichen Zwangslage befunden wie Hardy. Marnham argumentiert durchaus logisch, ignoriert aber den »Flora-Report« und nennt keine Belege für seine These.[280] Beide Seiten hätten genügend Motivation gehabt, den Gründer der Résistance zu beseitigen und den Mord den Deutschen anzulasten, die Moulin ja zweifelsfrei umgebracht haben.

Ob und wodurch sich Franzosen während der deutschen Besatzungszeit mitschuldig gemacht hatten, das blieb lange umstritten. Erst später räumte Präsident Jacques Chirac eine allgemeine Mitschuld Frankreichs am Holocaust ein und öffnete so den Blick für genauere Untersuchungen.

280 Patrick Marnham: The Death, S. 254.

Nachwort: Jean Moulin – Mythos der Résistance

Bekannt wurde der Name Jean Moulin erst nach der Befreiung. Das lag in der Natur der Sache. Hatte er nicht alles getan, um seine Identität als Résistance-Chef zu verbergen? Die Prozesse um Hardy und Barbie nach der Befreiung mit dem mehr als notwendigen Presserummel (und die Kämpfe um die Verfassung Frankreichs sowie um die politische Führung) machten dann die Helden der Résistance bekannt. Sie gerieten aber zugleich in die politischen Grabenkämpfe zwischen rechts und links, zwischen Verehrung und Polemik.

Solche Streitigkeiten konnten jedoch nicht darüber hinwegtäuschen, dass Moulin nicht nur de Gaulle, sondern dem ganzen Land einen großen, ja einmaligen Dienst erwiesen hatte. Frankreich nach seiner Niederlage zurück am Tisch der Großmächte – wie hätte de Gaulle das ohne die Zusammenführung aller Widerstandsgruppen erreichen können? Das war undenkbar. Die Kommunisten verfolgten ihre eigene Linie, die mehr von Moskau vorgegeben wurde. Die rechtsgerichteten Kräfte um Frenay und d'Astier hatten kein Interesse an der parlamentarischen Demokratie. Dem von den USA geförderten General Giraud fehlten der Wille und die Kraft für eine schnelle Rückkehr zur Souveränität Frankreichs. Über das klägliche Versagen Vichys braucht hier nicht gesprochen zu werden. Der Weitblick Moulins, seine Disziplin und Zähigkeit, sein fast immer verbindlicher Umgang mit den Rivalen fügte zusammen, was auseinanderstrebte: die Armée Secrète und die politische Führung der Résistance. Er hat das alles nicht erfunden, aber er hat es zusammengeführt, sodass politische Wirkung daraus entstand. Im entscheidenden Moment, im Frühsommer 1943, als Churchill, von

Roosevelt bedrängt, gerade de Gaulle aufgeben wollte, da lieferte Moulin das von allen französischen Kräften unterschriebene Papier nach London, das für die Machtergreifung de Gaulles entscheidend war. Moulins Opferbereitschaft hat in der Krise sein Leben gekostet, aber er hat alle Geheimnisse des Widerstands bewahrt, sodass die Nazis die Résistance nicht vernichten konnten.

Nach der Befreiung Frankreichs 1944 entfaltete sich eine Serie von Ehrungen in zahlreichen Städten, in denen der frühere Präfekt und spätere Résistance-Chef gewirkt hatte. Bis 1995 wurden 37 Monumente aufgestellt, 119 Erinnerungstafeln befestigt, 978 Boulevards, Avenuen, Straßen und Plätze mit seinem Namen geschmückt ebenso wie 280 Schulen und eine Universität in Lyon. In dieser Hinsicht wird Jean Moulin nur von den Generälen de Gaulle und Leclerc übertroffen.

Gleichzeitig – neben Ehrungen und Würdigungen – nahm das, was man den »Krieg der Erinnerungen« (la guerre des mémoires) nannte, seinen Lauf. Laure Moulin schrieb eine erste Biografie ihres Bruders Jean und bat de Gaulle um ein Vorwort. Dieser antwortete am 8. April 1947:

> »Jean Moulin, votre heroïque frère, était par excellence mon bon compagnon et mon ami. C'est parceque nous avions l'un et l'autre et en toute connaissance de cause une confiance entière que je l'avais choisi et désigné pour agir et parler en mon nom et au nom du Gouvernement don't il était membre, sur notre territoire non encore libéré. C'est pour la même raison qu'il avait, de toute sa foi, accepté de le faire. Nos entretiens et nos travaux communs à Londres, comme les rapports qu'il m'addressait de France et les instructions que je lui envoyais jusqu'au jour même où l'ennemi l'a saisi pour le torturer et l'abbattre ont été l'expression éclatante de cet accord et de cette confiance...« (zit. n. Jean-Pierre Azéma, S. 537)

(Jean Moulin, Ihr heldenhafter Bruder, war mein engster Kampfgenosse und mein Freund. Weil wir beide der Situation voll und ganz bewusst waren und einander vertrauten, hatte ich ihn ausgewählt und ernannt, um in meinem Namen und im Namen der Regierung, der er angehörte, auf unserem noch nicht befreiten Territorium zu handeln und zu sprechen. Aus dem gleichen Grund hatte er sich aus vollster Überzeugung dazu bereit erklärt. Unsere Gespräche und unsere gemeinsame Arbeit in London, ebenso wie die Berichte, die er aus Frankreich an mich richtete, und die Instruktionen, die ich ihm bis zu dem Tag schickte, an dem der Feind ihn ergriff, um ihn zu foltern und zu töten, waren der kraftvolle Ausdruck dieser Übereinstimmung und dieses Vertrauens.)

de Gaulle und Laure Moulin im Panthéon. © Boussel/Spadem

Der Biografie von Laure Moulin folgte eine Vielzahl von Büchern politischer oder wissenschaftlicher Autoren, die hier nicht aufgeführt werden sollen, mit unterschiedlicher Bewertung und Einordnung. Zurückgekehrt an die Macht, nunmehr Staatspräsident der fünften Republik, versuchte de Gaulle 1964 eine Art Schlusspunkt zu setzen, der nicht mehr übertroffen werden konnte: Am 18. Dezember wurde die Urne, in der die Asche Jean Moulins vermutet wird, vom Friedhof geholt und am 19. Dezember in einem nächtlichen Fackelzug von der Kathedrale Notre-Dame de Paris zum Panthéon ins Quartier Latin überführt, einem »Heiligtum« des laizistischen Landes, und dort mit allem Pomp beigesetzt.

In der Kälte des Dezembermorgens hatten sich Hunderte von Staatsgästen, Résistance-Kämpfern und Angehörigen sowie die Schwester Laure Moulin zusammengefunden, auch Staatspräsident de Gaulle in voller militärischer Uniform. Ein Orchester der Garde Républicaine spielte einen Trauermarsch des Komponisten François-Joseph Gossec aus der Revolutionszeit, den der Schriftsteller und Kulturminister André Malraux ausgewählt hatte. (Zwei Brüder von Malraux hatte 1944 die Gestapo erschossen.) Am Sarkophag vor dem Panthéon stehend redete der wortmächtige Malraux und setzte nicht nur der Résistance, sondern auch sich selbst ein literarisches Denkmal:

> »In einem Dorf des Corrèze [Landschaft in Zentralfrankreich] hatten die Deutschen Widerstandskämpfer getötet und dem Bürgermeister befohlen, sie heimlich im Morgengrauen zu beerdigen. Nun ist es Brauch in dieser Gegend, dass jede Frau bei der Beerdigung von jedem Toten aus ihrem Dorf dabei ist, indem sie an dem Grab ihrer eigenen Familie steht. Niemand kannte diese Toten, sie waren Elsässer. Als sie den Friedhof erreichten, von unseren Bauern getragen, unter der drohenden Bewachung deutscher Maschinengewehre, da zog die Nacht sich zurück wie das Meer und ließ die schwarz gekleideten

> Frauen des Corrèze erscheinen, unbeweglich den Berghang hinauf, jede an ihrem Familiengrab, und in Ruhe wartend auf die Beisetzung der französischen Toten. Dieses Gefühl, von dem die Legende erzählt, ohne das die Résistance niemals existiert hätte und das uns heute hier zusammenführt, das ist vielleicht der unbesiegbare Ruf der Brüderlichkeit.«

André Malraux sprach nicht nur, beinahe sang er mit bebender, fast zitternder Stimme, die die Anwesenden das Grauen des Nazi-Terrors nachfühlen ließ. So gab er dem Zeremoniell den Charakter eines Rituals wie aus einer antiken Tragödie. Er fuhr fort:

> »Wie organisiert man Brüderlichkeit, die sich zum Kampf eignet? Jean Moulin dachte an die Résistance, als er nach London aufbrach. ›Es wäre dumm und ein Verbrechen, im Fall einer Militäraktion der Alliierten auf dem Kontinent die Truppen nicht zu nutzen, die bereit sind zu den größten Opfern, heute verstreut und in Anarchie, die aber morgen bereits eine organisierte Armee von Fallschirmspringern vor Ort sein könnten, die sich auskennen, die ihren Gegner kennen und ihre Ziele bestimmt haben.‹ Das war genau die Meinung von General de Gaulle.«

Es sei nicht Moulin gewesen, der die Widerstandsgruppen gegründet hat. Er hätte auch keine Regimenter aufgestellt, er habe die Regimenter zu einer Armee geformt und die Résistance geeint. (An dieser Stelle muss der ebenfalls anwesende Henri Frenay die Fäuste in der Tasche geballt haben.) Und bis zum Tag seines Todes habe der vom Feind gefolterte Mann geschwiegen, nichts verraten, obwohl er alles wusste. »Sein verwundetes, geschundenes Gesicht war an diesem Tag das Gesicht Frankreichs.« (Die Rede von Malraux ist im Anhang des Buches von Laure Moulin abgedruckt: *Jean Moulin. Biographie*.)

Die Gruft von Jean Moulin und André Malraux. © *D. L. S.*

Das Orchester der Garde Républicaine spielte *Le Chant des Partisans*, als der schwere Sarkophag mit der kleinen Urne darin in das nationale Mausoleum geschoben wurde, wo an der Seite von Mirabeau, Voltaire, Marat in der Gruft Nr. VI seit dem 19. Dezember 1964 sein Platz ist. (Malraux selbst wurde 20 Jahre nach seinem Tod, am 23. November 1996, in der gleichen Gruft neben Jean Moulin beigesetzt.)

André Malraux hatte das große Staatstheater inszeniert. Manche Beobachter erinnerten sich an einen Satz aus seinem Buch *Die Hoffnung*, der lautet: »Mut ist etwas, das organisiert werden muss.« Von da war es nicht weit zu der Überlegung, dass auch die Wiederwahl de Gaulles bevorstand und mutig organisiert werden musste. Die linken Parteien sahen sich um den Mythos Jean Moulin betrogen, obwohl er doch einer der ihren war. Aus ihren Reihen war 1963, zwanzig Jahre nach seinem Tod, eine besondere Ehrung für Moulin gefordert worden, aber der Wunsch blieb zunächst ungehört. Nicht 20, sondern 21 Jahre nach seinem Tod wurde Moulin im Panthéon beigesetzt. Anlass war der Sieg der Résistance und die Befreiung Frankreichs im Jahr 1944. Moulin erschien plötzlich als Gaullist. Das wollten die Sozialisten so nicht stehen lassen.

»[...] wenn das Erlebte zur Erinnerung wird, kommt die eigentümliche Funktionsweise des menschlichen Gedächtnisses zum Zuge: Wie ein ›wendiger Baumeister‹ und ›schöpferischer Konstrukteur‹ entwirft das Gedächtnis den Erinnerungshaushalt bei Bedarf neu.«[281] Der Prozess, den Erinnerungshaushalt neu zu entwerfen, begann – wie berichtet – nicht erst 1964, als de Gaulle das Jubiläum des Todesjahres von Jean Moulin 1963 hatte verstreichen lassen, um das Jubiläum seines eigenen Sieges 1964 zu erreichen. Dieser Prozess hatte längst vorher begonnen und endete auch danach nicht.

Als der Sozialist François Mitterand im Mai 1981 zum Staatspräsident gewählt worden war (er selbst hatte erst am 11. November 1942 zur Résistance gefunden), führt ihn sein erster Weg am Tag der Amtseinführung, dem 21. Mai, zum Grab des unbekannten Soldaten unter dem Triumphbogen, wo er einen Kranz niederlegt – eine Anerkennung der Legende, dass das französische Staatswesen aus den Leistungen seiner Armeen hervorgegangen sei.

Am frühen Abend des gleichen Tages schreitet er gegen 18 Uhr in einer Reihe mit Politikern der Sozialistischen Internationale – Willy Brandt untergehakt mit Mário Soarez, Felipe Gonzalez, Olof Palme, begleitet von Tausenden jubelnder Anhänger – zu Fuß durch die Rue Soufflot zum Panthéon hinauf. Er löst sich aus der Reihe der Staatsmänner. Während er – eine Rose in der Hand – die Stufen des mächtigen republikanischen Tempels hinaufsteigt, spielt das Orchestre

281 Hans-Günter Hockerts: Zugänge zur Zeitgeschichte. Primärerfahrung, Erinnerungskultur, Geschichtswissenschaft, S. 48.

de Paris mit großem Chor die *Ode an die Freude* von Beethoven. Daniel Barenboim dirigiert. Am Sarkophag des nunmehr bekannten Soldaten Jean Moulin legt der Präsident seine Rose nieder, die rote Rose der Sozialisten (ebenso an den Gruften von zwei weiteren Patrioten, Jean Jaurès und Victor Schoelcher). Der Präsident ist in der stillen Krypta und den Katakomben des geheiligten Sous-sol mit den Toten allein, so sieht es aus, aber das staatliche Fernsehen überträgt live und die besten Regisseure operieren professionell mit Licht und Schatten. Mitterand verknüpft so die Vordenker der Französischen Revolution Rousseau, Voltaire und Diderot mit Jean Moulin und mit sich selbst.

Sein Freund, der agile Kulturmanager Jacques Lang, den Mitterand zum Kulturminister machen wird, hat die aufwändige, aber Protokoll-freie Szene so improvisiert, dass sie der von 1964 in nichts nachsteht. Vor den Toren, auf der jetzt frühsommerlichen Freitreppe, auf dem weiten Vorplatz des Panthéon wartet ein Publikum aus Parteifreunden, Verwandten, Studenten von der nahe gelegenen Sorbonne und zufälligen Passanten darauf, dass der neu gewählte Staatspräsident das Panthéon verlässt. Als er erscheint, spielt das Orchester die *Marseillaise* in der Version von Hector Berlioz, Placido Domingo singt. Allerdings stört ein Platzregen die Szenerie und durchnässt des Präsidenten Kleidung.

»La gauche au pouvoir [...] avait récuperé son héros«, so kommentierte der Historiker Jean-Pierre Azéma diesen Vorgang. (Die Linke an der Macht holte sich ihren Helden zurück.) Höhepunkt der Moulin-Verklärung aber wurde eine Serie von Feierlichkeiten im ganzen Land, die am 17. Juni 1983 alles übertrumpfte, was vorher für seine Ehre inszeniert worden war. Frankreich war – wie seine europäischen Nachbarn – eigentlich längst im postheroischen Zeitalter angekommen, aber der Wunsch war so dominant, doch noch ein Symbol der nationalen Wiedergeburt mit den Werten der Revolution dauerhaft im Gedächtnis zu verankern. Das musste dazu führen, dass andere führende Männer der Résistance von der inzwischen mythischen Figur des Jean Moulin überstrahlt wurden, so dass sie im Dunkeln blieben, obwohl auch ihnen heldenhafter Mut, große Verdienste und tragische Opfer angesichts des Nazi-Terrors und der Vichy-Kollaboration nicht abzusprechen sind.

Die Erinnerungskultur – also ein Mittel der Politik? Selbst der demokratischen Politik? Sicher, und warum nicht? Ist es nicht auch umgekehrt richtig? Die Arbeit der Erinnerung schafft sich einen Mythos, und der Mythos bricht sich Bahn in der Politik, der Mythos wirkt. Und hilft der Mythos etwa nicht genauso wie das sachliche Argument in der Auseinandersetzung mit Ideologen und Populisten aller Art?

Die Erinnerungskultur in Frankreich machte auch mit dem späteren Präsidenten Chirac noch wesentliche Fortschritte. Es soll hier jedoch nicht der Eindruck erweckt werden, die Erinnerung an Jean Moulin oder an die Résistance sei ausschließlich Sache des Staates oder gar des Staatspräsidenten gewesen. Dieser Eindruck wäre falsch. Zahlreiche Vereine sowie Opfer- und Veteranenverbände widmen sich auf nationaler, regionaler oder kommunaler Ebene und mit unterschiedlichem Fokus der Erinnerung an Krieg und Widerstand.

Die Dissonanzen der öffentlichen Résistance-Diskussion verlagerten sich an die politischen Ränder. Ausgehend von den großen Volksparteien, Gaullisten und Sozialisten, verbreitete sich ein Konsens, der den Mythos Moulin als wohltuendes Gegengewicht gegen das Trauma der Niederlage gegen die Deutschen von 1940 und der anschließenden Kollaboration mit Hitler gerne annahm. Die Strahlkraft dieses Mythos konnte sich umso besser entfalten, weil der andere Held des Widerstandes, de Gaulle, weiterhin Politik machte und sein Erscheinungsbild mit vielen anderen Kontroversen verknüpfte, auch mit fragwürdigen und strittigen, wie etwa dem Verlust Algeriens.

Jean Moulin im Panthéon dagegen – unbesiegbar!

Fotos

Alle Fotos des Autors sind mit © D. L. S. gekennzeichnet. Bei den anderen Abbildungen waren Urheber z. T. schwer zu ermitteln. Bitte wenden Sie sich an den Verlag.

Literatur

Quellen

Archives Departementales d'Eure-et-Loir: 1939–1945. L'Eure-et-Loir dans la guerre

AJPN org. Anonymes: Justes et Persécutés de la periode Nazie dans les communes de France, articles:

Pierre Bertaux:

- Chartres en 1939–1945
- Lyon en 1939–1945
- Jean Moulin
- Prison Montluc
- Valérie Perthuis-Portheret.

Bundesarchiv Ludwigsburg: B 162/28604, 30164 und 3399.

Pierre **B**ertaux: Liberation de Toulouse et de sa Région. Paris: Librairie Hachette 1973.

Winston **C**hurchill: Der Zweite Weltkrieg. München/Zürich 1954.

Daniel **C**ordier: La République des catacombes, Bd. 1. Editions Gallimard: Paris 1999

Charles **d**e Gaulle: Mémoires de Guerre, L'Appel. Librairie Plon 1954.

ders.: Mémoires de Guerre, L'Unité. Librairie Plon 1956

Jean Moulin: **Écrits** et documents de Béziers à Caluire. Hrsg. von François Berriot, mit einem Vorwort von Daniel Cordier und einem Nachwort von Bernard de Gaulle, 2 Bände (die meisten dieser Dokumente stammen aus den Archives Nationales). Paris 2018: L'Harmattan.

Fondation de la Résistance: Musées et centres d'archives (http://www. fondation resistance.org) Henri Frenay, Zugriff am 29. Oktober 2018.

Henri **F**renay: La Nuit Finira, Mémoires de Résistance 1940–1945. Robert Laffont 1973.

FRUS, Foreign Relations of the United States: Diplomatic Papers, 1942 und 1943: http://digicoll.library.wisc.edu/cgi-bin/FRUS/FRUS-idx?type=FRUS.FRUS

Stephane **H**essel: Wie ich Buchenwald und andere Lager überlebte, 22. Januar 2011: la-feuille-de-chou.fr./archives/17769, Zugriff am 27. September 2019.

Serge **K**larsfeld: Vichy–Auschwitz. Die Zusammenarbeit der deutschen und französischen Behörden bei der »Endlösung der Judenfrage« in Frankreich. Nördlingen 1989.

Harold **M**acmillan: The Blast of War 1939–1940. London 1967: Harper & Row.

François **M**itterand: Mémoires Interrompus (Entretiens avec Georges-Marc Benamou). Paris 1996: Éditions Odile Jacob.

Laure **M**oulin: Jean Moulin, Biographie. Les Éditions de Paris 1999.

Musée de l'Ordre de Libération, Paris, Archiv.

MJM, Musée Jean Moulin. Paris: Fonds Antoinette Sasse, (2006.00.166 bis 2006.00.169) und Legs Andrée Escoffier-Dubois (2012.13.8.38).

Alain **P**aire: 1942/1943 – Jean Moulin rencontre Matisse et Bonnard. Internet-Zugriff: 4. März 2019.

Peter **S**choll-Latour: Leben mit Frankreich, Stationen eines halben Jahrhunderts. Stuttgart 1988.

Zeitungsartikel, Aufsätze, Film-Transkript und Vorträge

Henrik **B**ering: The Audacity of de Gaulle, In: Policy Review (der Hoover Institution, Stanford), 1. Februar 2013.

Simon **B**erthon: The Allies at War, BBC History, updated 17. Februar 2011.

Georg **B**önisch/Klaus **W**iegrefe: Klaus Barbie: Vom Nazi-Verbrecher zum BND-Agenten, In: Spiegel-Online, 19. Januar 2011.

Paul **B**urlet: L'Agonie de Jean Moulin, www.tracesdhistoire.fr, Zugriff am 27. September 2019.

Julian **C**oman: How a French beauty betrayed Jean Moulin. In: The Telegraph (London), 13. Juni 1999.

Alex **F**itzpatrick: Winston Churchill and Charles de Gaulle's relationship documented at Paris exhibition, In: Telegraph (London), 8. Mai 2015.

Étienne **F**rançois: Europa als Erinnerungsgemeinschaft, Vortrag am 14. Juni 2017 in der französischen Botschaft in Berlin (hrsg. vom Förderverein Sachsenhausen e.V.).

Norbert **F**rei: Ende und Anfang, In: Süddeutsche Zeitung, 31. Dezember 2019/1. Januar 2020.

Alfred **G**rosser: Auf dem Weg zu einer europäischen Leitkultur, In: Tutzinger Blätter, 2/2005.

Heinz **H**öhne: Der Schlächter von Lyon – Klaus Barbie und die französische Kollaboration. In: Der Spiegel, 19/1987 und 20/1987.

Peter **H**ölzle: Der Tod des Widerstandskämpfers Jean Moulin, In: Deutschlandfunk, 8. Juli 2018.

Warren **H**oge: Churchill and Roosevelt Wanted de Gaulle Out, Britain discloses. In: The New York Times, 6. Januar 2000.

Wolfgang **J**anisch: Braunes Band in Karlsruhe, In: Süddeutsche Zeitung, 4. Juli 2019.

Walter **J**elen: Die »Geständnisse« des Klaus Barbie. In: Aufbau (deutschsprachige Wochenzeitung), New York, 30. November 1984.

Josef **J**offe: Charles in Charge. In: The New York Times, 17. August 2012.

Romain **L**eick: Herren und Knechte, In: Spiegel Geschichte, 3/2010.

Maurice **L**emoine: La Diabolique de Caluire, In: Le Monde Diplomatique, fr/1999/10.

Helmut **M**eyer: Der hohe Preis, den Rex bezahlte. In: Frankfurter Allgemeine Zeitung, 14. Mai 2013.

Armin **M**ohler: Christian Pineau, zwischen zwei außenpolitischen Stühlen. In: Die Zeit, 37/1956.

Marcel **O**phüls: Hôtel Terminus, Zeit und Leben des Klaus Barbie. MGM, Los Angeles 1988 (Dokumentarfilm), Herausgeber des Transkripts: Filmkunst und Kinokultur Essen e.V. Essen.

Steffen **P**rauser: Erinnerungen an eine dunkle Zeit: Kollaboration und Widerstand in Frankreich. Bundeszentrale für Politische Bildung (Hrsg.), 21. Januar 2013.

Monsieur **R**ainer: La Résistance. In: Zeit online, 20. August 2010.

Joachim **R**iedl: Der Detektiv im Wahrheitslabyrinth. In: Der Spiegel, 14/1986.

Peter **S**chille: »Er ist ein wildes Tier.« In: Der Spiegel, 20/1987.

Alexander **S**moltczyk: »Legenden – Geist aus der Asche.« In: Der Spiegel, 47/1996.

Sorel and Sorel: When Charles de Gaulle met Franklin D. Roosevelt. In: The Independent (London), 23. März 1996.

Roger de **W**eck: Abrechnung mit der Vergangenheit, der Prozess gegen Klaus Barbie. In: Die Zeit, Nr. 21/1987.

Ernst **W**eisenfeld: Im Namen Hölderlins. In: Die Zeit, 35/1986.

Darstellungen

Götz **A**ly: Europa gegen die Juden 1880–1945, Frankfurt a. M. 2017.

Henri **A**mouroux: La Vie des Français sous l'occupation. Fayard 1961.

Jean-Pierre **A**zéma: Jean Moulin. Éditions-Perrin 2006.

Jean-Pierre **A**zéma und Olivier **W**iewiorka: Vichy 1940–1944, Éditions-Perrin 2004.

Jacques **B**aynac: Présumé Jean Moulin. Grasset 2007.

Gerhard **B**ökel: Der Geisterzug, die Nazis und die Résistance, Zeitzeugenberichte und historische Dokumente während Besatzungszeit und Kollaboration in Südfrankreich. Frankfurt a. M. 2017: Brandes & Apsel.

Jean-Louis **C**rémieux-Brilhac: La France Libre, De l'appel du 18 juin à la liberation. Paris: Gallimard 1996.

Heiko **E**ngelkes: Mitterand – aus der Nähe gesehen. Düsseldorf/Wien 1981.

Jonathan **F**enby: The General: Charles de Gaulle and the France he saved. New York: Skyhouse Publishing Inc. 2013.

Thomas W. **G**aehtgens: Die brennende Kathedrale, eine Geschichte aus dem Ersten Weltkrieg. München 2018.

Max **G**allo: de Gaulle, La solitude du combatant. Paris 1998: Éditions Robert Laffont.

Franz-Olivier **G**iesbert: François Mitterand. Die Biographie. Berlin 1997.

Peter **H**ammerschmidt: Deckname Adler, Klaus Barbie und die westlichen Geheimdienste. Frankfurt a. M. 2014.

Franz **H**erre: Deutsche und Franzosen, der lange Weg zur Freundschaft. Bergisch-Gladbach 1983.

Hans-Günter **H**ockerts: Zugänge zur Zeitgeschichte: Primärerfahrung, Erinnerungskultur, Geschichtswissenschaft. Bonn 2001.

François **K**ersaudy: de Gaulle et Churchill, la mésentente cordiale. Perrin 2010.

François **K**ersaudy: de Gaulle et Roosevelt, Le duel au sommet. Perrin 2004.

Elmar **K**rautkrämer: Admiral Darlan, de Gaulle und das royalistische Komplott in Algier 1942. Vierteljahreshefte für Zeitgeschichte, 1984 (Heft 4), S. 529–581.

Patrick **M**arnham: Army of the Night, the life and death of Jean Moulin, legend of the French Resistance. London 2015.

Patrick **M**arnham: The Death of Jean Moulin – Biography of a Ghost. London: Pimlico 2001.

Henning **M**eyer: Der Wandel der französischen Erinnerungskultur des Zweiten Weltkriegs am Beispiel dreier »Erinnerungsorte«: Bordeaux, Caen und Oradour sur Glane (Dissertation Bordeaux/Augsburg 2006).

Robert O. **P**axton: La France de Vichy 1940–1944. Éditions du Seuil 1997.

Pierre **P**éan/Laurent **D**ucastel: Jean Moulin, L'ultime mystère. Albin Michel 2015.

Pierre **P**éan: Vies et morts de Jean Moulin. Fayard: Paris 1998.

Pierre **P**éan: La Diabolique de Caluire. Fayard: Paris 1999.

Gilles **P**errault: Auf den Spuren der Roten Kapelle. Reinbek bei Hamburg 1969 (Originaltitel: L'Orchestre Rouge. Paris 1967).

Laurence **P**rempain: Polonaises et juifes polonaises réfugiées à Lyon (1935–1945). Esquives et strategies. Dissertaion 2016, Université Lumière Lyon 2.

Henry **R**ousso: Vichy, Frankreich unter deutscher Besatzung 1940–1944. München: C. H. Beck 2009.

Henry **R**ousso: La hantise du passé. Entretien avec Philippe Petit. Paris 1998: Les Éditions Textuel.

Dierk Ludwig **S**chaaf: Fluchtpunkt Lissabon, Wie Helfer in Vichy-Frankreich Tausende vor Hitler retteten. Bonn 2018.

Alfred **S**alinas: Les Américains en Algérie 1942–1945. L'Harmattan: Paris 2013.

Ludger **T**ewes: Frankreich in der Besatzungszeit 1940–1943. Die Sicht deutscher Augenzeugen. Bonn 1998.

Bénédicte **V**ergez-Chaignon: Les Vichysto-Résistants. Paris 2016: Perrin.

Ernst **W**eisenfeld: Geschichte Frankreichs seit 1945. Von de Gaulle bis zur Gegenwart. 3. Aufl., München 1997.

Charles **Z**orgbibe: Roosevelt, Vichy et Alger, L'imbroglio du 8. Novembre 1942. Éditions de Fallois: Paris 2018.

Bernard Delpal

Dieulefit

Rettungswiderstand eines Dorfes in der Provence während der Nazi-Besatzung

184 S., Pb. mit zahlreichen Abbildungen
19,90 €; ISBN 978-3-95558-312-5

Dieulefit – das »Dorf der Gerechten« – ist ein ganz besonderes Dorf in der Provence, denn während der Besatzung durch die Nazis im Zweiten Weltkrieg und der Kollaboration des Vichy-Regimes haben die Einwohner mehr als 1.000 Verfolgten das Leben gerettet.

In diesem Buch kommen zahlreiche Zeitzeugen zu Wort, außerdem gibt der Autor geschichtliche Einordnungen und erläutert die politischen und gesellschaftlichen Zusammenhänge im damaligen Frankreich.

Brandes & Apsel

ca. 240 S., Pb. mit zahlreichen Abbildungen
ca. 29,90 €; ISBN 978-3-95558-328-6

Gerhard Bökel

Bordeaux und die Aquitaine im Zweiten Weltkrieg

Nazi-Besatzung und Kollaboration, Widerstand der Résistance und bundesdeutsche Nachkriegskarrieren

Bei den deutschen Besatzern war für die Deportation der Juden, die Verfolgung der Résistance und damit verbundene Geiselerschießungen der für den Kriegseinsatz freigestellte Frankfurter Richter Hans Luther als Polizeikommissar verantwortlich. Dies und andere Kriegsereignisse schildert Gerhard Bökel mit zahlreichen, bisher noch nicht veröffentlichten Dokumenten.

272 S., Pb. durchgehend vierfarbig
29,90 €; ISBN 978-3-95558-190-9

Gerhard Bökel

Der Geisterzug, die Nazis und die Résistance

Zeitzeugenberichte und historische Dokumente während Besatzungszeit und Kollaboration in Südfrankreich

Bökels Buch ist Sinnbild der deutsch-französischen Freundschaft; als ein Beispiel gelungener Versöhnung führt es mehreren Generationen von Nachgeborenen vor Augen, warum erst das Wissen um die gemeinsame leidvolle Vergangenheit den Weg zur Verständigung bereiten kann.